# 潘漠华纪念文集（上）

中共武义县委组织部
中共武义县委党史研究室　编
武义县坦洪乡党委政府
邹伟平

团结出版社

图书在版编目（ＣＩＰ）数据

潘漠华纪念文集 / 中共武义县委组织部，中共武义县委党史研究室，邹伟平编. —— 北京：团结出版社，2022.9
ISBN 978-7-5126-9665-5

Ⅰ. ①潘… Ⅱ. ①中… ②中… ③邹… Ⅲ. ①潘漠华（1902–1934）–纪念文集 Ⅳ. ①K825.6–53

中国版本图书馆CIP数据核字（2022）第172325号

出　　版：团结出版社
　　　　　（北京市东城区东皇城根南街84号　邮编：100006）
电　　话：（010）65228880　65244790
网　　址：http://www.tjpress.com
E－mail：65244790@163.com
经　　销：全国新华书店
印　　装：杭州万星印务有限公司

开　　本：145mm×210mm　　1 / 32
印　　张：14
字　　数：292千字
版　　次：2022年9月　第1版
印　　次：2022年9月　第1次印刷

书　　号：978-7-5126-9665-5
定　　价：52.00元

# 《潘漠华纪念文集》编辑委员会

# 前　言

一个有希望的民族不能没有英雄。

武义大地有这样一位英雄：一生颠沛流离，勇于前进；自从参加革命，不盼长命；被捕受尽酷刑，坚贞不屈；前后四度被捕，初心逾盛。

他，就是英勇的潘漠华烈士。

1902年，潘漠华出生于浙江省武义县（原宣平县）坦洪乡上坦村，于1926年加入中国共产党。为积极响应党的号召，潘漠华毅然放弃北京大学学业，奔赴武汉参加"北伐"，后又指导宣平党组织的建立以及家乡的农民运动。此后，潘漠华辗转南北以教书为掩护开展党的地下工作，足迹遍布上海、厦门、开封、沧州、北京、天津等地，始终以传播共产主义思想为己任，为党培养了大批青年骨干力量。潘漠华曾先后两次临危受命担任天津市委宣传部长，一生共有四次被捕入狱并受尽酷刑，牺牲时年仅33虚岁。

潘漠华是一位知名的左翼作家和湖畔诗人。二十年代初他就提出倡议并参与组建了新文学团体"晨光社"。1922年4月，又与应修人、冯雪峰、汪静之一起成立了"湖畔诗社"，至今正好一百周年。1930年，潘漠华到上海参加中国左翼作家联盟成立大会，同年在北京牵头组建"北方左联"，成为"北方左联"

的领导人。

时值潘漠华诞辰120周年,《潘漠华纪念文集》以回忆潘漠华的革命历程、研讨潘漠华的文学成就、缅怀潘漠华的英雄事迹为主题,分为"不凡的人生""不朽的诗心""永远的怀念"3个章节内容。本书共选录了40多位作者的文章,分别是潘漠华生前的战友、亲人,以及对潘漠华充满崇敬之情的全国各地的学者、作家撰写。这些历史文献资料丰富了人们对潘漠华的认知,是我们无价的精神财富。

"这位共产党员对我少年时代的生活,曾经产生过深远的影响,可以说,他是我走上革命道路的一位引路人",李伟少将曾是潘漠华在沧州任教时的学生,并由潘漠华介绍加入中国共青团,对老师的感激之情溢于言表。

"其实并不是我有什么强的记忆力,而是潘训同志有强的革命表现,使我不能忘记他",被誉为"新史学宗师"的范文澜先生在六十年代回忆起潘漠华时,明晰如昨。

武义这方红色的热土上,革命早,牺牲多,贡献大。历年以来,武义县委高度重视党史工作,中央党史和文献研究宣传专项引导资金项目《武义红色六杰》于去年出版,潘漠华是六杰之一。

我们隆重纪念潘漠华,是为了从他身上汲取更崇高的信仰力量,凝聚更坚定的革命精神,高举习近平新时代中国特色社会主义思想伟大旗帜,不忘初心,牢记使命,为实现使中华民族伟大复兴的"中国梦"而努力奋斗!

中共武义县委副书记　吕　霞

2022年9月

# 目　录

## 上编　不凡的人生

怀漠华 ………………………………………… 周颂棣 2

回忆潘漠华烈士 ……………………………… 孔令俊等 15

"九·一八"前后沧县二中地下党概况 ………… 杨　钦 32

潘漠华永远活在沧州人民心中（节录） …… 田桂玲（整理）39

潘漠华烈士与北方左联 ……………………… 陈沂等 43

纪念潘训烈士 ………………………………… 范文澜 50

漠华同志牺牲三十年祭 ……………………… 陈竹君 55

漠华同志在狱中 ……………………………… 王冶秋 59

参加革命，不盼长命 ………………………… 潘翠菊 63

革命的引路人 ………………………………… 李　伟 65

鲁迅博物馆收藏的潘漠华烈士手迹 ………… 丁景唐 69

## 中编　不朽的诗心

读《湖畔诗集》 ……………………………… 朱自清 74

"湖畔诗社"的今昔 ………………………… 汪静之 79

1

《应修人潘漠华选集》序 ……………………… 冯雪峰 83

应修人致漠华等书简 …………………………… 应修人 87

《应修人致漠华等书简》注释 ………………… 汪静之 117

补注四条 …………………………………………… 潘应人 131

湖畔诗社与"湖畔"诗派 ……………………… 董校昌 135

论湖畔诗社·潘漠华 …………………………… 贺圣谟 156

论潘漠华的小说创作 …………………………… 杨剑龙 225

永远的"乡心" …………………………………… 陈文兵 235

应修人、潘漠华烈士和《支那二月》 ………… 丁景唐 245

歌笑和歌哭：湖畔一百年 ……………………… 孙昌建 254

他以诗"活着" …………………………………… 王文政 268

从诗人到革命家 ………………………………… 姜燕飞 276


**下编　永远的怀念**

在潘漠华烈士牺牲五十周年纪念会上的讲话 …… 陈　沂 292

在潘漠华烈士牺牲五十周年纪念会上的讲话 …… 应　人 295

在潘漠华烈士牺牲五十周年纪念会上的讲话 …… 李成昌 296

最大的敬意　深切的悼念 ……………………… 丁景唐 299

潘漠华烈士牺牲五十周年纪念活动的经过 ……… 应　人 305

纪念潘漠华革命烈士 …………………………… 叶一苇 323

青松白雪 …………………………………………… 沈　湜 325

潘漠华：驰骋大爱向死而生 …………………… 鄢子和 333

碧草红云的悲苦 ……………………… 郭 梅 董玉洁 338

一个湖畔诗人的三大跨越 ……………………… 王文政 346

潘漠华的文学思想与精神 ……………………… 万中一 350

潘漠华:"爱着人间,穿过痛苦去爱着人间" ……… 鄢子和 356

浪漫而悲壮的不朽人生 ……………………… 邹伟平 368


附件一:

潘漠华年谱 ……………………… 韩劲风 编 潘讷 校订 401

附件二:

潘漠华烈士传略 ……………… 中共武义县委党史研究室 410


后 记 …………………………………………………… 424

上编

# 不凡的人生

# 怀 漠 华

## ——怀旧琐记之一

周颂棣

## 一、在北大同学

1922年下半年,我在诸暨县中学二年级读书时,因参加驱逐校长运动,被学校开除,第二年春季,转学到绍兴越材中学。这是一所美国人办的教会学校,课程偏重英文,要读《圣经》、背诵《圣经》,而且每个星期天都要到教堂去做礼拜。我感到很不满意,在同年秋季,又转学到杭州私立宗文中学。在同班级的同学当中,有两个宣平县(现合并于武义县)人;一个叫潘振球,是漠华的堂房兄弟;还有一个潘振武,也是漠华的同族,但堂分较远,排起辈分来比漠华要长一辈。每逢星期天或其他例假日,漠华常常到我们学校里来约他的两个本家去湖滨风景区游玩。应修人、汪静之、冯雪峰和漠华四个人合著《湖畔》诗集,于1922年上半年出版,次年又出版了《春的歌集》,汪静之的《蕙的风》也于同年出版。在当时杭州的学生界激起了不小的浪花,凡是爱好文艺的中学生没有不知道"湖畔诗人"这个称号的。因此漠华到我们学校来的时候,不免引起我的特别注意。他的脸色黑黑的,戴一副深度的近视眼镜,穿一件灰布长衫,言谈举止,似乎很老成。后来经过介绍,我就和漠华认识了。

1924年，中学毕业，我和潘振武都认为当时的北京是全国学术中心，尤其是北京大学，对于我们有很大的吸引力。我们两人决定于毕业后同去北京。漠华那时在浙江省立第一师范的四年级读书，而师范学校的修业期限是五年，离毕业还差一年，但必须学习的功课在前四年差不多已经学完，最后一年主要是实习，即到小学去试教。漠华在进浙江第一师范学校以前，曾在本县短期的师范讲习所学习过，做过两年的小学教员，认为自己的年龄已大，而毕业后继续去当小学教师也不是他的志愿。因此他也决定去北京投考北京大学。可是他没有毕业文凭，只好借用他二哥潘详（前一年潘详已在浙江省立第一师范学校毕业）的文凭去应考。

在这年的七月间，我和潘振武还有潘振武的父亲同乘火车去北京。漠华本来和我们约好一同走，后来因为上海的应修人来信相邀，在我们动身的前一天去了上海，在上海耽搁两天，再乘轮船经天津到北京。我和潘振武到达北京以后，住在沙滩附近银闸胡同的集贤公寓，潘振武的父亲住在旅馆里。这个住处是我同乡和原先的同学姚梦生（蓬子）先来信和我约定的。他于1922年的春季同我一起被诸暨县中学开除，转学到绍兴越材中学；第二年春季又转学到上海中国公学，在我们到达北京之前，他已和他的同班同学夏坚白（江苏常熟人）先住在那里了。漠华刚到北京时，由他在浙江第一师范的老师许宝驹介绍，住在北大西斋一个姓姜的学生那里，不久搬到孟家大院通和公寓居住。

投考北京大学的结果，漠华和我被录取了，潘振武、夏坚白没有被录取。潘振武后来进入了中国大学，夏坚白于第二年考

3

取清华大学(毕业后曾去英国和德国留学,新中国成立以后,做过上海同济大学校务委员会主任、武汉测量学院院长等职,于一九七七年去世)。姚蓬子没有考,后来在北大旁听。

原来同住在集贤公寓的四个人,其中三个人都陆续搬出去了,只有我一个人调换了一间较小的屋子留住了下来。

那时北大的学习期限是六年,预科二年,本科四年。在预科学习时,只分科,不分系。漠华进的是文科,在沙滩第一院;我进的是理科,在马神庙第二院。

大约在这一年的十一月间,漠华因为家里的钱没有按时寄到,经济上发生困难,搬到集贤公寓来和我同住在一室,三个月之后才又搬回到通和公寓去。

1925年的一年里,陆续来到北京在北京大学旁听的,有漠华在浙江第一师范的同学赵平复(柔石)、邬光煜、冯雪峰,我在宗文中学的同学张元定(天翼),还有潘震球,原来在南京的东南大学学习,1925年上半年,因为学校闹风潮(反对校长郭秉文)停课,也来北京在北大旁听了一个时期。这样,由于同学和同乡的关系,又因为大家对于文学都有一定的爱好,先后到达北京的上述八九个人,形成一个无形的小圈子。漠华年龄较大,见多识广,又由于他当时在文学上已经取得的成就,自然成为这个小圈子的中心人物。

自从漠华搬回到通和公寓,柔石和邬光煜、冯雪峰等来北京后也都住在这个公寓,那里就成为我们这个小圈子里的人经常聚会的地点。有时候相约出去游玩,去得最多的地方是北海,次之是中央公园,或者去逛东安市场,去真光电影院看电影。

那时中央公园和北海公园的茶座很有气派,一部分座椅是藤制的躺椅,除了喝茶之外,还有点心供应,如千层糕、水晶包之类。几个人花上一元几毛钱,就可以有吃有喝,很舒服地消磨半天。

我还记得有一年冬天,我和漠华两人去什刹海游玩,路上走过一家小酒店的时候,漠华说要喝酒,就在路边地摊上买了几个铜子花生一起进入酒店。我不会喝酒,只是坐在一旁剥花生吃,他一个人喝了小半碗高粱,就脸色绯红,有点醉醺醺了。到了什刹海,看到郊区的农民坐着滑冰车在冰上滑行,漠华觉得很有趣,想去试试,但他走在冰上,没走几步就滑倒了,引起农民的大笑。又记得他和我曾在北大沙滩红楼后面的大操场上相帮学骑自行车,他学了两天,就能够一个人骑着绕操场兜几个圈子,可我始终没有学会。这些琐屑小事,现在回忆起来,历历如在眼前。

## 二、诗人之言

我和漠华同住在集贤公寓的时候,漠华因为英文程度较差,急需努力赶上去;我因为数学、物理两门功课比较吃重,每天要做许多道习题,很少有时间和他一同从事文学方面的阅读和写作。在这几个月的时间内,我也只看到他写过几首怀念故乡的小诗和一篇小品文,是描述静寂的北京的夜晚胡同内的各种叫卖声的。应修人和他共同编辑的《支那二月》的出版,是在一九二五年的二、三月间;至于那篇收集在《两点集》里题为《雨点》的小说的写作,和开始翻译俄国阿尔志跋绥夫的长篇小说《沙宁》,时间更晚一些。

　　漠华自己很谦虚,说他在中学时代写的那些诗歌,多数是胡闹;几篇已经发表的小说,因为生活经验太狭隘,又缺乏魄力,无论在内容思想上和写作技巧上,都是很幼稚的。实际上,正如冯雪峰在《应修人潘漠华选集》的序言中说的,漠华的这些作品,大都是他成为共产党员之前写的,"都可以作为了解当时这样的青年的思想感情的资料看,同时作为'五四'以后新文学成就中的点滴的成绩也将是不可磨灭的。""如漠华的短篇小说《人间》和《冷泉岩》等,也显然是读者不会忘记的属于'五四'以后短篇小说杰作中的作品。"就是漠华对于阿尔志跋绥夫的《沙宁》的翻译,也可以反映出他成为共产党员之前的一些彷徨苦闷的思想情况。记得他在翻译这部作品将要完成的时候,曾经对我说过,他后悔花费了很大的力气翻译了这样一部小资产阶级个人主义的颓废主义的作品。后来在一九二九年前后,主要是由于经济上的原因,他还是把这个译本整理出版了,但在卷首"序言"中指出了这部作品的严重的思想上的问题。

　　漠华和我谈到当时各派的文学作品时,同我一样,最欣赏的是郁达夫的作品。他说,郁达夫的小说的特点是:感情真挚热烈,对于封建道德教条表现出极大的蔑视,同情下层社会被压迫和被侮辱的人们。对于鲁迅的小说,我当时理解得很浮浅,漠华曾经和我多次谈到过,我现在已记不起他的原话了,只记得他对《呐喊》里面有几篇小说,例如《阿Q正传》,分析得很透彻,理解比我要深刻得多。而他对于郭沫若的诗集《女神》,似乎并不怎么佩服。

　　漠华不仅对于探求新文学表现出极大的热诚,他对于中国古代文学,特别对于古典诗歌,也有其独特的爱好与深刻的见解。他说:中国从《诗经》开始,屈原《离骚》,汉、魏乐府,到六朝以后的所谓律诗和绝句,都以抒情为主,《孔雀东南飞》和白居易的《长恨歌》,要算是最长的叙事诗。像古代希腊的《伊里亚特》和《奥德赛》,中世纪但丁的《神曲》,这样长篇的史诗和故事诗,在中国是没有出现过的。要说有,从佛教故事演化来的民间流传的说唱形式的《宝卷》有点类似。但一般都把《宝卷》列为小说类,没有作为诗歌看待的。

漠华又说,中国的古典诗体,唐代以后,愈来愈注重形式,特别是律诗,不仅诗句的字数和平仄有规定,而且要讲求对仗;到了后来,以对仗的工整与否来评价一首诗的好坏,律诗几乎占了统治的地位;这对诗歌的纯艺术技巧来说,可以说是一种进步,而对于诗歌所表达的内容思想上说则是一种倒退。有些律诗,因为要讲求对仗,就要多用典故,满篇都只是辞藻用词和典故的堆砌,整首诗所要表达的情意则模糊不清,或前后脱节,这正如张炎批评吴文英的词所说的:"如七宝楼台,炫人眼目,拆碎下来,不成片段。"像沈佺期的《杂诗》("闻黄龙戍"),杜甫的《月夜》(《今夜鄜州月》),《闻官军收河南河北》("剑外忽传收蓟北"),李白的《送友人》("青山横北郭")等等,不仅对仗工整、语言自然流利,而且富于抒情意味,要表达的主题思想一贯到底,好像不受什么格律的束缚。但这样好的律诗,在唐代以后是不多见的。

又有一次,漠华和我谈到陶渊明的诗。他很欣赏陶诗,说陶诗流传下的不多,几乎每一首都是精金美玉,不像有些著名的诗人,虽然写了很多好诗,但是,拿他的全集来看,其中有不少是随意涂抹、平庸甚至低劣的作品,连白居易、苏轼这样的大

7

诗人也都不免。南朝梁萧统编选的《文选》(世称《昭明文选》),收有陶潜的诗多首和他的《归去来辞》,而没有收他的《闲情赋》。萧统在他所著《陶集》序言中,对于陶渊明诗文推崇备至,说:"其文章词采精拔,跌宕昭彰,独超众类;抑扬爽朗,莫之与京……余爱其文,不能释手;尚想其德,恨不同时。"在最后特别提到《闲情赋》,说:"白璧微瑕惟在《闲情》一赋。扬雄所谓劝百而讽一者,卒无讽谏,何足摇其笔端?惜哉!亡是可也。"漠华说:萧统的这些话,是站在封建卫道者的立场来评价《闲情赋》,实际上,陶潜的《闲情赋》是在传统的中国古典诗歌辞赋中一篇难得的热情奔放的恋歌,所用的托物抒情的手法,在《楚辞·离骚》中已见使用,在近代和现代的诗歌中,不论中国和外国,这样的写法也很多。《闲情赋》在陶渊明的作品中有着很大的艺术特点:语言精练,借喻多端,绮思横逸,一往情深。可见陶潜不仅能写平淡自然、质朴淳厚的诗,而且也能写精雕细琢、风流妩媚的诗歌。最近我在《新文学史料》一九八三年第二期上,看到张白山写的《我所知道的郁达夫》一文,其中说到郁达夫曾于一九三四年在杭州某大学授课,他常常把外国文学和中国文学联系起来谈,"如谈弥尔顿的诗歌就联系到陶渊明的《闲情赋》。可见郁达夫也很欣赏《闲情赋》的。"

### 三、南下参加革命

我们在北京读书的前两年,正是风雷激荡、第一次国内革命战争的前夜。中国国民党第一次全国代表大会于1924年上半年召开,开始了国共两党的第一次合作。同年下半年,江苏和浙江发生战争,军阀孙传芳从福建入据浙江,随后北方爆发了第二次直奉战争,冯玉祥从前线回师北京,直系失败,京津一带成为奉系军阀张作霖的势力范围。段祺瑞窃取了"中华民国临时政府执政"的称号。同时,在中国共产党的领导下,反对帝国主义和封建军阀的群众运动,如火如荼。上海、青岛等地日本纱厂的工人先后举行罢工,都遭到了日本帝国主义和当地军阀的武力镇压。一九二五年,上海发生震动全国的"五卅"惨案,几十万工人、学生和工商界人士,进行规模空前的罢工、罢课和罢市,全国各大城市纷起响应,大大打击了帝国主义和军阀割据势力的威风,促进全国反帝反封建的运动,揭开了大革命高潮的序幕。一九二六年,北京又发生了激起全国人民极大愤怒的"三·一八"惨案。

在这样大的事变连续不断地发生、革命高潮迅速到来的情势下,我们这个小圈子里的人,都有了不同程度的觉悟,不再像过去那样,由于找不到出路而消极悲观、埋头课业,或阅读各种当时流行的外国文学著作,空谈什么象征主义、印象主义、恶魔派、世纪末等等。漠华是带头的,当然不会例外,他坚决地站立了起来,走上了革命的道路。在这段时期内,我和漠华与北大同学在一起,曾参加过多次集会和游行。漠华还写了不少文章,用各种笔名在《京报》副刊等刊物上发表。

一九二六年秋季,我和漠华在北大预科修业期满,我进了第二院理科的数学系,他进入了第一院文科的英文系(英国文学系)。漠华在北大本科只读了一个学期的书,就在这年的冬季或第二年的初春,就离开北大,南下去武汉参加轰轰烈烈的北伐革命战争,即第一次国内革命战争。

记得漠华那一天动身是在晚上,我和冯雪峰、潘振武、邬光煜等几个人一起去火车站送他。那时北京的车站，不像现在这样拥挤，而且时间是在晚上，在候车室里没有几个人。我们帮他做好行李之后，就围坐在一起，一直谈到火车开行前几分钟，才送他上了车，依依不舍地分手。

漠华在武汉期间，通过他在浙江第一师范的同学许志行的介绍，在北伐军的先遣部队第三十六军第二师政治部担任宣传工作和组织工作，与孔令俊（另境）共事，曾随部队进抵郑州。"七·一五"反革命政变以后，他和孔令俊等人先后离开武汉，潜赴上海。

冯雪峰在《应修人、潘漠华选集》中的《潘漠华小传》中说，漠华离开北京去武汉是在这年的秋天，时间上是有出入的，因为国民革命军开始北伐是在这年的七月间，十月攻占武昌。漠华离开北京，不可能在十月份或十月份以前，大约是在这年的年底或在一九二七年的一、二月间。

又冯雪峰在《小传》中说，漠华从武汉回到杭州是在一九二七年初，这也是不正确的。我清楚地记得，漠华这年回到杭州，是在汪精卫发动"七·一五"反革命政变以后，大约在七月底或八月初，那时我和邬光煜正在浙江第一师范学校（刚改称浙江省立第一中学）办暑期补习班（为初中毕业准备投考高中的学生补课），他回到杭州以后，和我第一次见面就在杭一师（即杭一中）学校里面。漠华的入党时间，冯雪峰说是在这年回到杭州以后，也是错误的。据我的推想，很大可能是在一九二六年他离开北京去武汉参加革命以前，因为我认识的有好几个浙江同乡和北大同学都是在那一年下半年入党的。漠华接触的人比我多，活动范围也比我广，他的入党时间，不会在一九二六年以后的。

### 四、傲然的微笑

一九二七年七、八月间,漠华从武汉经上海回到杭州。那时杭州的白色恐怖非常严重,国民党反动派正在到处搜捕少数留存下来从事地下活动的共产党员。为了隐蔽身份,漠华通过他的老师马叙伦、许宝驹的关系,在国民党浙江省政府秘书处任一名办事员(许宝驹其时在做浙江省政府的秘书长)。他对这一工作很不乐意做。那时在国民党浙江省政府做事的人,在出入省政府的时候,都要佩戴省政府发给的徽章。漠华外出时,把发给他佩戴的徽章常常藏在袜统子里面(当时人们都穿用吊袜带的长筒袜子),或裤子后面的裤袋里。当我们碰面的时候,他拿出来给我们看,还带有自嘲意味地说:这种徽章,无论什么科长、秘书和最低级的办事员,倒都是一律的。

他在北大读书时,认识一个姓何的浙江松阳人。这个人是中文系的学生,比漠华要高几个年级,他知道漠华是"湖畔诗人"之一,又因为漠华在当时《小说月报》《晨报副镌》等刊物上常有些作品发表,对他很表示接近。这时何在国民党浙江省党部任秘书。漠华有一天去看他,会客单递进去之后,坐在传达室隔壁的小房间里,等了许久,还没见他出来。漠华知道他在摆官架子,就写了一张纸条,让传达室的人转交,大意说:"大便甚急,以一泄为快,恕不恭候。"以后再没有去看他。

漠华在国民党浙江省政府秘书处当办事员没有多久,有一天突然被捕,先拘押在杭州的一个警察分所里。潘讷(漠华的弟弟,当时正在浙江省立第一中学,即前浙江第一师范读书)得知消息之后,来找我和张天翼(他是不久前从南京回到杭州的),一同设法营救。一天上午,我和天翼去警察分所探望,适值漠华在门房间里,由警察押着在上手铐,准备转解到杭州警察厅的拘留所去。我们相对默默地望着,临走时,他朝我们点点头,傲然地微微一笑。我们跟在后面,眼看他由警察牵着,拖着沉重的脚步向警察厅方向走去。后来由潘讷去找了许宝驹,许给杭州警察厅长写了一封信,在拘留所没有关多少天,就准予交保释放。记得保人(那时需要店铺作保)就是张天翼的父亲给找的。

## 五、一别竟成永诀

漠华被捕出狱之后,到我的住处来看过我,说他准备去上海,第二天就要动身,他坐了没有多久,说他还要去看看天翼,就匆匆告辞。我对他说,以后我可能也要到上海去,我们在上海再见面吧。

后来我才知道,他这一年并没有直接去上海,而是受党派遣回到他故乡宣平从事农民运动。一九二八年曾领导当地农民进行武装斗争,遭到镇压失败,他被迫离开宣平经杭州到了上海。

在一九二九年以后的五年间,他在厦门集美中学、开封第一中学等好几个中学教过书。一九三○年到北平,曾参加"北方左联"的创立。"九一八"事变发生后,他主要联络当地各大学的师生从事抗日救亡斗争。一九三三年夏,奉党委派,曾去张家口参加察绥抗日同盟军,在该军机关报《民众日报》(后改《老百姓报》)工作。是年九、十月间,他又回到北平,到了天津。一九三四年二月间,他在天津担任中共市委宣传部部长时被捕。这是他第四次被捕(在此以前,他在北平从事党的地下工作时曾两次被捕,都因没有暴露身份,不久获释,这次被捕也是最后一次被捕)。这段历史,我都是后来才知道的,而且知道得也不清楚。至于他在一九三四年十二月在天津监狱因绝食斗争而牺牲,这个最后的摧人心肝的消息,我还是过了好多年以后听到有人说起,而在新中国成立后见到潘讷(应人)时才证实的。不料一九二七初冬在杭州匆匆一别,竟成了永诀,这是我事前所万万没有想到的!

我和漠华从相识到分别,虽然先后不过五六年时间,但是他对我的影响很大,年轻时代的友谊是永远也不会忘记的。今天我以垂暮之年来写这篇怀念故人的回忆录,我的心情是十分沉重的、不平静的。时间相隔近六十年了,许多往事已从记忆中消失,或者模糊不清了,能够回想得起来的仅是我们相交相处的大概和偶然闯入记忆里的不很重要的事情。所以我把这篇回忆文字,加上一个副标题"怀旧琐记"。此后,如果身体健康情况许可,我还打算写几篇类似的"琐记",抒写对于年轻时期交谊比较密切的几个朋友的怀念。

漠华出生于一九〇二年。他的一生是短促的,到一九三四年他在天津狱中牺牲,只有短短的三十二年。但他的一生是充实的、闪闪发光的一生!不论是在文学上、或者对于中国革命的事业上,他都尽了自己最大的努力,作出了一定的贡献。

**潘漠华烈士永垂不朽!**

(1984年4月)

## 作者简介

周颂棣(1909 年 9 月—1988 年 10 月),原名周钜鄂,浙江省诸暨市人。在北大与潘漠华同学。参加编纂《中华百科全书》和《辞海》等词书。曾当选上海市第三届人大代表。主要译著有《快乐的人们》《克兰丽蒙特》《德国舒德曼短篇小说集》等及论文《老"辞海"是怎样编成的》、回忆文章《我和张天翼相处的日子》《怀漠华》等多篇。

# 回忆潘漠华烈士

孔令俊　许志行　李奇中　谢中峰　王之平
侯外庐　孙铁夫　武月亭　陈竹君

**孔令俊：**

潘训同志曾和我同事了半年多一点的时间。他到国民革命军第三十六军(军长刘兴)第二师政治部工作,大概在1926年底,是许志行同志介绍来的,派在该部宣传科任干事。工作勤恳踏实,平时记有《行军日记》,十分详细,曾给我看过……他在政治部于1927年初随军向京汉路挺进,到郑州和冯玉祥军会师,我军即退驻孝感。六月底,形势日非,我接到党内来的电话后即星夜赴汉。潘和另一位党员敖志华同志在我临行时,要求我到汉后看看形势,倘认为事已不可为,则给他们一个示意。后来我即在汉发了一个电报给他们,要他们从速离部来汉。等他们来到汉口的时候,我已到牯岭去了。一直到好几个月以后,才在上海碰面。

（1964年12月2日）

## 许志行：

漠华烈士在汉口曾与茅盾见过面……"四·一二"叛乱时，曾有不少同志从上海逃到武汉，吴谦（吴力生）就是其中之一。当时在汉口有一个浙江同乡会，所有上海逃到汉口的浙江籍革命同志，都由同乡会招待，并曾开过一次欢迎会，漠华就是欢迎会主持人之一。他非常热情，在欢迎会上，茅盾讲了话，就是漠华前去邀请来的。茅盾当时在汉口《民国日报》任总编辑兼武昌军事政治学校的政治教官。漠华堂弟潘璋在《民国日报》担任校对（潘璋是漠华同乡，一师同学，不是堂弟——石严）。这事吴谦记得很清楚，我也有印象。漠华在军队做政治工作时，据孔令俊说，曾天天写工作日记（不是个人的），写得非常好，可惜这部分重要材料早就丢失了。

（1964 年）

## 李奇中：

潘训同志到三十六军第二师政治部工作，执有共产党的组织关系介绍信，我那时担任党支部书记，亲自接受这封介绍信。不过究竟是从什么单位转来的关系，记不清了。

潘训同志虽然不是一个军人，但是他很有胆量、有机智、很镇静，在这些方面的表现，有时胜过军人。记得在河南漯河附近的大战中，我们政治部一部分工作人员，也同敌人发生战斗。有一位团政治指导员蔡志学和潘训同志一起，把同志们组成战斗队，投入战斗，从容不迫，很机智地克服了困难，保证了大家的安全。又有一次，沿铁路行军，路过一处铁道桥，这时敌人正向我方打炮,潘训同志及时提醒大家不要走桥上,从桥下走(河里的水不深)。他说,铁桥是敌人炮兵的射击目标,危险性大。果然,行军队伍还未走到桥边,桥上就落下了炮弹。这一点证明潘训同志不但有一定的军事知识,而且有预见性。

潘训同志在北伐时期,已经有较高的文学写作水平。我看过他的一篇小品文。政治部工作人员在行军中,路过许昌以西的"关公挑袍"(曹操送关公战袍,他怕有诈,就骑在马上用他的青龙大刀把战袍挑起接受,后人把这件事画成人像,刻在一块大石碑上,成为古迹)这个地点时,有人对关云长不沉迷曹操的优惠待遇而重视义气这件事感兴趣,鼓励潘训同志写文章。他曾为此写了一篇小品文,精辟地指出,关羽在历史上过大于功,以刀挑袍只不过表示了他对刘关张小集团的忠义,其实是个不顾大义的人。他叫我给他寄到武汉发表。我看过这篇文章,写得短小精悍,论点正确,在当时很能起点拨雾指迷的作用。我寄给汉口《民国日报》陈启修发表,是否发表就不得而知了。

(1964 年 12 月 19 日)

**谢中峰:**

记得 1930 年时,开封第一初级中学,有一位老师叫田言,大家都说他是共产党员。国民党去逮捕他时,他事先得到消息,逃走了。这件事曾轰动开封全城。

当时开封第一初级中学办了一个刊物叫《火信》,是进步学生主持办的,影响很大,后被禁止而停刊。我在 1930 年被捕时,国民党法官还问过我,是否常看《火信》,所以印象很深。

我当时在开封第一师范读书,同学中有左联的组织,我是以后参加的。

(1964年7月28日)

## 王之平:

潘训同志,我们叫他老潘。我找他,主要是接党的关系。我接教联,教联他也管。他很朴素,很艰苦,黑黑的,挺粗,就那么个人儿。除了他,台静农、侯外庐、黄松龄、范文澜等同志,都由我联系。鲁迅来北平,他也出席过欢迎会。

(1964年)

## 侯外庐:

我在当时同漠华同志有个具体关系。1932年我在北平教书,他参加文总各联的工作,后来又在中国大学教几个钟头课。可以掩护了,比没有公开职业好。

他的浙江口音很重。人嘛,比较沉着,也朴实、忠诚,他住在台静农家里。

我被捕是在1932年12月。宪兵三团首先逮我,接着就逮了马哲民、许德珩。老潘是在马哲民家里头被捕的。正在搜查,他走进那条胡同,后面有条狗(真的狗,不是说特务)追他,他不得不进去,于是他也被捕了。

起初,在区看守所,老潘大喊大叫:"你们混蛋,我是来找系主任商量功课的,怎么把我也逮进来了!"马哲民是中国大学经济系主任,他是喊给马听的。马也就听懂了,后来口供才对得上。

到了警察厅拘留所,"放风"的时候看见他,他悄悄说:"你们不要怕,有人会营救的,我不能不赶快出去,追下去危险……"

前两天"广暴"纪念前夕,他就提醒我们:"晚报载,当局注意隐防,统治阶级散布谣言,说广暴纪念日要暴动,教授为首,这是大逮捕的信号。"

后来台静农的口供,说他也在中大教书,朋友关系。马哲民口供也说是同事关系。我说,我不认识他;潘也说不认识我,彼此口供一致,三天以后,老潘就出去了。

当时,正是张学良快办交待的时候,警察局长鲍文樾,是张学良的人,对我们还放松一些。我们托人找张,他说:"我要交了,这是南京中央党部的命令,只好公事公办。"我判了两年徒刑。等我出来,听说老潘已在天津被捕了,很危险……

那时,左翼很活跃,"九·一八"以后,到处公开讲演,宣传马列主义,揭露国民党。潘漠华经常布置工作,自己找很多同志联系,我老弟俊岩、霍德青(郝德青)都和他有联系。他们组织个"鏖尔读书会",还办了个刊物——《鏖尔》(Our),出过好几期。吴承仕、黄松龄、齐燕铭、张雷和雷任民等同志也都和他有联系。

我记得二月底,在北大一院东边靠河沿一个公寓老王(即王之平同志——陈竹君注)房子里开会,决定漠华和我参加文化党团,同时讨论了当前的工作。那时和我们发生领导关系是老张(萍详)同志,同志间都叫他张大个儿,他经常住在清华大学。因为当时我主要搞教联工作,经常和老潘同志在一起开文化团体联系会议。他和各方面的代表开会,布置工作,讨论形势,争论问题。他说话有一点口吃,越是争论得紧张,他越是着急,话头也来得越是尖锐。他在争论问题时,或者写文章集中思索问题时,习惯用左手把他的近视眼镜推向鼻子高处,但那笨重的无边白眼镜跟着他的手一离开,又掉回到原来的位置,好像故意跟他闹别扭。

那时候,左联的负责人是小左,湖南人,师大的学生,住在湖南会馆。反帝大同盟的负责人是老孙(陈竹君注:孙志远),也是师大的,定县人。当时还有"音联"和"剧联"等组织。

还有一位老张同志,是朝鲜籍的同志,经常推行世界语,有时也参加我们的会议。

当时师大是革命活动的中心地点,大型的会多半布置在师大。如教联的代表大会,出席的有三十多位教联同志,有上级党委出席指示,有多方面的报告,有选举活动,还有募捐活动。作保卫工作的都是师大的进步同学。形式上,以某教授"做寿"作为掩护。除各大学的许多进步教授外,各中小学也都有我们的活动分子。那是党的文化活动经费,要靠教联的同志们来支持。

作专题报告,公开的演讲会,也由教联来布置。漠华同志曾到师大作了两次公开讲演,这些活动都发动了师大的进步学生会,通过学校,由学生布置的。结合各种革命纪念日,经常进行各种宣传活动。演剧则多在清华。

游行示威的队伍也不断出现在街头,那时北京的天桥,是游行队伍的集散地点。潘漠华同志总是走在游行队伍的前列。记得1932年的"五·卅"纪念,游行队伍拉得很长,漠华右手拿着一个网球拍,走在最前面,队伍行进到王府井大街的南口时,日本帝国主义的鬼子兵在日使馆的操场上散开卧倒,向游行队伍拉拴作射击姿态。漠华同志右手挥动网球拍,左手高举拳头带头大声疾喊口号:"打倒日本帝国主义!""拥护抗日军!""拥护苏维埃!""帝国主义从中国滚出去"……成千上万的游行英雄们,跟着他的声音,此起彼落地,像大海中的怒涛汹涌在东长安街上,吓得日本鬼子兵爬着伏着,头也不敢抬。

那一个阶段的行动口号是"拥护中国共产党!""拥护红军!""拥护苏维埃!""抗日救国!""收复失地!""打倒日本帝国主义!""打倒国民党!""劳苦大众团结起来!""全世界无产者团结起来!"

那个时期在北方出的刊物,统一由文总负责编辑发行。大概每一种刊物每期只印一千多至两千份。我记得起的,这些刊物都是由张萍详同志负责收集稿件,印出来又从老张手里送给我们,我们再利用多种关系送到群众手里。我们自己并无印刷所,都是用高价向私人开的小印刷所交涉印出的。向各方面要材料、写文章、编辑发行,则是潘漠华同志经常的工作。

老潘除了做这些繁重的文化工作、组织各种行动之外,还要为了发展地下党、保卫地下党,经常日夜地奔走忙碌,还得为自己的吃饭问题做些公开的事情。有时写短文、剧评、影评,有时翻译点东西。写好译好,还要托熟人帮忙发表,希望得几个钱以资糊口。有时,他还以他仅有的一点钱,送给同志吃饭,直至在无可奈何时,就进当铺、进旧书店,向资本家当点衣物、卖点旧书,度过一天或一顿的生活。斗争虽然紧张艰难,但他总是生气勃勃有说有笑的。

他除了给内部的刊物写文章外,为了生活费用,也向外边写点东西,多半是寄给上海的朋友,再通过各种关系在上海报刊上发表;有时也会石沉大海。记得他费了九牛二虎之力,根据英译本转译的俄国小说《奥勃洛摩夫》,寄来寄去,没有送出去,听说后来一直到他被捕,还由陈竹君同志小心地保存着呢!

陈竹君同志说,1932年冬天,互济会的负责人张慕陶叛变了,带着特务骑了车在街口抓人,漠华调往天津去组织机关……是的,那个互济会的叛徒,正是张慕陶,后来他到山西去了……

(1964 年 4 月 12 日)

## 孙铁夫:

漠华同志我是在1931年前后在北京认识的。那时他搞"左联"工作。"左联""教联"(华北教师联合会)等是当时党的外围团体。我在华北一带教书,由于"教联"工作和一些搞文艺工作的同志们的关系,寒暑假到北京,我同他和戴复华(陈竹君)同志常在一起。后来他去了天津,见面的机会不多了,但也还有联系。1934年漠华同志在天津被捕,我们在北京的同志们做了一些营救工作,因为力量不够,终无结果。1934年冬漠华同志在狱中参加绝食斗争,斗争取得了胜利,但他光荣地牺牲了。

漠华同志个性倔强,立场坚定,对同志和,对敌人狠,在工作上负责认真。这些优良品质,在漠华同志牺牲后三十年,还给我留下很深刻的印象。

1932年我寒假到北京,住在沙滩汉园公寓,离漠华同志的寓所很近。我们遇在一起,有时扯问题不管是文艺上的、政治上的,一扯起来漠华同志就要扯到底,非搞个清楚不行。谈到激烈时,他时起时坐,手之舞之,深度的近视眼上架上一副厚厚的没有边的眼镜,有时掉下来了,他把手凑一凑,又高谈阔论起来,他非把他充分的理由说服你不行。如果几个同志扯起来,他被驳倒,他也只是笑一笑说:"就算这样吧。"当时,"九·一八"事变发生不久,一谈到抗日,他对国民党反动派的无耻投降,总是十分厌恶和鄙视的。对同志们总是喊"老张""老李",同志们也称呼他为"老潘"。正式谈话,他很严肃,一般谈话,他有时半开玩笑似地和蔼可亲。但对敌人则咬牙切齿。记得曾同他谈起一个被捕后叛变的叛徒,在狱中出卖了同志,他听了愤怒地骂道:"混蛋,出来了也该枪毙他!"在工作上,他认真负责。1933年6、7月间,我在张家口同他见过两次面,当时,他参加了抗日同盟军机关报《民众日报》的编辑工作。一次,已经深夜了,他说:"我还得回去看稿,稿看不完,今晚是不睡觉的。"说着,他就动身走回报馆去了。

漠华同志生活方面是十分简朴艰苦的,经常穿一身浅蓝或灰布大褂,已经洗得发白了。工作忙了顾不得吃饭时,买两个烧饼,喝一杯开水,就算解决问题。有时白开水也没有,在马路上手里拿两个烧饼,一边吃一边走,还要一边谈话,他淡泊自甘,十分愉快。

(1964年)

**武月亭:**

潘漠华同志在沧州二中,是1931年"九·一八"之后到1932年2月。由上级党的介绍,我们才认识,那时他叫潘模和。从此,二中开始有了党组织,我们在上级党的号召下展开了轰轰烈烈的抗日救国运动。紧跟着在学生中建立起党的组织、团的组织和党的外围组织——左联、反帝大同盟以及学生群众的爱国组织——抗日救国会。

党的负责人是杨钦同志,团的负责人是刘树功(刘建勋)同志,反帝组织由李鼎声同志负责。记得还有王耀臣、邢春奎等同志,都是当时反帝组织中的积极分子。

二中的校长叫杨峰九,外号杨大牙,他是蒋介石不抵抗主义的应声虫。训育主任叫赵钢峰,是个以假进步的手段来拉拢、破坏学生进步组织的坏蛋。可是热情奋发的青年学生,在党的号召和潘漠华同志的直接领导下,开展了多种多样的抗日救国活动。如抗日救国墙报,用大型的篇幅出了八期。创刊号的发刊词就是漠华写的,标题叫作《怒吼吧,中国!》,以宣传抗日、揭发国民党反动派的一切不抵抗、假抗日和阴谋破坏抗日活动为主要内容。内分论文、诗歌、快板、小演唱、漫画以及歌曲、谜语等栏,深受学生群众和社会青年的欢迎。其中有两期为了配合宣传工作,曾张贴在沧州县城的街市中。除了这种大型墙报之外,还不断以抗日救国会的名义,印发一些传单和标语,到处散发张贴。

为跟校内的反动派斗争,还组织了一次为期三天的罢课游行示威、上街演戏等大规模的宣传活动,把绝大多数的师生员工都带动了起来。在紧张的斗争中,漠华同志领导着学生群众当中的积极分子,写文章、张贴标语,编排戏剧,召开各种会议,他真是废寝忘食地工作。

罢课期间,经常有学生在学校大礼堂开会、唱歌、排戏。漠华本来不大会唱歌的,可是有一次大家围着他,要他教进步歌曲,他就走上台去弹起风琴唱了一个上海工人唱的打夯曲:拿起来呀,哼呀哈,放下去呀,哼呀哈,一天到晚,哼呀哈,两毛小洋,哼呀哈……一会儿,学生都会唱了,并编了新的歌词,到处唱开了!

寒假期间,漠华还领导开展了一个"留校宣传运动",战胜了杨大牙的种种破坏,使一部分学生坚持留校,继续斗争。

1932年9月,我到察哈尔蔚县师范教书去了。1933年夏秋,漠华和我才又在张家口见了面。

北方党委为了支持抗日同盟军,特组织前线委员会。我们在前委领导下的一个报社工作,报纸的名称是《民众日报》,后来当局(抗日同盟军司令部)讨厌这个名字,说太群众化,不合冯老总的"西瓜政策"——当时冯玉祥自称是"西瓜政策",意思是外面虽青里面是红的,并一再通知报名要换一下,不换就得停刊。在一次社务会议上,决定改为《老百姓报》,招牌挂出后,冯仍不满,后来还是答应了。

报纸当时出的是四开报,办公的房子、家具、铅字,全是用的旧报社《国民日报》的全套。我们的报纸主要销到抗日同盟军内部,每天出二、三千份,也有一部分发到外省。

后来国民党庞炳勋、宋哲元部进入张家口,报纸才停刊了。那是一天的早上,天才麻麻亮,老张同志用拳头砸我的窗子,喊道:"老武,快走!"我把必要的东西作了简单的处理以后,出了大门,大街上已布满了反动派武装,我从小巷走到火车站,顺便坐上了西行的火车。几天以后回到北平转唐山。

1933年旧历十月初,潘漠华同志到唐山看我,我俩由唐山返回天津。这年冬季,北方党在北京遭受反动派的大破坏,为了避免大的损失,党的重心移到天津,所以我俩就由唐山到天津住下了。记得暂住在元纬路的一个旅馆里,每天到街上去玩,希望看到熟人。后来由刘建勋同志帮助,接上了组织关系。

阳历年以后,我被调离天津,老潘同志的具体工作,我走后便不清楚了。等我再回天津,已是次年的二月末。我到旅馆去看他,一个茶房很担心地说:"潘先生被捕了,正找你,快走,快为潘先生营救!"我大吃一惊,问他:"潘现在在哪里?"他紧张地回答说:"在市党务特务队!"

到四月初,我也被捕在狱中,听李鸣琴(反帝大同盟的同志)告诉我说:"老潘已送第一监狱去了。"还说:"老潘同志被捕后,受尽了反动派的痛苦折磨,但他始终坚贞不屈。"

后来他在第一监狱里,为了争取在监难友一点一滴的自由,同我们一道参加绝食斗争(其时我也被转移到第一监狱)。在第三次绝食斗争胜利以后,他却被反动家伙用滚汤灌死了,死得很惨烈!不久我和另外八个同志,被解送到保定第二监狱,和天津监狱里的战友也就失去了联系。

(1964年3月1日)

## 陈竹君:

我认识潘漠华烈士是在1930年下半年,那时候,我正在北平翊教女子中学高中二年级读书。他从开封出走到北平,来翊教女中教国文,后来教修辞学。秋天被捕,这是他在北方第一次被捕,不久出狱。

我的家是四川开县,母早丧,封建家庭,继母不良,读书受迫害,连小学都没上。自杀吧?不是出路,才辗转到北方来上学。他一到校教课就很突出,运用唯物辩证法来讲课,讲修辞学。他从人类语言文字的形成开始讲述,很新鲜。劳动创造人类,形成艺术文学……左派学生赞成。出的作文题也和别的教员不同。记得我写了一篇《我理想中的女性》,强调反帝反封建、女性继承权等等,他批判了一些观点说:世界上人分成两半——劳动的与不劳动的;劳动人民哪有真正的继承权?

他教书很红,不修边幅,穿双破皮鞋,很多女生反对他。同学中左派占上风,都拥护他。他在教书中宣传共产主义思想,常常批评资产阶级电影所宣扬的生活方式,尤其是美国电影。校内受资产阶级影响较深的女同学讽刺他:"潘先生看过电影没有?"

他只教了三四个月就待不下去了。第二年到西郊香山慈幼院中学教书。在香山也只教了一两个月,领导学生罢课,也待不下去,又离开了……

他写的短论、影评不少,有的通过同志交平津报副刊发表。如《大公报》,有我们的同志,就发表过他的文章。记得有一次我们俩一道去看美国电影《五十年后》,影片宣传将来人在天空中过活,只吃丸药,不用吃饭,也不用生育。他非常愤慨,边看边驳斥这种资产阶级欺骗人民的所谓"艺术"。后来写了一篇影评,寄北平的哪个报社发表了。

"九·一八"事变以后不久,漠华从北平转移到沧州,在沧州二中任教,直至年底。他和广大师生员工一起投入如火如荼的抗日救亡运动中:组织演讲会,出版大型抗日救国墙报,罢课,游行示威,撰写标语传单,上街头宣传、演戏,展开了各种各样的救亡活动,深受进步人士和广大群众的拥护。

"国联调查团"在东北调查期间,漠华更加活跃,常常到各种集会上讲演,揭穿所谓"国际联盟"的真面目。记得有一次在师范大学作报告,事前,叫我在附近一个地点等他。他讲完了,就在进步群众的掩护下离开,我接到他一道走。那些时候,我在妇联工作。

漠华精力充沛,工作不知疲倦,还抽点滴时间写杂文、短评和翻译。写东西快,一般不起稿,一挥而就,只最后修改润饰一下。文章有个人风格,比较尖锐、简练。给我的第一封信说:"我很爱你,又怕害你,我是在波浪中打滚的人,你还有父亲……"一般人的爱情信不是这样写的,简练,意义也较深。

漠华对革命是坚决的、老老实实的,没有一点个人私利的打算。对于个人问题也是一样。我们结合之前,他曾经向我说过,他由父母包办结过婚。他到中国大学任教时,我也改进中大经济系,但主要还是做社联和妇联的工作。他对计划生活很不够,有了钱,常和一些同志吃一顿、玩一玩;穿着不注意。有一次专为见某大学负责人,做了一件哔叽长衫,他说:"见这些人,穿坏了门房不让进。"可等见过了,又把长衫当掉了。我为他织的一件毛衣,刚穿上,又当了。我生气,他说:"广大劳动人民、工人生产了那么多东西,都不能自己享受,你个人的劳动,就那么爱惜?"

我为人很直爽、勇敢,他说:"你像一盆清水似的,见人说人话,见鬼也说人话。"这一些事后想来都很深刻。他也有不讲方式的地方,对同志常常直接指责:"你呀,左倾机会主义!""你呀,右倾机会主义!"还说:"劳动人民,你刺激他,他会省悟。"这一点,我驳了他,劳动人民受的刺激不少了。

他很爱买书,反动的也要买,说是买来批判。平常不大看戏,有时看看电影。

他经常冬天一身夏衣、夏天一身冬衣,身上经常有当票,没有钱一天吃几个烧饼,有了钱又大吃一顿。一次有个同志要到外地去,我们把唯一的两块钱全部买了吃的。他说:"这个朋友要走,咱们一块儿玩玩。"后来在报上看见,那位同志在保定牺牲了。

同志们都很佩服他,又有点怕他。有的说他:"你是个革命学究,搬条文。"因为讨论问题,他常常引经据典,列宁是这样说的,马克思是这样看的。工作以外,都很活泼。

清华园我也去过几次,漠华是常客,我还在那里住过一夜。有一次去演话剧《S.O.S》,反映"九·一八"事变的。

侯外庐同志提到的漠华后期的译稿《奥勃洛莫夫》,后来遗失了。那部译稿的书名是否叫那个名字,我也记不清楚了。漠华写作只能抓点滴时间干,他认为这也不过是革命行动的一种方式,所以发表时往往随便署上一个什么名字或只署上一个字,以为只要文章发表出去就行了,谁也没有去想还会有什么别的用处。所以我也常常把他写的或译的东西未加认真处置,这是我的过错,现在再回想起来,非常后悔。

1932年鲁迅先生来北平,漠华和"文总""左联"的同志都到前门车站去接的,也曾出席了欢迎会。这一点同志们的回忆不错的。第二年夏天,漠华同我就到察哈尔去了。七月初,可能还早些,到了张家口,他住在报社——大生懋院内。我搞群众工作,七月开华北御侮救亡大会,代表三省九市,在上堡开第一次大会,弄了一人半只鸡、山药蛋、小米粥,到会代表三百多人,通过第一次提案。漠华利用《民众日报》,紧密配合宣传,日夜不得休息。

《民众日报》社后改为《老百姓报》社,后来,迁到宣侠父同志的部队所在地。这点，宣侠父烈士的爱人金铃同志也记得很清楚，她说那时宣侠父烈士的部队驻在张北，报纸确曾在张北办了一个时期。

我们由张北回到北平，大约在十月间，漠华在部队被国民党反动派缴了械才跑回来的。这也正是在那时候，我父亲死了，家里来电报叫我回去，家庭纠纷，也得回去理理。漠华对我说："回去弄一笔钱来，帮助组织。我们在上海见面再一同到苏区。"我于十月底到四川，从万县回开县，徐向前的部队正在川东、川北一带，很紧张。在四川忽然接到吴砚农同志的来信，说："漠华生病了！"我知道他被捕了。1934年四月我赶回天津，才知道详情。

我头一次去探监（黄纬路看守所），漠华连忙告诉我说，某某叛变了，叫我赶快通知组织。他说："我被捕的时候，很快就把旅馆门上的安全暗号去掉了的，他竟自不遵守危险警号什么道理！"这个谜，至今没有解开。

漠华叫我去工学院找宋锐庭先生。宋任工学院体育系主任。由宋先生转介绍杨十三先生（杨颜伦），那时杨任工学院斋务主任。杨十三先生夫妇很喜欢我，要收我做他俩的干女儿，我就教他们的小儿女读书。

漠华被捕后宋锐庭先生看过几次，给他送钱送东西。我回到天津时，漠华已经从特务队解到看守所了。在特务队受尽各种非刑。晚上，非刑逼供，白天又押回旅馆——河北大旅社去做"钓饵"。除了某某某不遵守约号以外，没有人继续被捕，组织未受损失。

我第二次去看他，他说已判了五年，要我等他五年。说吃了难友们很多东西，叫我买些用的、吃的送去。以后我就常常送食品、衣物去，也送些旧书报去。

法院在河北区，房子很潮湿，他一人一间独身监。他的健康情况越来越坏了，还抽风（痉挛）。

我同宋锐庭先生商量，请了一位律师上诉，希望能够胜诉减刑。因为罪名只是"共产党嫌犯"，没抓住证据。事后想来，这当然是幻想。漠华有清醒的估计，他对我说过："虽然他们没有抓住证据，但我是被人出卖的，这就是证据。反动派是不会放掉我的，你好好工作吧！"

他仍然乐观，时常带信出来，说："五年后，恐怕话都不会说了。吃的砂子饭、白菜汤——大海里面飘小舟，说菜很少的意思，吃不饱。每天只有一会儿放风的时间，才看得见太阳……"又说："难友中的'老朋友'们都很好，放风的时候遇见了，眼睛眉毛都会说话。"但他从不讲自己受刑的事，把痛苦藏在心里，总是安慰我说很好，怕我不安。后来又解到第三监狱，在官银号往右，坐环行电车，右边走，到头就是。

漠华牺牲后几天，我才知道。

宋锐庭同志伴我去看，花钱买通狱卒，从坟里开棺看，全身青紫惨不忍睹。

我们另外买了口棺木重新安葬，还立了块方碑——四方柱形的，一米来高，上镌：

浙江武义漠华潘训君之墓

一九三四年十二月三十一日立

就这样，一位忠实的共产主义战士，永远离开了我们！

（1963年2月5日）

31

# "九·一八"前后沧县二中地下党概况

杨 钦

我今年七十岁,老家是青县。一九二七年我十五岁时由杜林高小考入直隶省立二中(现沧州市一中),校长是沧县绅士刘香候。刘香候在学校完全是封建统治,所聘教员大部分是清朝末年的"举人""秀才";所授课程除英语、数学外,大都是古文,图书馆的书籍也都是"诸子百家"这一套。我们当时读不到别的味道的东西,思想禁锢、沉闷。"北伐"给二中带来第一次大的冲击,学生思想开始活跃,学生们上街游行、讲演。

北洋军阀垮台后,各种各样的书报杂志换了论调,许多新书报、新杂志流入学生中间。孙中山的"三民主义"一类书更不用说了。当时同学们谈论的不再是四书、五经,而是新鲜东西了。学生的衣着也开始由长袍马褂改为学生装。这样的变化当然会触动刘香候在二中的统治。一九二八年的学潮的导火线是食堂伙食问题,当时学生的伙食是自费,质量次,学生不满意。大家一起来就不仅仅是伙食问题了,而是提出打倒刘香候的口号,还组织了一批学生到天津国民党省党部请愿,一致要求更换校长。刘香候和地主豪绅摸不透国民党政府的真脉搏,压学生怕上头不答应,采取观望态度,眼看着受学生气,后来局面使刘香候无法收拾就倒台了。

刘香候倒台后,由杨学山任校长,外号叫杨大牙。"一朝天子一朝臣",教职员陆续换了,训育主任换了个姓赵的,又来了一位史地教员王振华。王振华在讲授史地课时,每堂课都介绍不少新兴社会科学、马列主义,学生们很受启发。因我也好读书,向他借阅了《国家与革命》《论两个策略》《经济学大纲》等书。后来熟了,我和李新政同学给他提出了两个问题:一个是青年应该读什么样的书? 另一个是青年真正的出路是什么? 他听了后很兴奋,过了几天王老师在大礼堂做了一次报告,专题谈了这两个问题。在当时历史条件下,他说青年应该读与你奋斗前途有用的书,青年真正的出路是为人民作贡献。当时我们对他虽然接近很多,但因年幼尚不完全了解党的组织问题。可他不大接近我们,只帮助我们成立了社会科学研究会、文学研究会。成立时他都参加并讲话鼓励。他不大分析研究时事,也不批判当时国内外新闻,但他传播马列主义,介绍苏联十月革命后的情况,对二中以后建立党组织在思想准备上起了一定作用。

一九三一年我进入高中后,学校来了潘企明(潘漠华)、吴月亭两位老师。潘老师任高中国文课,他介绍无产阶级的进步文学和资产阶级腐朽文学的区别,从思想性到艺术性一一举例说明,讲得很明白。还以马列主义的观点分析、批判当时的时事新闻,教我们如何读报、如何读文件、如何分析问题、总结经验教训等等。他介绍了中央苏区的情况,使我们视野大大开阔,思想境界产生飞跃,渴望接受党的教育,为党的事业而工作。

"九·一八"事变后,学校开始罢课,上街下乡宣传抗日。我们几个人表现更为积极,在学校内组织了"反帝盟",团结一切抗日的力量,同时成立了"一·四壁报"社,我任编辑,李鼎声(李伟)为副编辑,在潘、吴两位老师领导下,我们几个人写、刻、印、发,昼夜忙碌,出小册子、出报。小报上有短评、新闻、报道、校闻等,版面新颖,内容丰富,很受同学欢迎。每出一期大家都争相阅读,影响很大。后来校当局指使反动的"国术会"也出壁报,为国民党涂脂抹粉,结果无人看。他们气极了,夜间偷偷向我们"一、四壁报"上刷粪便,这当然挡不住大家看"一、四壁报"的欲望。

在十月末的一天,潘老师把我叫到他的房间,谈了很长时间后,他表明自己是共产党员,并说:"打算介绍你入党,你同意吗?"我兴奋地说:"同意!"他说:"那好,我介绍你算咱们学校的临时党员,等天津批回来才算正式党员,现在是同志了,老吴是咱们人(指吴月亭老师)。"我出屋时让我叫刘树功(刘建勋)谈话。后来一天,在十字街南边的一个饭庄里聚会,算潘老师请客,吃饭时说明这些人都是同志了,当时有潘、吴两位老师,李鼎声(李伟)、刘树功(刘建勋)、陈玉玑、王耀臣、杨钦参加。

姓赵的训育主任在学期末突然离校回北京,然后来了一封说明不回来原因的信。这封信由校长杨学山在大会上念给学生、教员听,内容大致是不回来的原因不是同事们不和,也不是工作累,更不是工资少,而是有另外一种原因我领导不了。这显然是说学校有共产党出现,他领导不了。姓赵的走后,第二学期由姓兰的当训育主任。

潘老师在校期间,曾去天津两次,一次带回油印机一台,用来秘密印刷传单、小册子。放寒假时,潘老师感到下学期回不来了,对一些事情都做了妥善安排,把油印机留给我,并规定了通信地点、方法、收信人姓名等等。寒假期间,潘老师曾给李鼎声来了一封信,说天津已批准你们为中共党员了,指定杨钦为支部书记。李鼎声给我往家去了一封信告诉了我。开学后第八天接到他化名"王文之"的来信,我们按预先规定用碘酒刷信纸背面,显出了字迹,内容大意是批准你们六人为正式党员,大羊(杨)为支书,小李子为团支书,并希望派人来天津直接联系,到津后用信通知高工学校齐××(名字记不清了),自有人找你。六个党员是:杨钦、刘树功、陈玉玑、王耀臣、陈绍堂、张德让;团员是李鼎声、刘义松。当时党团不分,共同开会,共同开展工作。我把信在秘密会上让大家传阅了一遍,最后一致推选我去天津联系,每人出五毛钱作为路费。

我到天津后在北站(当时叫总站)下车,住在河北福寿客栈,立即写信发出。第二天上午九点来一青年学生,手拿我的信,到我房间推开门就大声说:"这是你写的信吧?"我说:"是啊!"他又说:"你这家伙写的地点不明白,叫我找了半天才找到,本打算回去,又怕你找不到咱表哥。"我一听这话显然是说给别人听的,我便说:"对不起,一慌把字写错了。"他进屋问我:"你是由哪里来?"我回答说:"沧县。"他问:"是什么学校?"我答:"河北二中。"他又大声说:"你等会,我去打个电话,问问表哥在家不,你先别出去,他要在家咱俩一同去。"约一个小时后他回来说:"在家,咱们走吧!"我们走到金钢桥西侧的一个公园内,有两人正等着我们,他领我到近前作了介绍就走了。这两个人一位约四十岁,姓陈,另一位是二十岁左右的青年,姓王,他们没问我姓名,我向他们把二中的建党情况及沧县地方的情况一一作了汇报,大约谈到中午十二点多钟。老陈说:"沧县二中建立党支部已批准,并且去信通知你们了,今后希望选择优秀的同志多发展一些,最近准备派人到你们那里去就地指导工作。"把派人去沧县联络地点定为沧县乐善小学,找张德让。先以信通知,定下暗号让张德让去接,这比直接去二中安全。他回头向小王说:"该你的啦!"小王说:"我没什么,我认为团可以半公开地吸收青年或用其他名义吸收青年。"老陈说:"我们吃饭去吧!"在一家小饭铺吃完饭,问我路费足不足,然后分手了。究竟这两位同志是何身份,是省委还是市委?这些当时是不能询问的,就是王、陈也不一定是真姓。我回来后,向大家秘密传达了经过,大家得知上级党派人来指导工作的消息,都有说不出的高兴。

一九三二年四月间,天津上级党派廖华同志(当时叫老夏)来沧县。一天晚上坐摆渡过了运河,在河西不远的一个大坟场里开会,党团员都参加了。廖华同志讲了国内革命形势和日本帝国主义侵华形势,最后要求支部向工农发展,开展抗日运动,罢工罢课,动摇反动派的统治等等。经过大家反复研究,决定派刘树功、王耀臣同志打入青红帮组织内,以入帮会为掩护,实际上要打入码头工人和工厂工人中间,他两人通过关系在北门里一家"摆香堂,磕头认了师、排了辈"。派我到沧州火车站铁路工人中进行活动,我给铁路工人作了三次抗日报告,因为只能说大道理,所以他们只是敬而远之。又派张德让、陈玉玑到农村进行工作,在河西一个乡村小学发展一名姓白的教师入党,村名和人名记不清了。我曾约他来沧县一谈,经过谈话发现他虽愿意革命,但相当害怕,怕被反动派抓走。经过长时间谈话，临走带去一部分书籍和宣传品。看来要稳步地发展组织。

我们在学校这样活动，引起了校当局及地方豪绅的注意，他们阴谋扑灭革命的火焰。一九三二年六月二十六日，校长杨学山派人把我叫去，在校长室他手指着就要张贴的布告说："驻军团长指定要你们几个人，我考虑你们年轻，把你们开除学籍，立即离开学校，免得被抓走。"说完立即把开除布告贴出，大意是：查学生杨钦、刘树功、李鼎声、陈绍堂、陈玉玑、王耀臣、刘义松七人不守校规，煽动闹事，予以开除校籍，令其立即离校。当时由于我们年轻缺乏斗争经验，又没人直接领导我们，离开学校就各奔前程，失去了联系。行李物品托沈士敏收拾起来，油印机由李鼎声收拾起来转移给张德让。我们几人大部分到了天津、北京。

我由姚官屯车站上火车来到北京，暂时住在北京大学第三宿舍，准备再考学校。约住十余日，一天在北大三院饭馆吃饭，巧遇潘老师，真是喜出望外。他问明我的住处，说今天还有事，明天中午请我仍在这里吃饭，并到屋里坐坐。第二天中午我们吃完饭，在我的住室把二中建立党支部直到被开除的经过，详细作了汇报。潘老师说革命受些挫折是难免的。又问我愿意不愿意在北京恢复党籍，我说同意恢复。他说先给你介绍一个新的文艺团体，以后自有人找你。从此，我参加了艺文中学教员成立的"新文艺社"，出版像上海"文艺新闻"式的刊物，还有报告会等是公开的。后我转为递送党内秘密文件《北方红旗》。三个月后，经上级党的谈话，正式恢复党籍，在沙滩支部工作。一九三四年或一九三五年，忽然看到天津《庸报》或《益世报》上刊载潘老师牺牲的消息,内容大意是"共产党要犯潘漠华……被判七年徒刑,自己认罪服判,入狱后身患重病,于×月×日死亡……"当时陈玉玑在北大读书,住津南试馆,我常到那里去,我们看到后很难过,还大哭了一场。潘老师是革命先驱,是二中革命火种的传播者,是我们的良师,我们怀念他、哀悼他!

张润祥、舒永成整理

1983 年 3 月 21 日

## 作者简介

　　杨钦,1932 年在沧县二中入党,并任支部书记,是潘漠华烈士发展入党的学生,因发动学潮被开除学籍。新中国成立后在铁路部门工作多年,1977 年在唐山铁路建设段退休。

# 潘漠华永远活在沧州人民心中(节录)

田桂玲(整理)

1931年9月,潘漠华由北京受党组织派遣到沧县河北省立二中任教,秘密从事党的地下工作。

他刚来沧县省立二中时,三十来岁的年纪,身材不是很高,常穿一件灰色或蓝色的哔叽长袍,一双从不擦油的旧黄皮鞋,黑黑的脸膛上架着一副度数极深的小边近视镜,挺着胸脯,显得很有精神。他是诗人,北方左联负责人,左翼文化运动的先锋,他不但在政治上、思想上表现进步,在文艺战线上也是一把强手。潘漠华在省立二中担任高中国文课,在教学中,他不受课文局限,针对学生思想,自编讲义,讲得深入浅出,博得学生敬仰。他通过讲解《诗经》,形象生动地揭露人剥削人的社会现象,灌输科学社会主义原理。他耐心引导学生追求真理、向往革命。在他和另外几位进步教师的共同倡导下,学校成立了社会科学、文学、音乐等研究会,还指导一些有志青年,刻苦攻读《资本论入门》《社会科学讲义》等革命书籍,先进思想风靡全校。

"九·一八"事变后,潘漠华积极领导学校的抗日救亡运动。他组织进步学生办起了"三·六"壁报(一度为"一·四"壁报)、沧县中学校刊(铅印)以及大型抗日救国墙报,为墙报写了题为《怒吼吧，中国》的创刊词，进行抗日救亡宣传，揭露国民党反动派反共卖国的本质。后来又创办了《大众反日报》，每周两期，发至周围各县镇。此外，他还以抗日救国会的名义印发了一些传单和标语，到处散发和张贴，影响很大。

为了跟校内反动派斗争，潘漠华组织了为期三天的罢课，进步教师、学生上街游行示威。罢课期间，学生们聚集在礼堂开会、唱歌、演戏，潘漠华本不爱唱歌，却走上讲台，拉起手风琴教学生唱《打夯歌》。不一会儿，大家都学会了，在全校唱起来。潘漠华抓住时机，因势利导，把抗日救亡运动引向全城，举行市民集会，演出救亡戏、话报剧，查禁日货，把抗日救亡运动推向了新高潮。

潘漠华把师生中的积极分子发展成为"反帝大同盟"成员，还成立了"同志互济会"，把抗日救亡运动引向社会各阶层。他指导学生深入铁路工人组织了脚行工会，并在店铺组织了手工业工会，在码头组织了水车夫工会，在乡村师范组织了学生会等等。在运动高潮中，这些组织发挥了积极作用。在津浦路来往的火车上、运河来往的货船上以及市内商店中，查出并没收封存了大量日货。潘漠华在领导抗日救亡运动中，身先士卒，不怕风险，不怕劳累，不但自己写文章、写演讲稿，还安排组织各种社会活动，经常夜以继日地工作，表现了非凡的组织才能和忘我的革命精神。

潘漠华同志通过教学和抗日救亡运动，培养了一批骨干力量，经过实际考验，秘密吸收杨钦、陈玉玑、王耀臣、陈绍唐等六人参加了共产党，建立了党支部（C.P.），杨钦任支部书记；并吸收年龄尚不足十八岁的李鼎声（李伟）、刘树功（刘建勋）、刘义松三人加入中国共产主义青年团,成立了团支部(C.Y.),李鼎声任支部书记。党、团组织都在潘漠华直接领导下,经常在一起进行秘密活动。开会地点或潘老师宿舍、或教室、或小饭馆、或郊外,组织人们学习上级文件,研究斗争形势,发展革命组织。同时进一步发展了党的外围组织——左联、反帝大同盟和抗日救国会。潘漠华以党、团组织为核心,广泛团结群众,引导抗日救亡运动由自发逐步向有组织、有领导的方向发展。在潘漠华的领导下,以二中学生为骨干,组织了大规模的下乡宣传活动。同学们分若干宣传队,深入到献县、交河、阜城等津南各县,开展抗日救亡宣传。寒假期间,潘漠华还领导学生开展了"留校宣传活动",战胜了校长杨学山的各种阻拦,使一部分学生坚持留校,继续斗争。

反动的二中校当局察觉潘漠华对学生运动的支持,发觉了二中有共产党的存在,便预谋进行破坏和镇压。潘漠华也预感到事态发展的严重性,积极作应变准备。他曾两次去天津,带回一台油印机,交给党团组织,用来秘密印刷传单,安排好和天津党组织联系的地点、人员和方法。果然不出所料,寒假中,潘漠华等党员被二中学校当局解聘了。他临走之前,给党、团组织介绍了两个秘密党员:一个是河西天主教小学的张德让,一个是河西农村姓白的农民。潘漠华虽然走了,但他留下的革命种子却萌芽、生长、发展起来,二中成了津南一带的革命策源地,影响极为深远。

潘漠华离开沧州后,先到北平,1933年夏又去张家口参加了察哈尔抗日同盟军,在该军机关报《民众日报》(后改为《老百姓报》)工作。9月,抗日同盟军被迫解散,潘漠华潜返北平转唐山。1933年秋,又去天津。1933年12月,漠华领导天津左联工作,由于特务混入左联内部,因而被捕。被捕后被关押在国民党市党部特务队,受尽了特务的严刑拷打,但敌人总是一无所获。后来在天津法院看守所判了五年徒刑,转移到河北省第一监狱。潘漠华被囚禁在一间潮湿、阴暗的独身牢房里。那时他已被折磨得身患重病,随时都有死亡的危险,但他早已把生死置之度外,只要还有一口气,就要坚持同敌人斗争下去。于是他联合了狱中难友,进行了第三次绝食斗争,正当斗争将要取得胜利的时候,罪恶的敌人用滚汤灌潘漠华,1934年12月24日,这位伟大的共产主义战士被折磨致死,终年三十二岁。

潘漠华烈士的一生是革命的一生,他为中国革命事业作出了不朽的贡献,潘漠华永远活在沧州人民心中。

(1988年9月)

## 作者简介

田桂玲,中共沧州市委党史办。

# 潘漠华烈士与北方左联

### 陈 沂 杨纤如 王志之 孙席珍

**陈 沂:**

我是1930年冬天由上海到北平的,住在北平中国大学的一个同志家里。这个同志是北平左联的负责人之一,由他介绍,我参加了北平左联(中国左翼作家联盟北平分盟),并参加了1931年春天在北平中华门楼上召开的北方左联的代表大会。当时参加的人有潘训(北平大学女子文理学院讲师)、杨冰(燕京大学学生)、刘尊棋、冯毅之(新中国成立后山东省文联负责人)、张秀岩等人。

会开了一天,表面上是聚餐,实际是在聚餐掩护下开会。

会上讨论了左联盟章,选举了执委会,通过了几项工作任务。除建立分盟下属支部(北大、清华、燕京、香山慈幼院、平大艺术学院、女子文理学院、中国大学及其附中、宏达学院、二十八中、财政部印刷厂、西城街道支部),继续扩大盟员外,还就出版分盟机关报、筹办大型文学杂志等事进行了讨论,还特别讨论了开展工农通讯的问题。

最后进行选举,潘训、杨冰、刘尊棋、冯毅之等当选执委,我当选候补执委。执委分工:潘训负总责(当时对外称总务,对内称书记),冯毅之任组织部部长,杨冰任宣传部部长,刘尊棋管工农通讯,张秀岩等筹备出版盟刊和文学杂志,我被分配任组织部干事。

当时,我们的斗争远远超乎左翼文化运动,而且都和抗日斗争、反对法西斯暴政的斗争紧紧相连,总的方向都是针对国民党的"攘外必先安内"政策。这是同上海左翼文化运动不完全相同之处。而且因为参加这个左翼文化运动的人,除了几个大学教授如许德珩等同志外,大多是学生、中小学教师、部分工人、人力车夫、少数农民。所以,这个左翼文化运动和斗争,一开始就同广大群众结合,同当时的抗日斗争结合,同反对国民党法西斯暴政结合,不单纯是搞文化运动。最后大批人参加了张家口冯玉祥先生、吉鸿昌同志领导的抗日盟军。北方左联发起人之一的潘训同志,就是参加者之一,并在那里担负一部分领导工作。抗日同盟军失败后,他回到天津,不久被捕,最后牺牲在狱中。

## 杨纤如:

我在北方左联筹备会上先后会过段雪笙、潘训、谢冰莹等人。讨论的问题我能记到的大概有这样一些:一是必须在暑假开学时开成立大会;二是命名问题;三是在北平的知名作家敢革命的不多,而敢革命的有作品问世的又不多……

既名之为左翼作家联盟,总得由作家来组成呀。潘训、谢冰莹可以称为作家,段雪笙也有过散篇零敲碎打,其余的人就是些大学生了。我记得会上好像有人自卑地认为自己不够作家身份,潘训曾当面驳斥,说这是取消主义的观点,我们是左翼作家,我们能写出普罗文学,当然算是左翼作家,那些知名而不进步的作家将被我们抛在时代的后面,新兴文学的时代将由我们来开创。其语至豪,四座惊服,一时大家笑逐颜开,空气活跃起来。我还记得谢冰莹用她那期艾之音加上湖南新化腔,眉目连挤,口中"啧啧"几次才说出:"要得,要得,就是该(这)样……"这样一来,我们这群青年气也壮了,这给我们以后努力创作反映工农劳苦大众生活的作品以很大的推动力。就这样,我们这群学生居多数的盟员,就组成了左联北平分盟,也就是北方左联。

## 王志之:

一九三一年,我回到家乡四川眉山安葬母亲,基本上结束了我同老家的联系。"九·一八"事变后,我回到北平。其实,我妻黄远征刚参加了南下示威回来,住在西城的一家公寓里。仅仅半年的别离,却使我一见就感到她发生了很显著的变化。她很兴奋地详述了南下示威的动人情景,充分表现出对日寇及卖国政府不抵抗主义投降政策的无比仇恨,以及对东北义勇军的自动抗战和全国蓬勃发展的爱国救亡运动的热烈希望。记得她向我提出一连串的问题,如结成最广泛的抗日民族统一战线应如何努力?抗日救亡运动如何才能取得最后胜利?中国的抗日战争与日本劳动人民的反战运动如何配合?如何响应共产党"停止内争,一致对外"的号召,挫败卖国政府的投降阴谋?她当时是才从高中毕业的十六岁的青年,能提出这类问题,我不禁对她刮目相看!而同时,我又感到好像是一个不受信任的老师在被自己的学生考核一样,颇有些自惭而又不服气;所以我在回答这些问题时也提出了不少问题,使她不能作出满意的回答。最后我向她提出要求:"给我介绍一个水平较高的同志,我们谈谈。"她虽是讳莫如深地没有告诉我她参加了什么革命组织,也接受了我的要求。不久以后,我就认识了潘训。

得识潘训同志,在我的思想上留下极深刻的好感!尽管事隔四十八年之久,仍记忆犹新。记得我同潘训同志见面时的第一句话是:"我的头脑里有很多问题,不管对不对,我都谈出来,希望能在你的帮助下得到解决!"我们谈了很久,涉及的问题很广泛庞杂,有时也发生很热烈的争论,但一直都是坦率认真、肝胆相照的。老潘那浙江语音很重的普通话,并未成为我们谈心的障碍;他那高度近视的眼镜透出的炯炯目光和微黑的特别显得厚重的面容,使我增强了对他的信任。他很圆满地解答了我思想上、认识上的一切疑难问题,我惊叹他的知识渊博,更信服他的见解的正确。我确认他是一个名副其实的共产党员!

不久以后,老潘介绍我参加了左联。

**孙席珍:**

北方左联(北方左翼作家联盟)是在中国左联(中国左翼作家联盟)成立大约半年以后成立的。它并非中国左联的分支机构,在系统上没有隶属关系,而是作为党的外围文化团体,直接受北方局的领导,在组织上是独立的。

一九三〇年秋冬之交,大约十月底或十一月初,潘漠华和台静农到北平西城我的寓所来找我。谈起北方文坛冷落,需要鼓动一下,把空气搞得热烈些;而且一向人自为战、力量分散,希望联合起来,有个组织,共同战斗。我当然竭力赞成,问组织什么团体好,漠华爽快地说:"中国左联已经在上海成立了,我们来个北方左联,你看如何?"又说:"此事李守章(俊民)也很表赞同,愿做个发起人。李霁野也同意参加的。"我说:"那就再好不过了。"那天,我们谈得相当融洽。

隔了两天,漠华单独到我家来,兴奋地告诉我:"大家热情很高,已有十几人愿意参加发起。"我听了很高兴。但他接着说:"他们的意见,想推举你当主席。"我不免一惊,问:"你说的'他们'是谁?"他说:"是好些人的意见,文委也同意的。"我连忙说:"那可不行呵!我年纪轻,资望又浅,担当不起。还是另推一位好,比如你、静农、守章或霁野都可以。"他说:"组织上曾考虑过,但他们都无意。"又谦虚地表示:"我的社会关系不如你,其他一时也没有适当的人。"我思索了一下说:"既然这样,我看不如推几个常委,来个集体领导可好了。"他略略踌躇之后说:"好吧。"就匆匆告辞了。

这以后有几天没见面。一个星期日的上午,他同一位女青年来找我。介绍说:"她是燕京同学叫杨刚。"然后说:"经过讨论,不设主席,设几个常委也好,但常委中要有一个书记,还打算由你担任。"又指着杨刚对我说:"你尽管答应下来,一些具体工作,可以请她帮你同做。"这时,谢冰莹也不约而同地到我家里来了,她也是发起人之一,一到就附和着他们。我不便再推辞,就约好由漠华去起草纲领和章程,再行协商决定,因为他是北方左联的党团负责人。事实上,筹备时期,除了漠华之外,李守章也做了大量的工作,他是筹备处的秘书长,但不久他往山东去了,后来就不再设这个职务了。

北方左联正式成立的确切日期,我记不清了,总之是在一九三〇年底以前。成立会上通过了章程和工作纲领,推选了潘漠华、台静农、刘尊棋、杨刚和我为常委,除一人兼任书记外,其余分管组织、联络、宣传、总务等等,下设几个干事,分在各组。但实际工作时,往往互相帮助,谁的工作忙些,大家都帮着去做,分工并不怎样严格……

开始时盟员不过二、三十人,后来陆续有些增加。东城小组在沙滩北大附近;西城小组在沟沿,邻近中国大学;南城没有小组,北师大在新华门外,离西城较近,就附入西城小组;海甸小组在燕京校内。正式盟员虽不多,但各校均设有读书会,由盟员组织领导,总人数可能超过一百。除了上述各校外,记得辅仁大学、中法大学、民国大学、大同中学、汇文中学和贝满女中等,也曾有过读书会的组织,盟员小组会不定期召开,次数并不太多;读书会目的重在政治宣传,也介绍阅读一些苏联文艺理论和作品,相继传递一些印刷品(大多是油印的),活动比较更经常些。

由于盟员工作岗位常有变动,有些调往外地的,曾在当地(济南、太原、保定等)成立过临时小组,也曾组织过一些读书会。其中只有天津是常设性的,称为支部,由于天津活动范围比较宽广,而且北方局就在天津,通过联络员可以就近接受指导,所以特别重要。

以上所述,是北方左联最初的组织形式。

我除了去过几趟天津以外,所有上述这些小组的活动,无论北平的和外地的,都没去参加。我也从未以北方左联的名义,公开对外活动过,有些读书会曾请我去座谈或作报告,也是以学校教师的名义出面的。这样做，是遵照组织上的意思，目的是为了掩护身份，不致暴露。至于内部事务，都已有人分担，比较重要的，一般由漠华来向我招呼或同我商谈一下。除了漠华，杨刚和冰莹也是我家的常客，此外还有两个用代号的青年，也不时来找我反映过一些小组情况。

杨刚是漠华指定同我经常联系的人。她是羊枣（杨潮）的妹妹，原名杨缤，当时在燕京大学新闻系学习。埃德加·斯诺到燕京讲学，她是斯诺的得意门生，后来她到《大公报》工作，我和斯诺就是由她介绍认识的。

# 纪念潘训烈士

范文澜

陈竹君同志要我给烈士潘训同志写纪念文,我在病榻上接受了这一委托。潘训同志的声容,立即在我的心目中呈现出来,虽然时间已经过了三十年,他留给我的印象却依然如此明晰。和竹君同志话旧,竟如讲述近事,她直夸我记忆力强,其实并不是我有什么强的记忆力,而是潘训同志有很强的革命表现,使我不能忘记他。

潘训同志到北平工作,和我来往不过半年,顶多不过一年,在白布恐怖的环境里,彼此谈话是简单的,除了告诉我他姓潘名训以外,他的其余经历,因为不便问询,也就无所知了。他是浙东人,还是我从乡音中听出来的。

为什么得到我高度的尊敬并且记住他,永远不让他从我的心坎里消失呢?原因是在他离开北平后不久,有人来说他在天津被捕了,我经常打听关于他的消息,有人说他在牢狱里进行绝食斗争;又过了些时,有人说他在斗争中英勇牺牲了。他既然证明自己是革命烈士,是阶级斗争的好战士,怎能不使我逐步加深对他的认识,最后认识他是坚决革命的硬骨头,凡是革命硬骨头,永远是值得尊敬的。

阶级斗争有各种各样的形式,革命斗争是在各种阶级斗争里最激烈的一种,在战场上、在法庭和牢狱里,都是革命与反革命较量实力决定谁胜谁败的地方。在战场上决定胜败是谁都知道的,在法庭和牢狱里,革命者连最起码的人身自由都失去,更谈不上有什么生命保障,这怎能决定革命的胜败? 反革命者用尽它认为可以使革命者屈服的一切酷刑,结果全部无效,这不是反革命者的失败? 它最后用死刑来威胁革命者,与它愿望相反,革命者从容就义,视死如归,而且激起了更多的革命者参加斗争,这不是反革命者连根失败了吗?

潘训同志学不会用嘴呼吸,被灌了辣椒水后,肚子涨得像淹死的浮尸一样。反革命者没有达到逼供的目的,只好把潘训同志伏在长凳上控水,压他的肚子,使血水从口鼻流出,甚至用一根棍子压面条似地压他的肚子,口鼻喷出更多的血水。反革命者可以用酷刑摧残革命者的肉体,但丝毫不能挫败革命者坚强的革命意志。在这场斗争中,胜利无疑在革命这方面,而失败者无疑是反革命;反革命者拿着滚烫的辣椒水和棍子等等刑具,以为可以所求无不得,可究竟得了些什么? 一点也没有! 这就说明谁胜谁败的问题了。

中国历史上有许多忠义之士,对敌人宁死不屈,我在这里只举一个普通人的例子。北宋末年,河北广大人民群众起兵反抗金兵入侵,山西省文水县西部多山,石赪聚义兵据山立寨,攻袭金兵据点,截断金兵运粮道路,金大将粘罕为保后路安全,发重兵攻破石赪所据山寨。石赪被捕获钉在车上将受剐刑,刀已划破肚皮,石赪脸色不变。粘罕奇怪,好言问石赪如肯投降,当用做将官。石赪怒骂道:"老子能死不能降! 老子姓石名石,石上加了钉橛,你妄想移动吗? 呸!"粘罕怒甚,令寸寸碎割。石赪骂不绝声，到死才停止。这样的忠烈之士，记在史书的为数不少，失记的当为数更多。石赪是民族斗争的勇士，实质上也是阶级斗争的勇士。

在马克思主义传播以前，人们不懂得阶级斗争的理论，自然说不上有自觉的阶级意识，但阶级斗争依然剧烈地进行和发展着，在历史上写下了许多可歌可泣的事迹，其中忠义之士，在敌人的刀锯之前，赴汤蹈火，毫不怕死。指导这种斗争的思想，不外有两种：一种是节操论，一种是流芳说。这两种思想都与儒家学说有关系，特别与宋儒学说关系尤为密切；这两种学说归根到底都是唯心主义的产物，一个人如果真正接受了这种学说，也可以像某些宗教徒为殉道而献出生命那样，对敌斗争，死不输心。石赪就是这样一个人。此外还有更多的人，尽管自称忠义，或被称为忠义，但环境变得不利时，满腔悲观只求跪着活命，这种人肯定是叛变者。

自有阶级社会以来，就存在着阶级斗争，中国历史上的农民起义，多至数百次，说明阶级斗争是激烈的。但在中国共产党成立以后，阶级斗争才出现崭新的局面，斗争得到空前的发展和空前的加强。这是因为中国共产党是马克思、列宁主义和毛泽东思想武装起来的战斗部队，凡是参加斗争的每一个战士，在斗争中都有日益提高的阶级觉悟，都有愈益明确的革命宇宙观；他知道自己是人类社会最先进阶级即无产阶级的先锋队员，所要做的事业是打倒侵略中国的帝国主义及其豢养的各种走狗，从而解放中国；完成了这个历史任务后，还必须联合世界上所有被压迫阶级和被压迫民族共同斗争，从而解放全世界、全人类。今天，全世界人民最大的敌人是帝国主义，而以美帝国主义为首,它以貌似强大、无止境地肆行侵略,力图挣扎出一条活路来,正好说明它处在垂死状态中,决不能逃脱历史发展的定律。凡是打击在各时期作为主要侵略者的帝国主义和它所扶植的各种走狗势力,都是伟大的革命行动。为完成这样伟大的革命,付出自己的生命,是多么大的光荣呵!文天祥说:"为子死孝,为臣死忠,死又何妨!"文天祥说的是那个时代的话,他说的一死的事情,和无产阶级解放事业比大小轻重,是无法相比的。一个无产阶级战士为革命献出自己的力量,并且贡献生命,都值得自豪,都值得为后人所敬仰和学习。

现在中国人民将自己哺育成长的儿子共产党员潘训烈士的事迹及其遗作编成文集出版,以激励后起的接班人继续革命,这是值得赞许的。他的遗诗、遗文虽然不能算多,但他的诗文在发表的当时已起过一定的作用,三四十年后的今天,中国文学在党的文艺政策指导下有极大的进步。纪念潘训同志,我以为不应光以诗文为重,更是由于他那对敌斗争的顽强性和他之死矢靡它的贞烈性。

我对潘训同志革命事迹知道得很少,他的诗文也没有好好地读过,我只是以三十年前他留给我的印象写成这篇纪念文。文中有不妥的地方,希望同志们指出以便及时改正。

1964 年 8 月 18 日写成于北京

## 作者简介

范文澜(1893 年 11 月—1969 年 7 月),浙江省绍兴市人,著名历史学家。1913 年考入国立北京大学文预科,翌年进文本科国学

门。1917年毕业于北京大学,获学士学位。1925年,在天津出版
《文心雕龙讲疏》一书。翌年秋,在天津加入中国共产党,1927年
秋,开始在北京大学等校任讲师。他主编《中国通史简编》,并长期
从事该书的修订工作,还著有《中国近代史》(上册)《文心雕龙注》
《范文澜史学论文集》等。

# 漠华同志牺牲三十年祭

陈竹君

1964年12月,是漠华同志殉难三十周年。三十年前烈士的音容,对敌斗争顽强不屈的精神,坚定不移的无产阶级立场和高贵的革命节操,这一切至今回忆起来,仍历历在目,使人永远不忘。

我和烈士相识是1930年10月底在北平一个私立中学,他是这个学校高中国文和修辞学教员。以后才知道他是被国民党反动派追捕从河南开封中学逃到北平来的,还知道他开学后迟来学校是被关捕在警备司令部监狱里。他在这个学校短短的三个月任教中,播下了红色种子,传播共产主义思想,站不住脚,又到北平香山慈幼院中学,因领导学生罢课,不久又被学校辞退。1931年就到河北沧州中学教书,一学期后又返回北平。

1932年春,漠华在北平中国大学经济系担任几点钟课,这段时间,烈士以教书为掩护,主要做党的地下秘密工作。

1932年秋冬,北平党组织派他到天津市组织地下市委机关任宣传部部长。1933年春夏回北平,不久即到张家口任《老百姓报》编辑(是党为了支持察哈尔抗日同盟军组织的前线委员会领导下的一个报社)。宋哲元部队进入张家口时报社停刊,烈士即随军转移战斗,十月返回北平。因情况紧张,反动派猖狂抓捕革命者,他随即到天津,1934年初在天津被捕。

55

　　漠华同志被捕后,在天津国民党市党部受尽了反动派的痛苦折磨和各种酷刑毒打一个多月,因无口供无证据被转到天津法院看守所。经过一段起诉无效,最后被判刑五年,送天津河北省第一监狱。在狱中,为抗议反动派对政治犯的虐待和非人生活,在1934年底和狱中的同志参加的第三次绝食斗争中,为反动派所杀害(这次绝食斗争还有虞同志和其他同志)。漠华同志在天津为党做了他最后一段工作,为无产阶级壮丽的革命事业贡献出自己宝贵的生命。

　　纪念漠华同志,我们要学习他那种面对任何困苦、任何挫折失败面前都毫不动摇的革命必胜的信心。在那充满血腥和恐怖的年代里,每个革命者随时都有被反动派抓去的危险,在那十分艰巨复杂的斗争中,为了能更好地进行工作和应付敌人的各种迫害,烈士常常教给同志们如何进行地下秘密工作的一些斗争艺术,如何应付被捕后敌人的残忍刑讯和狡猾的手段。他介绍自己的亲身体会,被捕后敌人对革命者施以各种惨无人道的拷打毒刑,他认为刑具中最使人痛苦难忍的是电刑,这比皮肉之苦尤甚。敌人的目的是要折磨革命者的意志,因之要有不怕苦和不怕死的大无畏的精神来对付貌似强大而凶恶的敌人,这样,不管敌人使用什么酷刑,都能忍受刑具施加在身上的痛苦,闯过这一关,再用什么刑具也不过如此罢了! 受刑时大声喊叫几声也是一种减轻痛苦的办法。他说:在敌人面前我们永远是胜利者,万般酷刑其奈我何! 漠华同志就是这样经过多少次被捕受尽敌人毒刑审讯的考验的。

　　漠华同志被转到"天津法院看守所"后不久,身患重病,当我到看守所探望时,烈士被囚在一间阴暗潮湿的监房里,室内有的东西——一个尿桶、一张床板、一床被子,他全身抽动(抽风)。他抑制住痛苦,说对敌人不要有丝毫的幻想,幻想能释放出去。他告诉外边同志,他没有给党造成什么损失,没有做不利于党的事。他以一种不能抑制的愤怒感情指着站在身旁的一位青年说(照顾他的难友)小×才十七岁,这次被敌人毒刑打断了肋骨。很快地他情绪恢复,以感谢的口吻谈到难友对他的关怀,说他不孤独,他感到自己吃难友的东西太多了,能否设法搞点吃的送来请请大家。他那种倔强乐观的精神,感人至深。

在"第一监狱"时,他常托被释放出来的难友带出信件和文稿,从字里行间,可以看到烈士的乐观情绪和胜利信心。到监狱不久,烈士即被反动派把他和难友隔离起来,一个人因在一间牢房,不许和人接触,不许和人说话,每天放风也接触不到同志。他写道,嗅觉器官被敌人用辣椒水破坏失灵了,现在说话的机会全无,几年后见面将要以哑巴的手势来表达自己的语言了。他描绘狱中饭菜:两个小窝头,一碗"大海泛孤舟"的菜(形容水多无菜,只浮几片菜叶),他千方百计把狱中情况传出,如××叛变了,××常出入国民党党部,××被捕了,令设法告诉党组织。

纪念漠华同志要学习他艰苦朴素的生活、夜以继日的勤奋工作作风。当时环境十分恶劣,秘密工作任务繁重艰巨,经济很困难,我党的许多革命者除繁重的地下工作外,还要为了吃饭和掩护自己兼点社会职业(一是吃饭,二是掩护)。当时他们的工作是紧张繁重的,这样也难避免有时断炊,还要跑到当铺典当衣物或出卖书籍,换得几文钱度过一两天生活。在天津作宣传工作时,每天奔走数十里外即工厂区进行工作(住在法租界工人区,但到中国区工作)。晚上开会或写宣传品和文章往往到夜深,有时忙得一天只吃一顿饭。他也乐于帮助同志。

漠华同志有丰富的文学素养,富有宣传鼓动能力。他善于利用课堂讲课并结合国内外形势揭露反动派的一切不抗日、假抗日的阴谋破坏活动和帝国主义侵略中国的罪行。他也善于动用丰富的词汇、精练的语言,写出尖锐批判的文章,揭露资产阶级和第三种人的欺骗,还能以鲜明的阶级立场和爱憎分明的情感批改学生的作文,启发青年自己去思考革命的道理,找出问题的答案。他在课堂上借用修辞学阐述了从人类劳动中产生语言、而后文字到修辞,宣传劳动创造人类。他借用讲台上资产阶级经济学,很巧妙地讲了从社会发展到辩证唯物主义和历史唯物主义理论,深受学生欢迎,当然也为反动派所仇视。他是学文学的,但对社会科学的研究从未放松过。他爱买书,也很会运用书报,在紧张繁忙的工作中,挤出时间看当时出版的书刊、杂志,这是他写批判文章和宣传品的资料来源。

漠华同志牺牲已三十年了。今天纪念漠华烈士,我们要学习他对党对无产阶级革命事业的无限忠心,要学习他顽强不屈、坚决彻底的革命精神,继承烈士遗志,为社会主义建设、为共产主义事业的胜利而继续奋斗到底!

(1964年12月)

## 作者简介

陈竹君(1910年—?),原名戴复华,四川省开县人。是潘漠华烈士于1930年在北平翊教女子中学认识的女友,也是他生命最后几年中的同志和战友。潘漠华在天津牺牲,后事也由其料理。新中国成立后在全国总工会工作。

# 漠华同志在狱中

王冶秋

一九三四年二月,潘漠华同志在天津担任中共市委宣传部部长的时候被捕。一九三四年十二月,为抗议反动派的虐待,和狱中同志们一起进行绝食斗争,在获得胜利复食的时候,牺牲于天津狱中。

我常常想起漠华同志。我们的相识,大约是在一九二六年,他还在北京大学上学的时候,因为他曾经在杭州上学,写过一些新诗,组织过一个诗社——湖畔诗社,他是湖畔诗人。他曾经翻译过《沙宁》,也写过小说,是"北方左联"发起人之一;同时,他是党的地下工作者,一位无产阶级坚强不屈的战士。

当时,他年岁比较大,又是个深度的近视眼,对青年和蔼可亲,我们把他当作老大哥看待。

一九三一年八月一日,中共北京市委决定举行一次示威游行,游行队伍从和平门外的师范大学出发,经过海王村公园的时候,事先做了准备的侦缉队就从西门南门象一群狼狗似地钻了出来,几乎把所有参加示威的同志都逮捕了。潘漠华同志和我都是那次被捕的。在警察局关了一段时间以后,又一起被押解到"警备司令部"。在警察局,我与他分关在两个院子里,我没有看见他。到了"警备司令部"的监狱里,我们正好是对面的两个笼子,除了两方各有很粗的许多木柱子以外,别无遮拦,我这时才看见他。可是他很难看到我,因为进监狱的时候,敌人把他的近视眼镜没收了,他几乎成了盲人。有时,看他把眼睛挤得很小,有时又瞪得很大,向我们笼子这边张望着。我有几次向他示意都毫无反应,可见他是急着想看见那些熟人,却又什么也看不见。

这个监狱是极端黑暗残酷的,所以我们进来以后,有位比我们大约早一年进来的赵朴同志(抗日战争中牺牲在山东),就设法辗转告诉我们,准备挨鞭子、被灌辣椒水,他教我们如何"熬刑",如何叫辣椒水灌不进去或者少灌进去,让我们经常练习用嘴呼吸。可是老潘怎么也学不会,先是用嘴呼吸几口以后,憋得受不了,就又得用鼻子,后来他就狠狠地捏住鼻子,一直练到憋得满脸通红,脖子上的青筋暴露,最后弄得大声喘气。他的近视眼根本看不见看守在哪里,只顾自己认真地练习,有时被看守看见,就大骂他一通,可是老潘不管那些,一有机会就练。

我永远不能忘记,我们是一起去"过堂"的。这次"提"了三个人,当头一个进去"过堂"的时候,我和老潘被拴在法庭外边的两棵树上。趁着看守离开的机会,我叫了他一声,他激动得很。记得他说过:"我听说你也在这里,可我就是看不见你呀!"我轻轻地向他说:"千万记得要用嘴呼吸。"当第一个被打得乱七八糟、灌得死人一样被拖出来以后,第二个就轮到他。进去没有多大一会儿,就听到里面"惊堂木"拍得乒乓响,大声叫着:"扒衣服!"打了一阵鞭子以后,就看见刽子手"陆大爷"(是最恶的凶狗)出来拿洋铁壶,我晓得要灌辣椒水了。我实在替他着急。果然听见咕噜两声以后又是喷嚏又是咳嗽,过了一会儿,便什么声音也听不见了。我看见那只恶狗又出来提了几次辣椒水进去。

又过了很长时间,我看见那只恶狗拖着老潘的两只脚从法庭里拉出来。老潘像溺死的浮尸一样,肚子大得可怕。恶狗把他"担"在一条长板凳上"控"水,他鼻子、嘴里都冒出血样的水来;又把他翻在地下,用一根擀面杖在肚子上擀,从他鼻子、嘴里往外喷射着血样的水。老潘就是这样熬过了他第二次入狱的。他第一次入狱是大革命时期,在杭州。

记得阎锡山撤退的时候,我们都先后被"解放"出来,他看见同笼子的有的已经出去了,他又看见和听到我们几个人从他对面的笼子出来,至今我记得那样清晰,他两只手紧握住木柱子叫着我:"小王你好,我是出不去的了!"这时,看守也松了,我要他耐心等着,或许都可以出去的。我们就是这样分别了,谁知道一别就成永诀!

过了几年,我又听到他在天津被捕和牺牲的消息。

新中国成立以后,我常常想起他来,一位无限忠诚老实的战士,能活到今天多么好呢!可是,他永远活不过来了!只是他顽强战斗的精神,永远活在人们的心中!

## 作者简介

王冶秋,又名野秋,安徽霍邱人。1924年加入中国社会主义青年团,曾任共青团北京市委秘书、霍邱县委书记。1932年参加左联,1941年加入中国共产党。后在冯玉祥处任教员兼秘书。

1947年后任北方大学、华北大学研究员。新中国成立后,历任文化部文物局副局长、局长、顾问。中共十一大代表,第三至五届全国人大代表,第四、五届全国人大常委会委员。著有《民元前的鲁迅先生》《琉璃厂史话》等。

# 参加革命，不盼长命

潘翠菊

　　读了丁景唐同志《鲁迅博物馆收藏的漠华烈士手迹》一文，文中说：漠华烈士留下的手迹很少，除早期的新诗有原稿外，后期的遗稿尚未发现……而在浙江宣平，现在的武义县柳城镇，我的家里是曾存有他给我的亲笔信四封，长方形信封，十页纸，用毛笔写；给沈载熙的亲笔信六封，两封用西式信封，其余同；给二哥恺详的三封，也是中式长方形信封。共有亲笔书信十三封。此外，尚有小说《冷泉岩》底稿一篇，用三十二开报纸两面写，三张半；未完成的手稿《深山雪》一篇，用十页纸写了二十张，是记述那次回乡赈灾和施火吒重逢的一段回忆；还有一部译稿，是关于某国一个古老童话的故事，书名记不清楚了，译稿也是用十行纸装订成册的，有七、八十张。这些手稿连同漠华自小佩挂的一块银制长命锁和一对包金的银手钏，一起交给我保存。在银制长命锁的正面下端，有漠华亲手镌刻的八个字："参加革命，不盼长命。"在一对包金的银手钏上，则有漠华镌刻的另外八个字："包办婚姻，信物不信。"自从漠华殉难以后，我一直小心保藏着这些珍贵的遗物，寄托着对他的无限哀思。不幸这些遗物在"文革"时全部被抄没丢失……

## 作者简介

　　潘翠菊,潘漠华同龄堂姐,坦洪上坦村人。曾经保留着一些潘漠华烈士的珍贵文稿,可惜在"文革"抄家中遗失。

# 革命的引路人

### 李 伟

潘漠华,当时三十多岁,个头不高,肤色稍黑,戴一副高度的近视眼镜,说一口江浙味普通话。他在五四时代就是一位进步青年,1924年至1926年在北京大学文学系读书,1926年入党,是坚定的马克思主义者,"左联"作家。他曾数次被捕入狱,都是他的老师许宝驹、蔡元培等人把他救出狱的。

这位共产党员对我少年时代的生活曾经产生过深远的影响,可以说,他是我走上革命道路的一位引路人。

潘漠华于1931年来到河北省立二中。那年7月,我从四年制初中毕业。就在这一年,河北省立二中开办高中部,我于暑假后直接进入高中二年级,选读了文科。当时潘漠华教我们国文。他对人亲切又严肃,讲课颇能深入浅出、有理有据,深受同学们欢迎。我一下子就被他的魅力吸引住了。

潘漠华带给我们全新的知识。我记得,他向我们介绍过一本写第一次世界大战的长篇翻译小说《西线无战事》,并解释帝国主义战争的非正义性和俄国十月革命问题。他大量地介绍了鲁迅的作品及其为人,介绍了上海于1930年2月成立的左翼作家联盟和无产阶级文学,介绍了郭沫若、茅盾、胡也频、丁玲等人的作品,也介绍了俄国批判现实主义作家托尔斯泰、果戈理等人和十月革命早期苏联作家高尔基、法捷耶夫、绥拉菲摩维支等人，并对他们的作品《复活》《钦差大臣》《母亲》《毁灭》《铁流》等作了具体评析。他说，批判现实主义的作品虽然揭露了旧社会的现实，但不能正确提出社会革命的出路，而无产阶级革命现实主义的作品，既揭示了社会现实，又指明了斗争方向。

潘漠华不但上课时教育引导我们，而且在课外同我们的个别接触中，更明确地向我们解释了国民党与共产党的不同及国共两党合作与分裂的缘由。他指点我们：要读点马克思主义的哲学、社会科学著作，以充实和端正自己的人生观和世界观。我们一些同学在他的启发下，组织起社会科学研究及其他门类的学术研究会和互济会。

此外，教生物学的王振华老师也对我产生过很大的影响，他上课讲生物多，讲时事、政治也颇多。他不但说"国家兴亡，匹夫有责"，而且明确表示对国民党和蒋介石的不满，并经常向我们介绍马克思主义的基本观点。

他们所传播的新思想新文化使我如沐春风。课下，我就从图书馆借出能找到的进步作品，如饥似渴地阅读、研究。在两位老师的启迪下，我对国内外文学天地和政治斗争等问题有了比较明确的认识，虽然是初步的、启蒙式的。我的思想境界较之从前已豁然开朗，这是对我一生都起决定作用的飞跃。从此，我的人生便迈入了一个新的天地。

正是由于接受了五四新文化的洗礼，加之我对人生以及社会问题的积极思考，当反日反蒋的浪潮席卷神州的时候，我便很自觉地站到了运动的前列，成为河北省第二中学学生运动的一名骨干分子。

"九·一八"事变后,日本侵略者占领了我国东北。消息传到沧县,二中全校师生群情激愤,立即在礼堂召开了四百多人的大会。在会上,师生们发表热烈演说,并决定罢课三天,上街游行示威。

在街头,我们向市民群众进行宣传,要求政府出兵抗日,并发动民众抵制日货。

我们成立了学生领导机构,潘漠华老师起了主导作用。

当时,潘老师找了我们一些工作积极主动、与他已经比较接近的同学谈话,征求意见,发展抗日组织。

"学生们已经组织起来,有了领导机构",潘老师启发我们,"但你们有没有想过,抵制日本帝国主义的侵略,是我们全民族共同的事业呢?"

"国家兴亡,匹夫有责,我们都应该为反对日本侵略出力的。"我们回答说。

"可是,日本并不是哪一个人在侵略中国,他们是有预谋、有组织地霸占中国,在这种形势下,我们应该怎么办?"

"当然是组织起来跟他们斗争。"

"对,不组织起来,我们就没有力量,不组织起来,我们就不会取得斗争的胜利。"他坚定而有力地对我们说,"整个中国要握成一个有力的拳头,我们也要把自己的力量融汇到整个抗日救亡的组织中去。我们可以加入全国的抗日组织——反帝大同盟。"

"反帝大同盟?"

"对,反帝大同盟!"潘老师那清瘦的脸上现出奕奕的神采,

"这是个秘密组织,是由宋庆龄为首的革命人士在1927年蒋介石搞'四·一二'大屠杀、叛变大革命、国共分裂以后组织成立的。它的宗旨是反对帝国主义,反对国民党蒋介石,拥护苏联,拥护共产党。当前的主张是抗日救国。"

"太好啦,加入了组织,我们的斗争就会变得更有力量啦。"大家听了潘老师的话,都十分高兴。

我和其他几个与潘老师接近的同学,大都是学生救国组织负责人,立即表示同意加入,组成小组,并且就如何领导我校反日反蒋运动进行了分工。从此,二中学生运动就有了有组织的骨干力量。

就这样,经过新文化洗礼之后,我不但在思想上发生了变化,而且还迈入了抗日救亡运动的革命组织之中,以一个革命者的身份,开始了新生活。

## 作者简介

李伟(1914年—2005年8月),汉族,河北省沧州市人,潘漠华引导发展的党团员之一。新中国成立后,历任中国人民解放军总政治部文化部顾问、原总政治部宣传部部长、原总政治部副秘书长。全国文联委员、中国音乐家协会常务理事、书记处书记。正兵团职离休干部,中国共产党第十二次全国代表大会代表。1955年被授予大校军衔,1964年晋升为少将军衔。2001年获中国音乐金钟奖终身荣誉奖。

# 鲁迅博物馆收藏的潘漠华烈士手迹

## 丁景唐

今年四五月间在北京,曾有机会两次瞻仰鲁迅故居,并承鲁迅博物馆同志们的热心协助,见到了鲁迅保存下来的一些革命烈士手迹。由于时间所限,只匆匆看了几份。现应《文物》编辑之约,在此先介绍潘漠华烈士的一件手迹。

潘漠华烈士留下的手迹很少,除早期的新诗有原稿外,后期的遗稿尚未发现。鲁迅博物馆珍藏的漠华烈士手迹是给柔石烈士的一封信。信是用毛笔字写在明信片上的——"上海东横滨路景云里23号赵平复,北平潘寄"。信末署十月十日。细察信上邮戳,系1930年10月11日由北平发。因为明信片上写的收信人是"赵平复"和"平福",写信人又只简单地写了"北平潘寄"四个字,所以多年来未被发现为潘漠华烈士的亲笔手迹。赵平复和平福是柔石烈士的学名和本名,柔石是1928年后在上海从事文学活动的笔名。潘漠华烈士和柔石烈士是杭州浙江第一师范学校的同学。漠华烈士较柔石烈士低一级,1924年他在一师毕业后北上考入北京大学。1925年,柔石烈士在经历了两年的小学教师生活后,也北上去北京大学当旁听生,柔石烈士和潘漠华烈士同住在一个公寓里。他们对文艺有共同的爱好,漠华烈士的文学活动较柔石烈士为早。早在1920年他就开始新诗的创作,1921—1922年间,参加了杭州的新文学团体"晨光社",并在当时著名的诗刊《诗》上发表新诗,以后又和应修人烈士等组织湖畔诗社,出版《湖畔》(1922年)、《春的歌集》(1923年),1925年和应修人烈士共同编辑《支那二月》文学刊物。他也写过小说和从事翻译,1930年由上海亚东图书馆出版的《雨点集》(署名田言),是现在仅留的一部短篇小说集。1926年秋后,漠华烈士离开北京到武汉参加北伐革命军做宣传工作,1927年初在杭州加入中国共产党,曾被国民党反动派逮捕,出狱后由党派他回故乡宣平从事农民工作,1928年曾参与领导当地农民起义,起义失败后,1929年到杭州、上海、厦门等地。

　　1930年,漠华烈士在北平从事地下工作。1930年10月,当他写信给柔石的时候,他负责北平左联工作,生活异常穷困,急于寻找一个能维持吃饭和住房的中学教师职业,同时也描述了一个投机分子对左翼革命文学的投机丑态。

　　信中提到的"光煜"(漠华烈士信中笔误作"煜"),姓邬,为柔石、潘漠华烈士浙江第一师范学校的同学,已死。柔石1925年初抵北平和他同居一室,与潘漠华烈士隔室而居。现上海鲁迅纪念馆收藏着一封柔石烈士1925年2月初抵北京时寄友人的信,即记述他们同居北平孟家大院通和公寓的情况。漠华烈士给柔石烈士的这封信是用明信片写的,考虑到当时的反动统治环境,提到的人事都很简单。但那种战友间的友情仍充溢字里行间。

　　柔石烈士于1931年2月7日被国民党反动派杀害于上海。潘漠华烈士在党的领导下,从事革命工作较久。在他投身革命的实际工作之后,很少再从事文学创作活动。1933年底,他在天津担任中国共产党天津市委宣传部部长的时候被捕。他在监狱中坚持斗争。1934年12月,他为抗议反动派的虐待,同狱中同志们一起进行绝食斗争,牺牲于狱中。

因此,鲁迅博物馆珍藏的潘漠华烈士致柔石烈士的信,作为一件革命文物来看,是值得我们珍视的。

(原载1963年《文物》第十期)

(1982年10月)

明信片内容如下:

上海东横滨路景云里23号
　　赵平福先生
　　　　北平潘寄

平福:

公十月二日惠信,阅悉。妻多蒙你等照料,不胜感激!煜兄前日由京乘京绥西行,同伴六位中,有一女子。在京无法可想,光煜在贫中更耿介,西行有些探险意味,那是光煜本质上所喜悦的,近年虽几被现代味淹没净了;故我是初劝说他不必去,后来也不阻他了。到那边,位置大概有把握的。茶,现住她婶婶家,地址是南小街井儿胡同三号。我现今在设法私立中学中教五六个钟头,谋个十几元的房饭费。杜衡、望舒、霞村来平,使北京文坛似乎有些变更。霞村初到,宣言是"普"的霞村,后来见了周作人,给他弄到了个北大、师大讲师位置后,近日露骨地攻击"普"了。初意是以为"普"可抬高他自己，今日却知道在北京"反普"是可以得饭碗了。说到他便无聊算了。

10 月 10 日

## 作者简介

丁景唐(1920 年—2017 年 12 月)，浙江宁波镇海人。中国文史学者、出版大家，曾任《小说月报》《文坛月报》编辑，《文艺学习》主编。新中国成立后，历任上海市委宣传部处长、上海市出版局副局长，上海文艺出版社社长兼总编辑，中国出版工作者协会第一、二届副主席。主编《中国新文学大系(1927—1937)》(二十卷本)等。

中编

# 不朽的诗心

# 读《湖畔诗集》

## 朱自清

　　《湖畔》是潘漠华、冯雪峰、应修人、汪静之四君底诗选集，由他们的湖畔诗社出版。作者中有三个和我相识，其余一位，我也知道。所以他们的生活和性格，我都有些明白。所以我读他们的作品能感到很深的趣味。

　　现在将我读了《湖畔》以后所感到的写些出来，或可供已读者底印证，引未读者底注意。但我所能说的只是些直觉、私见，不能算作正式的批评，这也得声明在先。

　　大体说来，《湖畔》里的作品都带着些清新和缠绵的风格；少年的气氛充满在这些作品里。这因作者都是二十上下的少年，都还剩着些烂漫的童心；他们住在世界里，正如住着晨光来时的薄雾里，他们究竟不曾和现实相肉搏，所以还不至十分颓唐，还能保留着多少清新的意态。就令有悲哀底景闪过他们的眼前，他们坦率的心情也能将他融和，使他再没有回肠荡气的力量；所以他们便只有感伤而无愤激了——就诗而论，便只见委婉缠绵的叹息，而无激昂慷慨的歌声了。但这正是他们之所以为他们，《湖畔》之所以为《湖畔》。有了"成人之心"的朋友们或许不能完全了解他们的生活，但在人生的旅路上走乏了的，却可以从他们的作品里得着很有力的安慰；仿佛幽忧的人们看到活泼的小孩而得着无上的喜悦一般。

就题材而论,《湖畔》里的诗大部是咏自然;其余便是漠华、雪峰二君表现"人间的悲与爱"的作品。咏自然的大都婉转秀逸,颇耐人想,和专事描摹的不同。且随意举几首短的为例:

修人君底《豆花》

> 豆花,
>
> 洁白的豆花,
>
> 睡在茶树底嫩枝上,
>
> ——萎了!
>
> 去问问,歧路上的姐妹们
>
> 决心舍弃了田间不成?

静之君底《小诗二首》

> 风吹皱了的水,
>
> 没来由地波呀,波呀。

雪峰君底《清明日》

> 清明日,我沉沉地到街上去跑:
>
> 插在门上的柳枝下,
>
> 仿佛看见簪豆花的小妹妹底影子。

咏人间的悲哀的,大概是凄婉之音,所谓"幽咽的哭的"便是了。这种诗漠华君最多,且举他的《撒却》底第一节:

> 凉风抹过水面,
>
> 划船的老人低着头儿想了。
>
> 流着泪儿,
>
> 尽力掉着桨儿,
>
> 水花四溅起,

他撒却他底悲哀了!

咏人间的爱的以对于被损害者和弱小者的同情为主,读了可引起人们的"胞与之怀",如雪峰君底《小朋友》:

在杭州最寂静的那条街上,

我有个不相识的小朋友。

一天我走过那里,

他立在他底门口,

看着我,一笑。

我问他:"你是哪个?"

他说:"我就是我呵。"

我又问他:"你姓甚?"

他说:"我忘却了。"

我想再问他,

他却回头走了。

后来,我常常去寻他,

却再也寻不到了。

但他总逃不掉是我底

不相识的小朋友啊!

和上一种题材相联的,是对于母性的爱慕;漠华君这种诗很多,雪峰、修人二君也各有一首。这些作品最叫我感动;因为我是有母而不能爱的人!且举漠华君底《游子》代表罢:

破落的茅舍里,

母亲坐在柴堆上缝衣——

哥哥摔荡摔荡的手,

弟弟沿着桌圈儿跑的脚,

父亲看顾着的微笑，

都缕缕抽出快乐的丝来了，

穿在母亲缝衣底针上。

浮浪无定的游子，

在门前草地上息力，

徐徐起身抹着眼泪走过去：

父亲干枯的眼睛，

母亲没奈何的空安慰，

兄弟姐妹底对哭，

那人儿底湿遍泪的青衫袖：

一切，一切在迷漠的记忆里，

葬着的悲哀的影，

都在他深沉而冰冷的心坎里，

滚成明莹的圆珠，

穿在那缝衣妇人底线上。

就艺术而论，我觉得漠华君最是稳练缜密；静之君也还平正；雪峰君以自然、流利胜，但有时不免粗俗与松散，如《厨司们》《城外纪游》两首便是。修人君以轻倩、真朴胜，但有时不免纤巧与浮浅，如《柳》《心爱的人》两首便是。

倘使我有说错底地方，好在有原书在，请他给我向读者更正罢。

1922年5月18日杭州

（原载《文学旬刊》第39期）

## 作者简介

朱自清(1898年11月—1948年8月),原籍浙江绍兴,出生于江苏省连云港市东海县,后随父定居扬州。中国现代散文家、诗人、学者、民主战士。1916年中学毕业并成功考入北京大学预科。1919年开始发表诗歌,1928年第一本散文集《背影》出版。1932年7月,任清华大学中国文学系主任。1934年出版《欧游杂记》和《伦敦杂记》,1935年出版散文集《你我》。

# "湖畔诗社"的今昔

## 汪静之

中国文坛上第一个提起"晨光社"的是鲁迅先生。他在《柔石小传》里,说柔石是"晨光社社员"。第一个写下"湖畔诗社"和"晨光社"历史的是冯雪峰同志。他在《应修人潘漠华选集》序言里,首先记载了"湖畔诗社"和"晨光社"开始成立时的简况。

一九二二年,应修人烈士、潘漠华烈士、冯雪峰同志和我,在西子湖畔成立的"湖畔诗社",是中国最早的两个新诗社之一。"湖畔诗社"是修人首先建议的,如没有修人,绝不会有"湖畔诗社"。

在这之前,漠华烈士、魏金枝同志,赵平福(柔石)烈士,雪峰和我及其他二十几个中学生,于一九二一年十月十日成立的"晨光社"可以说是"湖畔诗社"的预备阶段。"湖畔诗社"成立后,就成为"晨光社"的核心。而"晨光社"是漠华首先建议的,如没有漠华,绝不会有"晨光社"。

湖畔诗人出版了一册修人、漠华、雪峰和我四人的诗合集。第二年还出版了一册修人、漠华、雪峰三人诗合集《春的歌集》。出版了我的两册诗集《蕙的风》和《寂寞的国》。一九二四年秋,金枝和谢旦如同志加入了"湖畔诗社",旦如出版了诗集

《苜蓿花》。金枝的诗集《过客》因为印刷费难筹,未能出版。抗战时期雪峰出版了两册诗集《真实之歌》和《乡风与市风》。新中国成立后出版了《应修人潘漠华选集》,出版了《雪峰的诗》,出版了《蕙的风》(包括《寂寞的国》在内,是经过删汰的)出版了新中国成立后的诗集《诗二十一首》。

湖畔诗人的诗曾受到"五四"新文坛三大名家鲁迅先生、胡适先生、周作人先生的赞赏。六十年来评论过湖畔诗人诗作的,以时间先后为序计有:朱自清、刘延陵、宗白华、朱湘、沈从文、赵景深、冯文炳、王瑶、杜元明、艾青、刘岚山、谢冕、陆谷苇、陆耀东等。特别引以为荣的还有毛泽东同志。

"五卅"运动后,修人、金枝、漠华、雪峰、柔石都先后加入中国共产党,参加了革命工作。

后来,雪峰成为鲁迅先生的学生和最亲密的战士。

修人任江苏省委宣传部部长时,因拒捕坠楼而牺牲。漠华任天津市委宣传部部长时被捕,在狱中因进行绝食斗争,被反动派用辣椒水浇灌而牺牲。两位烈士对党无限忠诚,死得十分壮烈。

雪峰曾参加二万五千里长征,抗战时被关在上饶集中营;受到百般折磨,始终坚贞不屈。且如曾掩护瞿秋白烈士和杨之华同志,又曾秘密保存方志敏烈士的《可爱的中国》原稿,直至解放。

我曾在一九二一年十一月二十三日写了"天亮之前"(见《蕙的风》)欢迎中国共产党的诞生。

鲁迅先生既培植教导湖畔诗人,并支援爱护湖畔诗人。一九二二年八月我的诗集《蕙的风》出版后,受到顽固派的攻击,鲁迅曾给以反击。全靠他的保护,否则《蕙的风》,会被诽谤的唾沫淹死。

"湖畔诗社"在"五卅"运动后停止活动,但从未宣布解散。而且在白色恐怖之下,朋友的关系继续不断。雪峰在《应修人潘漠华选集》序里说:"因为'五卅'运动的震动,各人的思想情绪都起了变化……从此以后,我们各人之间的友谊是仍然不变的,但已经不是以青年文学爱好者的那种关系为基础了,这就是所谓'湖畔诗社'的始末。"

前年,浙江作协分会会员中的部分诗人建议恢复湖畔诗社,来征求我的意见。对于这个出乎意外的建议,我一下拿不定主意。恰好那天漠华的弟弟应人同志从上海来看望我。我就征求应人的意见,应人想了一想说:"要恢复也可以。"因此,就决定恢复了。

去年春天,在"湖畔诗社"成立会上,看见在座的都是老年中年,心里就凉了半截。好像看见一个将要出击的突击队,充当兵员的却是应该退伍的超龄的团长、营长,甚至还有少数白发将军,不免要怀疑兵员的战斗力。

在成立会上,有人谈起杭州有一些青年诗人,新近成立了一个诗社,两个诗社的人都是素不相识的,仅仅因为一个是青年诗社,一个是老中年诗社,我一听到这话,当即就说:"那个青年诗社肯定能做出成绩。一个诗社全是老年中年,是没有希望的。只有比老年中年多几倍的优秀青年诗人来做生力军,诗社才能做出成绩来。我们老年中年当然也要为写出好诗而呕心沥血,但是更重要的是为党的事业负起责任,勘探诗的矿藏,发现诗的矿苗,发现有诗才的青年诗人。全体社员都做诗的勘探家,分工负责。"

过去一年多了,现在我还是这个主意。枯树开花,除非是奇迹,而幼苗能花满枝头,争芳斗艳,却是自然的规律。

创办"湖畔诗社"的是杭州上海两地的青年,当初湖畔诗社有两个通讯处:一个是杭州第一师范学校汪静之转;一个是上海河南路三号应修人转。因此,湖畔诗社恢复后,就选举上海浙江两地文艺领导之中的两位诗人陈沂同志、于冠西同志为名誉社长。湖畔诗社要在党的领导下,为繁荣新诗而努力。

(原载《文学报》1982年8月12日)

## 作者简介

汪静之(1902年7月—1996年10月),安徽绩溪人。农工党成员。1921年起在《新潮》《小说月报》《诗》《新青年》等杂志发表新诗,1922年与潘漠华、应修人、冯雪峰创立湖畔诗社。曾任上海建设大学、安徽大学、暨南大学中文系教授,商务印书馆特约编辑,江苏学院、复旦大学中文系教授,人民文学出版社编辑。系浙江省文联委员,中国作家协会浙江分会顾问。

# 《应修人潘漠华选集》序

冯雪峰

关于本选集两个作者的生平,在卷首所载的他们的小传里已有简略的叙述。这里,我想就两件同他们的文学活动有关而在小传中已提到的事情,加一点说明。

第一,修人小传中提到的"湖畔诗社",实际上是不能算作一个有组织的文学团体的,只可以说是当时几个爱好文学的青年的一种友爱结合。

1921年,当时在杭州浙江第一师范学校读书的汪静之已经有诗作在刊物上发表,这引起了那时也正在热心于新诗写作的修人的注意。修人那时在上海中国棉业银行做职员,大约1922年初他开始同静之通信,接着由静之介绍也就是同漠华和我通信,那时漠华和我也在浙江第一师范学校读书。这样,1922年3月底,当修人有几天春假的时候,就来杭州同我们一起在西湖各处游玩了一个星期,并且就在他住的清华旅馆里,由他发动,主要的也是由他编选,从我们四人习作的诗稿里挑出一些诗来,编成一集,名为《湖畔》,由他带回上海,准备找一个书店出版,以作我们这次会晤的一个纪念。但没有书店肯出版,于是即由修人出资自印,于四月间出版了,"湖畔诗社"的名义就是为了自印出版而用上去的,当时并没有要结成一个诗社的意思。但我们中间的友谊却也有进无退，而且不久我们的圈子还扩大了一些，如魏金枝、谢旦如(澹如)、楼建南(适夷)等，也都是这个圈子里面的人了。1923年8月间，仍由修人出资自印的《春的歌集》，其中收的是修人、漠华和我三人的诗，即作为(湖畔诗集)第二集，并且作为第三集，准备出版魏金枝的诗集《过客》(因缺乏印费，后来未曾出版)；谢旦如自印的《苜蓿花》(1925年)，是作为第四集的。但此外就没有再出版过诗集了。当时我们都是穷学生，修人的工资也只够家庭的负担，并且还要接济朋友；我们出的诗集销路又很小，这样的出书当然不是办法。但1925年2月间还曾经以"湖畔诗社"名义出版过小型文学月刊《支那二月》(16开8面)，也仍由修人出资自印，编辑也是由他负责的。这刊物出至四期即停刊，不仅因为经费关系，并且也因为"五卅"运动的震动，各人的思想情绪都起了变化，逐步被社会运动所牵引去了。从此以后，我们各人之间的友谊是仍然不变的，但已经不是以青年文学爱好者的那种关系为基础了，这就是所谓"湖畔诗社"的始末。

第二，关于1921年和1922年之间的杭州"晨光社"。

提到"晨光社"，我也就想起朱自清和叶圣陶先生1921年和1922年之间正在浙江第一师范学校教书的事情来，因为他们——尤其是朱先生是我们从事文学习作的热烈的鼓舞者，同时也是"晨光社"的领导者。"晨光社"由谁发、怎样发起，我都记不起来了，但记得它是有章程的，成立于1921年下半年，成员是杭州几个学校中爱好文学而从事习作的学生，也有个别的教员和《浙江日报》中的编辑等；而朱、叶两先生和浙江第一师范学校的几个学生如汪静之、潘漠华、赵平复(柔石)、魏金枝、周辅仁等是这个团体的中心。活动是常常在星期日到西湖西泠印社或三潭印月等处聚会,一边喝茶,一边相互观摩各人的习作,有时也讨论国内外的文学名著;出版过作为《浙江日报》副刊之一的《晨光》文学周刊,发表的大都是社员的作品。这社的存在大约有一年的时间,在1922年下半年就无形涣散了。

说到这本选集的编印,我想用不到解释同我们编印瞿秋白、柔石、白莽等人的文集,同样是有双重意义的,为了纪念他们为共产主义事业而牺牲的精神,同时也因为他们在文学上都有贡献。

这些作品大部分都写在他们成为共产党员之前,但都可以作为了解当时这样的青年的思想感情状况的资料看。同时,作为"五四"以后新文学总的成就中的点滴的成绩也将是不可磨灭的。他们两人都以写诗为主,在当时发生过影响的也是他们的诗。不过,我个人还认为,如漠华的短篇小说《人间》和《冷泉岩》等,也显然是读者不会忘记的,属于"五四"以后短篇小说杰作中的作品;修人后来偶然写出的两篇童话,不但在当时是难得之作,就是现在读起来也还是很清新的。现在所能找到的他们的作品,就大部分都选到诗集中去;我之所以这样做,不但因为他们的作品本来不多,而且也以为这样更可以看出他们创作的本来面目。

修人的诗收入《湖畔》中的一共22首,现在选录了21首。收入《春的歌集》中的一共33首,现在选录了27首,其中《探病去的路上》一首后面删去了17行,是作者生前自己删节的。又诗18首,选自《支那二月》和被保存下来的零稿中。又诗2首及童话两篇,是根据曾岚保存的抄稿。杂文3篇选自《支那二月》

和1926年5月出版的《上海通信图书馆月报》五周年特号。

漠华的诗收入《湖畔》中的一共16首,现在选录了14首。收入《春的歌集》中的一共52首,其中标明《若迦夜歌》的23首,现在选录了26首(包括"夜歌"部分所选的11首)。又诗12首,选自《晨星》(宣平旅杭学会编)、《诗》月刊、《支那二月》等刊物及被保存下来的零稿中。短篇小说6篇,选自《雨点集》。

1957年3月

(原载《文学报》1982年8月12日)

## 作者简介

冯雪峰(1903年6月—1976年1月),浙江义乌人。1921年考入浙江省立第一师范,1922年3月,与潘漠华、应修人、汪静之创立湖畔诗社。1927年加入中国共产党,1933年底到瑞金任中共中央党校副校长,1934年参加长征。1950年任上海市文联副主席,鲁迅著作编刊社社长兼总编。后调北京,先后任人民文学出版社社长兼总编、《文艺报》主编、中国作协副主席、党组书记。现代著名诗人、文艺理论家。

# 应修人致漠华等书简

### （1922年4月至1923年5月）

#### 应修人

## 一

漠华：

来信在上午接到,《湖畔》稿也在下午接到了。

你的话我大部分同意。

我们总欠多聚几天,所以别时有这样的凄凉。

可否我缓几天详覆你信? 我要赶快抄《湖畔》稿了。你们抄得真快呵!

我必向东亚提出你说的条件。

《蕙的风》真抽版税编为《湖畔诗集》之一吗? 但本子格式统能编为《湖畔》一式否? 将《草野》独出一集,而其中有《湖畔》的诗,共名《湖畔诗集》,会不重复否? 但我无成见。都名诗集,也好。

最后一页,准用新定的(我想加上1922年4月编成一行)。余入别人信里。

修人　1922年4月10日上海〔2〕

# 二

漠呵!

在未别,我不大爱读你的诗,别后就很爱了。因别后的悲哀呢? 你诗本不是浅尝者所能读呢!

你诗,或许有人要说艺术差些,但浓厚的情感已能掩蔽之,而我们也正要弄些不像诗的(散文的)句子来。《罪徒》决不必改。但我仍附上,也要求你仍附来。你和雪底别我诗,都请重抄一份来。

有些人说我《卖花》描摹童心很真切,我正奇怪,我没弟妹,日常又没小孩同处,凭我盲目的理想,如何便会真切,给你这一说,我便恍然了。否则泰戈尔不能以"大狗儿"专美了! 小说不是我能做的。至于你指曼农风流才子气太重,这我和你有些不同。我觉得像他那样,实是庸行,绝不是可望而不可及的。或者是我太醉心于将来吧!《好气象》可不必置论。你说的,是的。

说你底品格居第四,我就不信你一切话。

《呵》决不能抽出,极好!

《湖畔》容去改。

多投稿宣传有理。我没好诗,奈何!

大家诗都不是十分完美,《湖畔》能有三四首好诗已很够了。

　　　　　　修人　1922年4月15日上海〔17〕

## 三

雪呵!

你真爱你妈妈呵!

我觉得你底诗有一种天真的生硬。生硬在你诗里愈足以增伊底美。几次想替你换些熟练些的字眼,几次又止了。《春风》是成功的(但"的""地"有些错)。

我评《姊妹》,和我平静的《赠糖》一样(见我给静22号信),在这种《姊妹》情况中,我们真苦呵。

就是催得荷花今天开,我能今天来吗?是啊!

附上《湖畔》画帧二幅,都觉不甚好。请你们评定。似单色一种好些。如选定单色一种,一定要配草书或行书字,铅字是不行的。你们把铅笔写的字擦去了,就请你们写上去,或另纸写也好。令涛说,最好全封面先用淡湖色(如另一帧之湖水色)印底,再用深色印画及字。你们定了,告我。或者都不好,由你们另画也来得及。另一帧太火气,印费也比较贵些。

付邮时入!

修人 1922年4月15日上海〔7〕

## 四

漠华君:

我很不愿君你,因你曾君我,我应该酬答这一次。

不知怎样,我觉得小说是可学而能的,做作的气味浓些,似乎较易于诗,纵然我是做不好小说的。像我有些看轻小说样子,于小说终有些不高兴顾问,却并不是为做不成功而不作。我未曾苛求成功于最初的试作;试作底好坏和我于小说底行止,是没怎样联系的。你说"小说比诗,似乎较需要工具的练习",恐怕,似乎,未必吧,两者都需要吧。但你我两个"似乎",似乎你底"似乎"更能似乎些,因你于小说上确乎(非似乎)比我多些经验,这似乎不是我一人底私言。小说比诗要多些理智分子,这是我最讨厌的。于描写人情世故,又要刻意揣摩;现今的事情,遇着已怄气,要再细心地体会出来,从自己笔端表现出来,兀自不怄死人也么哥!但我于好小说,又像爱诗地爱读。我只是自己不爱好作小说,但我底意志永不会固定的,或许将来要很热心去创作,但现在时还未到,敬谢你们劝告底盛意。再者,我底余暇是很少的,再弄小说,颇有分心之惧,这也是不敢做小说的小原因。我问你:想说而不敢说的话,在我们中间,是不是以说出为比较好? 你说"是的";我要说这一句心里喊着的话了:"诗似乎比小说更要清洁些"——尘俗事繁,时写时辍,这混闹的脑子,终泻不出清明的句子来,算了吧!(有位同事回里,托我兼职,便忙了好多。)

你非常沉默而幽怨。

你似乎有时很老成似的。因我不大崇仰老成,所以以为这是你底短。我有时也被人喊为老成,但在杭时,恐怕你们看我不出来。和你们握手后,我更孩儿些了! 愿你也同样。

前说的诗格独辟云云,谨在此声明取消。下的定义也错了。是的,在半路上先立标准,决要绊住脚的。而且我已做厌了;我虽不欢喜人家谢我或我谢人家,但于这事,我不由要谢谢你们底诚意指正。

美文和诗底分野,恐怕不是语言文字所能表明的吧。我想我们底心自然能领会的,你底《草野》等诗,看来绝不是美文;有些美文看来是诗,是他们作者乱放到美文国里去,于我们何尤?诗底形式决不能拘定于一格,也不能未作时预定,是极,是极。短句分行,要把缠绵的情思割断了,就用散文式;长句连写,要把俊逸的情思锁紧了,就去用非散文式。有时断断续续、横横斜斜的写法,足以表现或一种的情思,我们就用杂乱的。炼字锻句,决不能顾到,但整理一两字足以益伊底美,就也不妨下这一些功夫。可是不能苦苦思考;一时没相当的字可代,就还是由伊去好;要苦苦思考,就是入于"锻炼"了。是不是这样讲的,我兄?我很会顾到小节上,专会寻些小疵来,你们也必承认我一面是我底特长,一面就是我底特短了。我底诗思总太枯涩而平淡(这是没有救药的),太注意于艺术,绝不是好现象,可是我没法,你们天分都比我高。

"歔欷"既可通用,请不要掉头,不通俗为有趣(恐有人说我们,太好奇、不平民了)。你引据的韩文、杜诗,是早藏在腹里的书橱的、还是临时向案上的书橱查看的?你必要告我(我觉得你们都未回答我十分详尽,尤其是静,或者你和丝娜姊妹都除外)。

我们第二集天然不能袭用第一集的编次,首首的编列,既要其错乱,难道集集的编列就不要错乱吗?第一集仅一集这样编法,也不能说其不十分好,若集集是如此,就不对了。第二集或用以人为单位法。

"情思是无限制的、自由的。形式上如多了一种限定则就给他以摧残了。"我重抄一遍,省得忘记。

91

《送橘子》一类诗,实在只有三数首,其余都不配。

我却看不出你的话太逼人,也有些儿冷酷。是我眼钝吗?你再要问我"你是否欢迎我这样对于你说这些?"我不快活了!

《罪叛》分行不分行,很不必用心思量。像这样描写,绝不是错认为散文的。作者的心里要怎样? ——问心去好了!

你要我竭力来批斥,"斥"是什么东西? 太刺目些了!

我对于你的诗说得真太少了,只有这么短短的五个字:"我无间乎耳!"

妄为你们改的字句,不要说起吧! 我在这些上用功夫,是很可怜的,你们应悯我。

想说你品格,但自鸣钟催我不要写了。我只得拣今天要的写;不妨明天写的,又只好委屈伊们多睡在我这尘积的心里些时了。

封面于昨天到。华丰估价要二十三元,因共用五色。大约我们成本要八分,价照你们定实价贰角。但诗集的身价高贵了,于身价不大高贵的人们呢? 但不能不如此。

"我们心中很觉得有些过意不去!"是你说的吗?

书里不注发行或代售处也好。但恐人家见了《湖畔》想买,而有不识路之叹呢? 奈何呢?

我几乎到处没熟人。代售处自然愈多愈好。亚东说,外埠寄书去,很难收得钱来,所以有先付书价和逢节结账两法。我想像北京、新知书社等,我们不妨冒险寄百把本去,损失也有限的。我赞成你提议(2)信尾注上下午钟点(我昨天已吃过苦头);不赞成(1)以信封为单位编号(你们编来,我是赞成的,我不肯改)。

你写的"我们"所选定的:

"小园里花径太芜了,

屈你做一做园丁吧!"

我又看出你字有语病,人家容易误会我们是对《湖畔》说的,那我们太自负了(自负要扫清诗国)。想改成:

"请恕胡闹哟!——

小园里小径太芜了,

屈你来做一做园丁!"

也不比前好。请急议定,于明上午九点发信给我,则我至迟于后天早晨可接着了。

还有,《蕙的风》事,也要明晨决定。书后介绍是要的,不做《湖畔》第二,你二人以为如何? 同社的书,一本由别家出,实在不好。写: 社友作品

《蕙的风》汪静之

而不注发行处,如何? 最好自己付印,托亚东寄售,则两面都可顾到否? 我以为同在一起好。

书面几个字你们要用何色?

你们校里可寄售否? 书一出,就要登告白了! 告白上写"湖畔诗社由杭州第一师范汪静之或上海河南路2号修人转。"

修人 1922年4月20日下午1:00-4:30上海〔11〕

# 五

明信片:杭州第一师范 雪峰、潘训两君

待你们去后,我才记起我忘了一件重要事了。原来我有许

多画片,存心想给你们看的,我的记性真坏呵!

友舜说,漠哥有友在时事新报馆,如真的,请速写封托他的信给我(托他告白便宜些),我可拿着去接洽登报(如非深交,作罢)。

可怜你们只有两个人。那个东西有坐在你们前面吗?

修人　1922 年 5 月 1 日下 . 2:24 上海〔13〕

明信片背面:

容易的别离哟!(原片上此行写成半圆圈——应人)

又要预备去催荷花了。

这番别离,另有一番滋味,说不上比第一次或浓或淡,只觉一样的沁人心脾。

# 六

漠、雪:

《湖畔》,明天或后天,可先印出若干,必立即寄上几十本。

今得玫瑰出版部江冷来信,说:知不日出版,不胜欢欣之至,出版时,冷定争先购阅以为快;至于拟托代售一事,他意以为不如托上海大书局,如泰东、中华等为便云云。并赠来《玫瑰》两份,"敬请诸君斧削",容与静面商后,由我作覆可也,附上一份。

诗社图章,因第二行少横线,再刻过。印上□(此字不清——应人)一样。如去刻,请照样,再加上横线,并第二行不必分成四节,并成一行为美。又《学灯》《觉悟》上告白图案,已刻好，印上其样。

告白登三天封面后，即登中缝四分之一。有好格式（图在何角为美？）请速拟来。

《晨报》告白事如何？

白情信上说的《新诗年选》，第一期稿已将到上海，一切当说予静之，请勿外扬，因受过白情之嘱。

（凄凉不？）

修人　1922年5月2日下，2:20上海〔14〕

# 七

从静去后，到今晨还只接到一封小信。漠问八日之夜之信，有未收到。一定有一大封很重要的信遗落了。无论如何，请你们把八日写的尽记忆所及，重抄来给我！细细地想，不可漏了！

《第一夜》，实是我底失策，给静占了便宜去，虽不甘心也没法。批评事怎样了？今天《文学旬刊》上有些提起，可惜他无力把《湖畔》喊明。我只觉得评者太开朗了一面，而太蒙蔽了另一面。"漠然无觉，索然无味"，我读玉诺诗，却大多时是这样的。但他评的，也有小部分可取，但《湖畔》似当除外。经他郑重一评，我更反觉得静那首小诗可耐味了。大概现实太枯燥而烦闷，一般人遂多暴躁而褊急，这类江南式的清闲幽雅，自难合他们底脾胃。所以《草儿》也应为他们所大部分不满。你们对之以为？

《年选》第一期稿已到，是1919年的，所选不多，大半后缀短

95

评。漠既对朱先生说起,请再叮咛他一声,事就好了。漠诗好,雪诗不大好,这回寄来的,我以为。题定不出,《黄昏后》样的格或调,只许再用这一回,以后可万千要不得的了。能这回也不要,原是更好了。

(本笺无头无尾,也不知何时所写。然看笔迹想也是1922年5月所作。——应人)

(此信估计5月11日至13日之间写的。更可能是5月14日写的,而且必是给漠华的信——静之)

## 八

雪:

七页的长信,竟接不到,夫复何言!诚心恳求你们,失落的信里底语句,零零碎碎有些想起时就请零零碎碎写些来。

以四人名义赠去的书底受者底名字,有便时最好能写来;不,也不妨。我还会管你们,我早拿了几十本送给我一己的朋友了。

《湖畔》一年内恐销不完。但也不妨。定价方面似乎有些关系。

自清先生底介绍文,能在最近的《旬刊》上刊出,最好了。(他今年在台州任事吗?)能求延陵先生在《诗》上批评不?你们应自拟一小段"国内诗坛消息"去,好刊入第4期《诗》上。圣陶前两天有信来,附上抄本。

倘看了令人烦闷、暴躁的是好诗,玉诺该受尊敬了。冰心派的诗这样流行,恐不是创始者之福。前两天《学灯》上什么柳野青的看见吗？——袭取白情、沫若、静之、平伯、冰心的皮毛明明白白地显露出来。真何苦!(我能一一指出,证实。)

漠华一声也不响。

修人　1922年5月14日上,10:45.上海〔17〕

## 九

静:

真太可惜了,前信竟致失落,你一些记不起那信所说的吗?

你说你和玉诺的我都同意。我更介绍些我们要看的东西给你看,我就另封寄给你来了。你猜是从哪里抄来,谁评的?看后仍请见还;而且不要给第四人看;而且要严守□□,不要像漠样。

我们只努力使现实美化、快乐化,玉诺派的诗,就自会灭迹的。

修人　1922年5月14日上,11:00.上海〔30〕

## 一〇

漠华:

"我记着在那遗失的信里,

有这样的一句话:

'你是否依我底话对于身体加意保重些?'

现在

我再重说一次:

97

'你是否依我底话对于身体加意保重些?'"

这样好诗,你也不写得明晰些,却随随便便写在信里!

总之,我第一集印费我们都不劳再担心,只等书价还他便得。好,我是扶助。你们是不安?而且说"我们受到你底扶助,委实太多了。"这真是什么话!我还要再说吗?

吟哦"花呀"时,时有很美曼的非常的趣味飞越,虽不敢许伊是绝世的,却也不愧是黄绢幼妇了。但人家总要说我们回护自家兄弟(或姊妹)。自清先生文已投寄否?最好能揭载这期,《诗》里呢?马、姚是谁?

圣陶先生说得是,你诗很结实。这里读《湖畔》的也有十分之九强说漠华的最好。于是雪峰晦气了,他底活泼、舒畅,竟给你底沉着、幽咽掩去了。

《黄昏后》的格调,老实说,我还有些妒你呢。给你先用了去。但你的等于我的。你尽量用;但勿计划地用。

你太深于情,像你那些事,就以为是什么罪大恶极的,于是你苦了。你写出《隐痛》,人家已代你痛,你早就不痛了。你太规矩。

从前我怜妓女,现在我怕妓女。这两句的本事,静必吐过了。三天前我顺路走过新世界后面,那边有几位妓女(从前喊姊姊,但如今不了。)站着,我就很悔不于那夜先探得,就好陪你去看看。不能使你见你要见的上海妓女,而偏要使你看你不要看的上海的电影,这是我对你来上海的歉事。

"……醒起来,真使我在静寂的子夜里,离床蹒跚地走着。昨夜月色异常的佳美。"割末尾的五字以评伊底全身。

泰戈尔诗有几句极佳。佳极。爱呀,你回过脸儿来。

（后缺）

（本笺无尾，不知何时写，看原笺笔迹，想也是1922年5月所作。——应人）

（此信估计是5月14日之后写的。——静之）

——

漠华：

昨夜我很想把你那封要信复好的，因民智底朋友来了，就静之底信也未写完。别人都好怨我复迟，只是你不可，漠华！你封封信里劝我保养身体，我就刻刻想起保养身子的方法，现在有这样的一条实行了。我已在上海北郊租了一方圃地，和友舜想每或间清晨去，种莳些花草蔬菜，以怡情，以劳力。去了四个早晨，昨今并已拿过锄耙。起早，睡也早，更没功夫来复你们信，尤其是你底信。读你底信最乐，而复时又最苦。

且先说公事吧。昨夜和民智友人细谈，知民智职员头脑都旧，而不营利云云也纯属欺人，且偏重党派。他告我印成的书托他们代理，仅给他们些渔利而未必肯像自出的书地推销。原来《作文法讲义》门售也只一二百本销去（此刻《湖畔》在上海销去也有一百多本）。他愿札示我各处可靠些代售处，叫我每家先去问，再寄些去；他说寄去二十处，每处三十本也有六百本，难道处处不肯寄书价来吗？我意还是自己向外埠推销，不必假手市侩。雪峰天津可尽量寄去。且今书局总未能枵腹去赞助文化，我们总要自办，这些话，应当写在雪峰信上，但他的已满了，只好来占些你底篇幅。

《努力周刊》在静《妇志》里寄上,得《晨报》信,知你那张有《稻香》的附刊找不到了。

我赞同你来信底大部分而尤钦佩你关于学理上的。你句旁加圈的我都听入了。你"不要以自己底好恶,以作一般的嗜好"来劝告我,未免有语病,倘"一首诗可以引起无论何种风色的人底感兴,这就有永久的价值了。"是不错。则玉诺底诗,至少是没永久的价值的,因在"何种风色"以内的异乎你风色的我、友舜、旦如、令涛、静之……看了他底诗都觉索然。说"经验"处,我也想附加些意见。一切再重谈过,再耐心等我几天。新见几首他诗,似乎比《诗》上好。

修人　1922 年 5 月 20 日上,10:15 上海〔18〕

　　(本笺第一页背面又有写成圆圈形的一串字如下——应人)

西谛赞玉诺写错字,我好笑。初写下去,固停不得笔,就不能于写好时复看? 不及复看就去登报,是他太好名了。足以显示他底学养未到。自然不是说我们学养已到(这未免重伤我漠华底心了)。


一二


漠华姑姑:

你那样的幽闲逍遥,我真仰羡极了。但是,玫瑰丝细开里密密地嵌入千百颗珠子,要有散逸的功夫,也要有洋溢的才华呵! 单羡你底际遇,我未免太笨,笨得羡你也羡不像样了。

那天的论诗信还未仔细复,昨天又接到了你底许多诗(应改为前天,今天注。应改为昨天注。应再为大前天,今天注)。

你防我多天不写回信,或为论玉诺底诗太唐突了,这是你无可奈何的,聊以自慰的一种偶动的思考吧。竟至于表露到信面上来,我很有遗憾于你。这或者是我太自信了,而却在这时妄怪人底不信我。我是深信你能百般曲恕我的,纵我十分无理地在舌头或笔尖向你狂吠。我们间决不致生出蝉翼样的薄翳来。

写信来买的,我处只有台州六中底陈宗芳君,又南京卢翼野君写信来讨去一本。量少价贵,是滞销底小因,其伟因总在我国爱好艺术的太不多了。

《漫写》极愿全看。《漫写》很有珍藏价值,请勿涂弃;或逐日抄给我,由我保存也好,再请勿要抄得紧紧地,一段自成一段好。诗,大部分好,我要批评而时间实不容我细说呵!

用《杂诗》标题,最不好,这也已成为滥调了。我愿我一生永不写《小诗几首》《杂诗》(昨夜5点半中断。应改为前夜)。《几首》,也不写冰心式的《□□几百几十首》题作我诗儿底小名。

今天(应改为昨天)又接到你附在《努力》里的信。就先复这封信。

《蔷薇之路》我却未看完。他那很流利的风格在这书里找不到了,我以是不曾连夜一口气读完。我觉得文言夹杂的文甚不爽快。

不错的,批评何有于我们,况是"等于⋯⋯的!"

你常昼梦吗?(昨天下午二点半中断)

创作自由,我也同样主张的,但在玉诺底大多诗里只能引起我杂乱干枯而厌恶的感兴来,这教我如何能说他是好诗呢!

你说"感兴起于同情,同情基于同感的经验。"你说"无论何人读了可以起感兴的诗,必是里面的诗情,具有普遍的人心所能同感的资料。"而我读了玉诺底诗却引起我那样的感兴(?),我所能同情的又只是那些,则他底诗底价值也就立可判决,因我原也有"无论何人"中之一人底资格呵!接着你又说不是他诗底好坏而是在于他所感到的,我们从未感到,这个你很有冲突和前言;你明明说过"……可以起感兴的……具有普遍的……"而他的并未普遍呵!你所说的经验,就是你他感到的程度相近,而说我们处境安舒是未有你们这样的经验的,这我又有疑了。他所经验的,是连年兵匪水旱,你和我却是连年拱手而居太平的江浙,要从想象而感到兵匪水旱底悲苦,我自信我同情不会弱于人,要从过去的经验而感到呢,尽你我底经验底影子,也同样找不到他样的兵匪水旱呵!同时,我并没你样的哀痛底经验,而我读了你底诗却总感觉一种悲苦的舒畅,往往回肠荡气,不能自已。要说你的是不好,他诗那应是好诗了。总之,他果抱热烈的情感也有创作的天才,我也可以将来地承认,在如今,表现这样浅薄而又这样一泄无余(不能引起普遍的同感,只与大多人以厌恶),我终不爱读的,我不爱读的,我不能强我称之为好诗;同样,我认你说他是好诗却是对的。至于你劝告我的,句句都不错。像"我望你们做个纯粹的诗人","自由做你们底诗","老蛮的批评,毁坏天才的批评,请不要放丝毫在心里……"我一切铭心。"不要以自己底好恶,以作一般的嗜好",你我同勉焉!

　　"你多写些来吧,我少复些。"修人老实地希求。

1922 年 5 月 25 日晨 .7:30 上海〔19〕

## 一三

明信片:杭州第一师范　潘训

　　"……恐君魂来日,是妾不寐时。妾睡君或醒,君睡妾岂知?……眠起不同时,魂梦难相依……""裙紧束兮,带斜拖;荷荷!……呼我娃娃兮,我哥哥;荷荷!……待来不来兮,欢奈何;荷荷……千人万人兮,妾心无他;荷荷……"虽然很劳神,可以告诉我一些吗?那是,那就是请教你,《人境庐诗集》我似乎没有听见过,虽然说不定你也不知道,但是或者你会告诉我哪里有买的,不是吗?那我就在这里专等你底回信了。

　　　　修人　1922年5月27日上午.11:00上海〔20〕

## 一四

明信片:杭州　第一师范　潘训就是漠华先生

　　　　　　　　　　　　　　　　修人　上海

　　一九二二年五月二十六日下午五时来信于一九二二年五月二十七日下午四时接到了

　　你看,上面许多数目字,其两行的价值竟会相等,真是天大的新闻!写这片的用意,便在报知你这要天大的新闻。

　　　　　　　　　　　　　　　　　修人　〔21〕

# 一五

我底漠华：

此刻是午前 10 点 36 分,看尘事扰我,要复到几时。

做了难做的,剩了容易的就容易了。所以我先复你底信。

数数你底来信,未复的,共得五封。好在你是记日期的,先后地复去。

以下是一九二二年五月二十六日下午五时来信底覆词：

《创作底自由》一文,依你所告诉我的,我对此完全同意介绍些心爱的某派某主义的文学来,还可说说,竟至于旗帜鲜明地提倡某一心爱的派别的文学而希冀一般作家去迎合他,真是绝太可笑也是绝大可悯的。他们实在太轻视了现近的作家？那样的主义上的纷扰,以视我国盛唐晚唐底歧别和西昆江西……派底争正统,我不知有多大的差异。一面笑骂摹杜,效汉魏为迷恋骸骨,一面却明示暗讽教人沉浸于他们所信仰的主义之中,这其矛盾竟会到这样可惊！或者,西洋底骸骨便值得迷恋吗？我固然不致恭维东洋骸骨底迷恋者,却于笑骂东洋骸骨底迷恋者的西洋骸骨底迷恋者更要特别致以悼惜之诚。在这国弱民疲之秋,说最能产生悲歌慷慨的作品则可,说只能产生悲歌慷慨的作品已不可了,而况不止于说,更要希求统一的梦底实现吗？真像你所说的,想到一般中材的作者要逐流而尽,那篇《创作底自由》一文底高鸣,真觉得不可一日缓了！

你那书室里有远处夏虫底歌声闻,怜我只有小车以至汽车声到耳,而举头望明月,明月又往往给电灯光掩去其清姿哟！

圣陶玉诺的诗上,我读到几首我爱读的（虽然有几首我不要看至于不认为诗），于是我深深地感到评人底不易，而怀疚前给你信里底多失言了。但在前信里，我似乎也曾以我所见到的诗制限着。像玉诺诗的风格，我是依旧不喜欢的。我终不愿意诗的领土里长受男督军底盘据。那样江北式的诗似乎只能与人以一时的激奋而不能与人以底徊的讽咏。你不嫌我偏激吗？

像你一样，我有时也有缥缈的想头，想将来做个出版家，可是想到我底落落，也终于把壮志埋在心里面了。至于开个小小的书店，有旦如为助，或是可能的事，等到几年以后。旦如几年后有遗产（约一二万）可承受，我呢，家里还负些债，我只能再自己低头几年了（这句幸勿外传）。

但你底《漫写》，以后一直不曾做过来。

总算把一封信复了。但已是吃过午饭的时光了。

我不过偶尔探问你一声《人境庐诗集》底出处，倒不一定要即日看他底全集，我又没有空，只要你告知我哪里有卖已足。

未见得你从前是一味向破坏自己的路上走。新近——也是旧近，我对于个个人都觉可爱，人生到处有新的欢愉在。病目时起始写一首《欢愉引》，未终篇病就好了：病好，心境又烦扰，到今还未完卷。

暑期还是不要回去吧，也好伴伴静妹妹。你那具有热爱、深情的衷怀，我是深致爱慕而景仰的；你对于自家一家底回环悲切，我微微有些嫌你太过分些了，虽是我未尝经过你样的奇痛和后悔。我应该要希求你卷起些——最好能遣散些——你一己的悲怀，或去领略些人生底乐趣，或去分尝些人家底哀怨……如今，我觉得应该要这样地希求于你了。你往前的作品为你底热爱深情的芬馥所笼掩，还不致十分显明地露出你情思底单调来,恐防同情思的作品再多些,你那可珍的芬馥是要稀淡的呵,为着遍罩再多的作品上!我望你能扩大——也就是扩散——你底悲思。呵,你是多情的,我实在也不敢一定望你采纳这浅情的我底提议呵!这段来信的散文,非凡的婉丽,独独由我和友舜来消受,我们很防着天妒。

以后我能照从前一样可空些了,我已卸除了兼理的一个职务。

这些便算是复6.29.夜10.底来信

(原文如此。6.29.可能有误,查此系6.10.下午写,怎么复6.29.夜10.底来信?——应人)

我们间心灵的波动,大概有一线线会互应了:不,何以你疑我病时,我真会病了呢?

一会儿忘记、一会儿想起的一篇关于批评玉诺诗的思考,到这时又想不起了。你说圣陶们这样地大捧徐玉诺,这要伤了我底心,恰恰不然。我以为圣陶倒还能具体地说出他几处中肯的地方来,不比前时那两位底粗率。只是,"应该这样地赞美自己朋友底诗和自己的朋友吗?"似乎他不是纯介绍啊。我很悔前信多说些轻视玉诺西谛的话,而对于不同情我们的人像C.P.等致些敌意,尤其痛悔。"我们且自由做我们底诗,我们相携手做个纯粹的诗人。"无论人家怎样批评我们,我却是终要看一看的,不过不要轻易动喜怒罢了。像你的深闭固拒,我所不喜的。我们在人家底批评上,很可洞悉一般人底情致和距离我们底度数。六日或七日(?)《觉悟》见到不?同日竟会登上绝相反的两种论调关于《湖畔》的。泽民先生底诗似乎还不如西谛的有几分像诗。乃人也未免颂扬得过分又过分了。有褒而无贬,在现近这几位诗人,我终不信会有。能看出静之底思致清,乃人底眼力也确乎高过一班所谓批评家了。西谛的话也未能说他无理,他自有他感觉自由,不过,至于发表以暗示读者,那就不像一位能做诗(?)的朋友了。你责问西谛得很是。他不致不满于平伯们而独立于《湖畔》,这样说,不免要牵引到他底人格上,我们不要说。但你"这样地得不了他们底原谅和了解"的疑虑,我以为你误了。你似乎只以能在报上自由发表思想的人底原谅和了解为原谅和了解,而一丝不注意到不能和不愿在报上发表文字的人们。以我所知,在你疑虑外的人也不算少。自己的朋友不能算,凡爱好《草儿》和《女神》的朋友,我是想必有大多数满意《湖畔》。江冷、冀野底推崇,《微波》底来求交换,和上海销去二百本,都可作一作证。我们同样要感谢批评我们不好的人,至少我们能觉到自己底缺点。

《湖畔》第二集我想用二百页,价三角。材料少而价贵,似是赞和我们的人底同调的微致可惜处。秋呢? 冬呢? 明春呢?

我全不明白明天社底情形。

记忆岂是尽可诅咒的? 玉诺君也不过诅咒玉诺的记忆。

我要复你6.4.午后半时的信了。

这封信到时,我眼病已好了。

盲时,静(?)居一室中,非常清闲而适舒,你"当然是很苦痛的"。却当然错了。世间断没有绝对的悲哀或欢愉。悲哀的,到处有悲哀,虽常人公认为愉快场所,也能搜寻出悲哀来;反之,欢愉的,也然。于此,我想到西谛底期待"憎厌之歌"了,他以为在这样的群里,无处而不憎厌。到处都是憎厌,他以为在这群里的都像他的憎厌,他不知"憎厌",只有褊窄的心胸的人会的呵！一时想不起别人的同此类的话，又引了不满意我们的底话来，人家将说我是怀恨了，但说与你听，又何必顾及呢。

我求不到清闲：在病里给我也受用了些清闲。要说烦闷，还是非病时容易些吧。

《浮浪者》一诗，我意，不大佳。

你这封信很短，这样几行就又要取再复的信了。

这是最后接到的6月5日午后三时信：

眼睛不免弱些，看东西还有些茫茫的。

夏天到了，也有什么忧闷底压迫可起？只觉得热烈烈的满眼都是沸了的爱。你我这样，颇有些像我斜对面邻居爱罗先珂哥哥做的《桃色的云》里尽颜花合月下香和春花们和秋虫们底争闹，很有趣的。

仅看了《诗》第三，我也能致不满于玉诺君。《牛》是好诗，态度固然不诚恳，但这不会损及且会增添诗底美。能符合于他底品格，是真的诗。

我两肩轻松了许多了。

多日没信来，怕我多复吗？我早早好了。

修人　1922年6月10日下，2:24上海

（此笺无编号。——应人）

# 一六

漠华：

上海已是做霉了。很纪念静之，他可是不能再住在湖边了。

我心像一池春水，没飞下一片花瓣来，实在不容易起个浪花。要有感兴，才做得成诗；要有来信，才写得成复，我也正愁着呢，如果你也像我了，我还有甚信可复呢！我改了，请从今始。

　　　　　　修人　1922年6月15日下，2:25上海〔24〕

# 一七

漠华：

　　心里很知道英文是不容缓的，但空了，总记到中国诗集未读的恋恋了。想以晨治中文学而以夕治外语的，又没有这有规则的闲功夫，又恐怕孱弱的身子担不起这样苦。画是我心爱的，未来西湖以前还学过几夜炭画，其后就决心，也是忍心把它舍弃了，我有那样等着要学的那样多。琴也是我所心爱，你知道的，为了自己小楼中没有翩霞娜，到外面学去，也几乎要像炊烟袅空，要慢慢地渺茫了。曼陀玲底盒子上已蒙着微尘。十天前买支笛来，寻些碎功夫学学，学到今天还吹不成腔，还往往吹不响。但我一些也没有"已乎！已乎！"之叹。

　　告诉你一件重要的事：我和破鞋也发生恋爱了！伊那背上历历刻着伤痕，那伤痕就是为爱护我而背负我所致的。像那样尽瘁地忠切地爱我，我非木石，我能忘情吗？伊夜夜睡在床上伴我，我还嫌待伊太冷落呢。我友，你不能疑我，你疑我无所爱而爱到破鞋，这你就不会眼睛里长出翅膀来了。我有爱妻，我有爱母，我有爱父，我更有很多的爱友。我是无所不爱而把破鞋也爱在里面的，我友！

《绿光》还未射到上海来。我是学而未会而弃了。

修人　1922年6月15日下，3:15上海〔25〕

# 一八

漠华：

我也觉着我那信太伤了静底心了，但又不忍不寄出。不知这时他还在不在痴着呢，心里异常地挂念了。本来我也并不排斥享乐，但同时须以能刻苦为条件。只能享乐而不能刻苦的享乐，我实不敢苟同；虽然人有人底自主和自由，虽然我满搽着强人以同己的色彩，我终认定我能见到的，我终以说出为快，那边肯听不肯听，和我见到的对不对，全然无关的。他以我的为不好，而痛击我，我也肯欣然受之，我也仅以"欣然受之"为止，至于听与不听就全和他无涉了。两个正是一样的。要防人家生气而不敢说，当然非我们所宜有。于此，我与你闹气闹得浓时，便一声不响地对于《蕙的风》，我深致不满。闹气是一事，商量《蕙的风》又是一事，你受刺而毁蜂窠，你是错了。

我们村里也有三间头、七间头、五间头的住宅名，却没有九间、十一间、十三间的。你说出"九间头来"，我不禁咀嚼起故乡风味来了。

我国稿费实在太贱了些。但这不能怪书局，只怪看书、看好书的人少好了。

请你把1920、1921年的中国诗坛大事或小事就记得的、就可查得的抄些给我。

《戏剧》4，我可代向通信图书馆借给你，韵裳是女士，还是

110

男士?《妇女之桥》却没见过,也未听见过,请弄本来一看,如何?

明后天银行休业。十五元或从邮局汇上,或三日由兴业汇上,都未定。因你要八号走,四号至迟寄到,大概还赶得及。

我读日语,当然是你们所乐闻的,但静之对我未有表示。很防他暑期内不肯太用功,所得不多。仍在一师,多好!他死也不要再住,不知何使而然。

忙。不草草写,又要积压了。

        修人  1922年6月30日上海〔27〕

# 一九

〔此笺缺前两页。——应人〕

……给我,以后当容易些了。——每天我只想读书,闲事都懒管,朋友来信一概塞进抽斗不睬。不知有几位朋友我要得罪了。

有个(亲)戚处,夜延英文师,我不好不去附读,就在这几天内实现。本来打算一年内只弄日文,不理英文,而今又变更了,这锁镣琅珰的身子呵!第一蒙影响,是日文,其余恐也要减少些,(?)奈之何呢?

两位来信里,我需答复的答复来了。但只写"你",让你们去猜"向你说还是向我说"?

"我愿为爱我者作诗,做小说。"你说的真不错呵!但是,"我愿为爱我者而努力欢愉,努力写愁",就不肯说一声吗?

谁不是爱我者?放眼以观,伸指而数,谁不是爱我者?有的是未能领解伊他们底爱我,有的是伊他们不得已而暂焉不明露地爱。我们又怎样可以指定几个人是爱我而弃了其余的万千人呢?

《副刊》,寄到我处的,常给邮漏不送,等××买来再寄,何如?

七号《月报》,我已有了一本。

可怜《蕙的风》还未出版,你要第一本,第半本还没有呢。

论诗底"做"和"写",我十分同意。我前信说的晦涩的、未达意的,你都代我说出了。有些是我心里早以为然的,有些是我先未知道而看了也以为非常对的,"诗"要来时,只能写出,所谓"诗"要来时,已含有"是写而非做"的意味了。要写得一丝不走、美妙动人,这只需赖乎素来的"学",却并不是当场临渴掘井地"做"。所谓"做感情",这"做"字还嫌牵强,但知道你心里是也不以为然的。"诗人底修养,艺术化的化,和找材料的找,皆可说是做字的功夫。"这样地(昨日写到这里,接到一本日本来的日本辞典,忙着翻看,就把这信抛了。今天接到你底信,又愧恶、又吓——以为你骂我懒来了;打开来看,手还有些颤,却原来只有劝我勤读,还奖励我少事不妨少信。哦,你这温温婉婉的处子,我倾倒你裙下了!)诠释"做"字,最新最有见地,我佩服。我前信怎样说"做"字全忘了,我此刻也以为这样的"做"尽足为"写"的源,而万不可轻视的。

近来好读词,做的东西未免多顾了音节一点,很疑惑我要步大白、玄庐底后尘不会。像:

飓风一夜吹,

粉墙变了砖堆。

却见邻家竹篱笆——

垂垂绿叶里,

开满了牵牛花。

这是一种练习，我只问你们会太词化了不？这原没深意，但，这是本来就有，并非为音韵，再散文些，也化不成好诗的。我只恐我这样下去，要重中莲步的毒，敢问你们。静之说是不会的。我也不是主张一定有韵，但主张韵自己来时或可以换一同韵字而不损及自然的美时，则也不必倔强不用。其实用韵很容易，而用韵不得当，就像抹一脸脂粉，反令见者作恶。

你论诗一段，我想很可问世；如要用，我可以寄还你。

我已决定退出明天社了，再五再六地想，于我自己，于全社，于全人类，终以出社为较好，我已去信决绝了。但我很悔诺而复弃。我自知很不适于团体，便是湖畔也觉得好省似的。我只想潜修，暂时不要问世，你们办的报上，或者我没有稿，要先原谅我（很可笑的，有也仅是诗吧了）。

故乡去了来，你们都会更而不快活了？

因为《晚上》是预备发表的，那天我遇见沫若、达夫时，先给他们看了，他们都说比《说报》上普通的要好多，情节很能动人，惜乎末节太懈、太不用力，未免减色。达夫更说反衬（快乐时的情状）也欠详尽。你要改，我就寄还你。至于我，觉得比《说报》上登的那篇好多了，但摸不着你底灵感是感着命运之不可挽呢，还是别样。又你词句，也很佳美，又都是晓气的，虽然写的是颓伤的事。

盼望华天、炳奇（不要姓）常有论著出现。

他们只会吹《湖畔》的毛，对于《红蔷薇》却默尔了，我们还介意些什么？只看近期损底街骂，就把口格和盘托出了。只管自己吧，兄弟们！

113

读书录是有的,但我只许自己看。我赐名曰《镜上泥》。

《文艺周刊》我热望着。我只能像漠说做一个享受者。

《雪潮》真不要看,我总共看不中十首。周、刘的好些,朱、俞雕琢,徐、郑粗笨,郭、叶浅薄;然而我俱犯之。平、振最坏,确的。

来不及说你们诗了,再写恐今天又不及寄出了。

今夜开始读英文。

修人　1922年9月7日上
漠〔32〕、雪〔28〕

（这封信前几页散佚了。看编号,乃是写给漠华和雪峰二人的。——应人）

## 二〇

漠华我友:

这称呼太通常的了。但你当不以通常为慊。

我先说《夜歌》里的诗。《月光》是好的。《怅惘》第三行,作"伊看看青天上……",会读得上口一些吧,你想?《祈祷》在诗里的是初稿吗? 是经人改削了的吗? 比集里的逊多,尤其是最后的一行。我想用后者好。《临别底回望》有几句实是好句,可惜全首不相称。《我是海风》改第一行为"假使我手里有彗星,海风呵"一类的,人家将容易看得懂第二行:其余都好,并不像你所说之甚。《二、十五夜》们命题,最佳,但我意最好是《二月十五夜》们或《二、十五夜》们,因为容易读。《二、十五夜》好!(只我希望你改去海枯石烂几个字,太滥陈)。全首都好!《三、五晨》和

《夜》好;《三、六晨》更好。《三、六晚》好,第二节三行尾的"呢"字,可去。《三、六夜》好。第一节是更好里的最好。《三、八晨》还好;末行的"顾"字,改一改好。《三、八晨》好。《三、八晚途中》尤好(尤其是末节——尤其是末行)。《三、十八夜杭州》末行最好。《三、二十夜杭州》好。《三、二十二夜杭州》在不俪句的堆里偶然插上一首俪的,正是出色的;我并不有你样的感,至少是不像我俪句底呆板。末上第三行第四字"呀",要删。(末行如何可不用出呢?)《三、二十三晚》,是不好。《三、二十五朝》,还好的。《三、二十七朝》,好。《我又入梦》第一、三节,要修。《风雨夜期待的火》,不大好。《焚诗稿》《深夜钞诗》,都是好诗。《爱者的哭泣》首三节不如后的。《寻新生命去》,好。最后一首,也一样地好。好友,你只鉴察我上面写上的许多多的"好"字吧,恕我更不能再作粉饰的誉语了!近来我也爱读情诗——其实素来就爱读,不过近来更加罢了——于你诗,倘你许我夸大,我说我全能体会得到你底心情。我不问你底恋人是怎样的伊;我们何必太求其真实呢!缥缈里才是美,虚无里、夜晚里何独不然呢?第一我不满意《夜歌》的是"俪节"太多了。有些,老是四行或五行一节,实落于单调。在五行一节里,更有后末一行硬放上去的痕迹。我认是瑕。

《新坟》里不中我意的,比《夜歌》里多了不知多少。近来疲倦无似,懒到今朝,这早晨只重看了一遍《夜歌》,再没有勇气和时间看《新坟》了。只得把前摘出的寄出(附上),恐怕不这样,你今天又将接不到我底信。

另邮寄上诗稿两卷。

你只可以我底意见为一种参考,切不可资以为删留。著者

115

对于自己的诗的意见,总比读者靠得住些。我自认我最不会批评人。往往第一回以为不好看的,第二回就把第一回的推翻了。我要你知道,我以为好的,是说合我意的;我以为不好的,是要你再加以斟酌的。

希望编定后,再给我一看。

后寄来的三首,太暧昧了,我看了不懂。

修人 二三,五,一一,晨

静的抄本子,恐怕要定的了;定了,要等多时。


## 作者简介

应修人(1900 年—1933 年 5 月),浙江慈溪人,诗人,革命烈士。五四时期开始创作新诗,是"湖畔诗社"的发起人,1922 年同潘漠华等合出诗集《湖畔》。1925 年加入中国共产党,先后在广州黄埔军校和武汉国民政府劳工部工作。1927 年赴苏联留学,1930 年回国,从事革命文化工作,并参加"左联"。曾在上海中共中央军委、中共中央组织部工作,后任中共江苏省委秘书长、宣传部部长。1933 年在上海同国民党特务搏斗时牺牲。著有童话《旗子的故事》和《金宝塔银宝塔》等。

# 《应修人致漠华等书简》注释

汪静之

## 前　言

　　潘漠华的弟弟应人同志得到修人的爱人曾岚遗嘱交给他的修人1922—1923年的一束书简,有很多地方不明白,最近他从上海来杭,要我加上注释。应人第二天就要回上海,我就把需要注释的地方一一摘录了二十九条。应人走后,我就在每一条摘录后面加上注释。

　　1921年我发表的诗,引起修人的注意,他于1922年1月写了很热情的信给我,我和他通信,就成为诗友。他于3月30日到杭州春游,31日我就介绍晨光文学社社友潘漠华、冯雪峰和修人认识,并一同游览西湖。这一天他看了我的《蕙的风》底稿。我告诉他《蕙的风》已寄给上海亚东图书局出版。他的诗稿也给漠华雪峰二人看了,他要漠华雪峰第二天把各自的诗稿带来给他看。

　　4月1日,他看了漠华、雪峰二人的诗,就想把他和漠华、雪峰的诗也合成一集准备出版。漠华雪峰赞成,就由修人进行挑选,于4月3日选毕,编成一册三人合集,题名《湖畔》。

　　4月4日,因为要出版《湖畔》,他又倡议成立一个湖畔诗社,大家一致同意。他又想到刚编成的《湖畔》诗集只选了三人的诗,湖畔诗社四个诗友不可缺一个,因而他又从《蕙的风》的底稿里抄出四首小诗加进《湖畔》,作为一种象征,表示湖畔诗社有四个诗友。

## 注　释

### 第一信

1922年4月10日给漠华第二号信:"我必向亚东提出你说的条件。《蕙的风》真抽版税编为《湖畔》诗集之一吗? 但本子格式统能编为《湖畔》一式否?"

修人于4月6日回上海,我和漠华、雪峰送他到火车站。他上了火车,我们三人站在月台上,他从车窗口对我们说:"想起一件要紧的事,《蕙的风》最好也作为《湖畔》诗集之一。"这时火车已在开出了。

我们三人写信要修人到亚东图书局去提出条件:《湖畔》诗集也由亚东图书局出版:《蕙的风》作为"湖畔诗集"之一。修人回信又提出《蕙的风》的本子格式应和《湖畔》一式。后来修人去亚东图书局接洽,没有成功。书店不接受《湖畔》的出版,因为诗集一般销路不大,无利可图。因此,只好由修人出资自费出版。

### 第二信

1922年4月15日给漠华第七号信:"说你底品格居第四,我就不信你一切话。"

漠华为什么说他自己在湖畔诗社四诗友之中品格居第四

呢？因为他所爱的姑娘是封建礼教所不许可的,他心里一直觉得有愧,所以他自卑自责。1921年上半年他曾和我谈过他这个秘密,他说不曾告诉过任何人,要我守密。湖畔诗社四诗友本是无话不谈的,但因漠华要我守密,所以我对修人雪峰也没有谈起过。

漠华的弟弟应人同志对我说,他从他哥哥的遗物中发现他哥哥的恋人很可能是某一女人,但只觉得可疑,不能确定。我说:"就是她。我是唯一知道这秘密的人。已经过去五十九年,现在不妨公开了。"应人说:"她还活着,还是不公开好。这秘密连我母亲都不知道。"

## 第四信

①1922年4月20日给漠华第11号信:"我觉得你们都未回答我十分详尽。尤其是静,或者你和丝娜姊姊都除外。"

丝娜姊姊是修人和雪峰开玩笑,替雪峰取的绰号。修人的性情是女性化的,很像一个姑娘,他爱把一切都女性化。他到杭州的第二天就写了一首诗《第一夜》,称我为姊姊,我说:"你比我大两岁,怎么叫我姊姊呢?"以后他就叫我"静妹"。他叫漠华"姑姑",因为漠华比较老成,没有孩子气,所以把漠华高升一辈,称为"姑姑"。

②"还有,《蕙的风》事,也要明晨决定。书后介绍是要的,不做《湖畔》第二,你二人以为如何? 同社的书,一本由别家出,实在不好。写:'社友作品《蕙的风》汪静之'而不注发行处,如何? 最好自己付印,托亚东寄售,则两面都可顾到否? 我以为同在一起好。"

这时《湖畔》已交印刷厂付印，用湖畔诗社名义出版，书的末页要登《蕙的风》的广告。本想把《蕙的风》作为《湖畔诗集》第二，可是它是另一家出版，不是湖畔诗社出版，不合习惯，只好不作为《湖畔诗集》第二。修人认为最好从书店取回《蕙的风》，用湖畔诗社名义自费付印，但一时难筹印刷费，只好作罢。

## 第五信

1922年5月1日给漠华雪峰二人第13号信："可怜你们只有两个人。"

1922年4月下旬我和漠华雪峰参加杭州一师(浙江省立第一师范学校的简称)春假旅行团，游览湖州、苏州、上海。在上海三天旅行团借住上海美术专门学校。4月30日漠华雪峰随旅行团回杭州，我留下在修人家中住了两天，又在亲戚家中住了两天才回杭。因此，5月1日修人给漠华雪峰二人信中说："可怜你们只有两个人。"因为我没有和漠华、雪峰同回杭州，朋友少了一人，所以说："可怜。"5月2日修人给漠华雪峰二人第14号信中说："容与静面商""一切当说予静之"，因我5月2日尚在上海。

## 第八信

5月14日给雪峰第17号信："漠华一声也不响。"

我和修人都不喜欢徐玉诺的诗，漠华起初不发表意见，后来说他认为徐玉诺的诗很好，很感人。

## 第九信

5月14日给静之第30号信："你说你和玉诺的我都同意。"

意思是：你说你自己的诗和说玉诺的诗的意见，我都同意。是替爱情诗和吟弄风花雪月的诗辩护的话，话已忘了。

## 第十信

①给漠华一封没有日期的信："从前我怜妓女，现在我怕妓女。这两句的本事，静必吐过了。"

这是说我离上海回杭州之后，必定已经把这句话里的故事说给漠华雪峰听过了。我回杭州是5月5日，这封信估计是我离上海回杭州的第二天（5月6日）写的。

现在把修人说给我听的故事大略叙述于下：

修人向来很可怜妓女，对妓女深表同情。但他只远望过妓女，从来没有近观过。有时夜里走路远远望见有站在马路边的听说就是所谓妓女的女子，他就远远避开。这一次走过新世界后面，看见几个妓女模样的女子，他就想见识见识。他走近她们，她们就一拥而上来拉他，他就挑选其中一个最年轻漂亮的让她拉进妓院去。他就问寒问暖，问她的家庭状况，问被迫为娼的经过。他说了表示同情的话，就拿出一元（是银圆）茶钱站起身要走。谁知妓女不让他走，要留他过夜。他赶忙挣脱往外走。一下子乌龟老鸨都来拉住他，硬不让他走，他拼命挣扎也逃不掉。这一下把他吓坏了，心里一急，才想出办法，就问他们度夜资要多少，他们说要六元，修人就拿出六元给他们，才得脱身。从此就怕妓女了。过去修人认为妓女就是自己的姊妹，应

121

该把妓女当姊妹一样看待。得了这一次经验,就不再视为姊妹了。

后来有人告诉修人:"你只要拿出两角小洋茶钱,你就容易脱身了。你拿出一元钱,自然要敲你竹杠了。"修人说:"我听说过只要给两角茶钱,我可怜她们,所以多给点茶钱,谁知好心反惹了祸。"

②给漠华的一封无日期的信:"三天前我顺路走过新世纪后面,那边有几位妓女(从前喊姊姊,但如今不了)站着,我就很悔不于那夜先探得,就好陪你去看看。不能使你见你要见的上海妓女,而偏要使你看你不要看的上海的电影,这是我对你来上海的歉事。"

漠华在上海时曾说,他路过浙江兰溪时,有人指着船埠头的女人告诉他:"这就是妓女。"他要修人带他去看看上海的妓女是什么模样,这是他的一种好奇心。修人不赞成,因为修人没有接近过妓女,没有经验。这一节里讲的就是"这两句的本事"的开端。

③给漠华的一封无日期的信:"'……醒起来,真使我在静寂的子夜里,离床蹒跚地走着。昨夜月色异常的佳美。'割末尾的五字以评伊底全身。"

引用的是漠华给修人的信里的话,修人截取末尾五字(异常的佳美)所评的"伊"就是那个妓女。修人曾对我说:"那个妓女虽可怕,确是非常美的,真可怜!"

④一封无头无尾的信:"5月14日给雪峰第17号信,5月14日给静之第30号信和这封无头无尾的信,都讲起遗失了的5月8日三人给修人的长信,故这封无头无尾的信推测起来应是同

一日（5月14日）给漠华的信。（应是17号信）这封无头无尾的信中说'从静之去后'，就是说从静之5月5日离上海回杭州去之后。"

## 第十一信

①5月20日给漠华第18号信："……则玉诺底诗，至少是没永久的价值的……西谛赞玉诺写错字，我好笑……足以显示他底学养未到。这未免重伤我漠华底心了。"

为什么说"重伤漠华的心"呢？因为漠华已经表示意见，认为玉诺的很好，修人仍旧说诗不好，所以说这话会使漠华伤心。西谛是郑振铎的笔名。

②5月20日给漠华第18号信："信中说到的令涛是修人的朋友，上海美术专门学校的学生，《湖畔》和《蕙的风》的封面都是修人请他画的。"

信中说到的友舜，是修人的朋友，和修人是同一银行的职员，和修人一起创办上海通信图书馆的同人之一。

信中说到的谢旦如（澹如）是修人的好朋友，钱庄里的店员。他是上海的土著，世居上海县旧城里，是上海还没有租界之前的地道的上海人。1925年加入湖畔诗社，自费出版《苜蓿花》诗集，作为湖畔诗社出版的《湖畔诗集》第四集。他曾掩护瞿秋白杨之华夫妇住在他家中二年，并曾秘藏方志敏《可爱的中国》底稿直至解放。新中国成立后任上海鲁迅纪念馆馆长，已故。

## 第十五信

①6月10日给漠华信："我很悔前信多说些轻视玉诺、西谛

的话,而对于不同情我们的人像C.P.等致些敌意,尤其痛悔。"

这里C.P.不是指共产党,是指不同情湖畔诗社的一位署名C.P.的人批评了《湖畔》的诗,反对爱情诗。我们当时是对一位叫C.P.的人反对爱情诗这一点有敌意,不是对共产党有敌意。我们当时是尊崇共产党的,从未对共产党有一点敌意。

②6月10日给漠华信:"江冷、冀野推崇。"

江冷姓吴,冀野姓卢,当时都写过新诗。

## 第十六信

6月15日给漠华第24号信:"很纪念静之,他可是不能再住在湖边了。"

这时我已决定放暑假时到上海吴淞中国公学去补习英文,所以修人惋惜我不能再住在西湖边。

## 第十七信

①6月15日给漠华第25号信:"我和破鞋也发生恋爱了!"

修人是博爱主义者,他的博爱不限于人,是爱一切,是无所不爱,甚至爱到破鞋。这"破鞋"两字不是拟人的,是指穿在脚上的真实的破了的鞋。他信里说:"伊那背上历历刻着伤痕,那伤痕就是为爱护我而背负我所致的。""伤痕"是说鞋子破了,"背负我"是说鞋子被自己践踏。他认为鞋子是对自己最忠心最爱护最鞠躬尽瘁的,所以说:"我非木石,我能忘情吗?"信里说"你不能疑我",是说你不能疑"破鞋"两字是拟人的。信里说:"你疑我无所爱而爱到破鞋,这你就不会眼睛里长出翅膀来了。"就是说:你若怀疑我是无所爱所以爱了拟人的"破鞋"与下流的女人乱搞男女关系,你的眼睛就是没有想象力,只会看字面而看不到所含的意义了。信里最后点明了含义:"我是无所不爱而把破鞋也爱在里面的,我友!"

②6月15日给漠华第25号信:"《绿光》还未射到上海来。我是学而未会而弃了。"

《绿光》是世界语刊物。修人曾学过短时期的世界语。

## 第十八信

①6月30日给漠华第27号信:"我也觉着我那信太伤了静底心了,但又不忍不寄出。不知这时他还在不在痴着呢,心里异常地挂念了。本来我也并不排斥享乐,但同时须以能刻苦为条件。只能享乐而不能刻苦的享乐,我实不敢苟同……我终认定我能见到的,我终以说出为快……他以我的为不好,而痛击我,我也肯欣然受之……要防人家生气而不敢说,当然非我们所宜有。"

修人根据在杭州相处一星期的观感和我给他的信中的表白,看出我有怕吃苦爱享乐的习惯,所以写信规劝我。他说得很委婉,像哥哥教弟弟一样恳切,还怕会伤我的心。其实我很感激有这样亲如骨肉的净友。这一层漠华也规劝过我。

②6月30日给漠华第27号信:"我于你闹气闹得浓时,便一声不响地对于《蕙的风》,我深致不满。闹气是一事,商量《蕙的风》又是一事,你受刺而毁蜂窠,你是错了。"

修人一心想把《蕙的风》照《湖畔》一式排印,作为《湖畔诗集》之二,来信要杭州三人商量办法。我和漠华忘了为什么意见不合,漠华就赌气说"《蕙的风》我不管了",就不参加商量。

修人得到我或雪峰的报告,就来信责备漠华。其实我和漠华有时闹气,像孩子一样彼此不开口,熬不上几个小时就又开口说话了,同没有闹过气一样。

《蕙的风》商量不出办法来:第一,自费印没有这么多钱;第二,要书店把《蕙的风》照《湖畔》一个式样排印,书店不肯。

③6月30日给漠华第27号信:"我读日语,当然是你们所乐闻的,但静之对我未有表示。很防他暑期内不肯太用功,所得不多。仍在一师,多好!他死也不要再住,不知何使而然。"

对修人学日语我稍迟一点也表示了意见。我不赞成他学日语,劝他学英语,理由是学了英语可读沙氏比亚、拜伦、雪莱的诗,而日本没有可和沙氏比亚、拜伦、雪莱相比的诗人。所以我决定暑假到上海吴淞中国公学去补习英文。他知道我当时读书不用功,所以担心我暑假仍旧不用功。我从小读书很用功,到杭州后,因为常来往于杭州一师到杭州女师,再由杭州女师到西湖的路线上,所以心野了。

他不知道我为什么死也不要再住杭州一师,我回信告诉他:因为我常到杭州女师,徒劳无功,一再失意,我已成为同学们取笑的对象了。同学们给我取了几个绰号,并把我交女朋友的失意故事编成小调来唱,极尽取笑之能事。

## 第十九信

①1922年9月7日给漠华雪峰二人信:"很疑惑我要步大白、玄庐的后尘不会。"

大白姓刘,玄庐姓沈,二人所写的新诗,未脱旧诗词的窠臼。

②1922年9月7日给漠华雪峰二人信："我只恐……要重中莲步的毒……静之说是不会的。"

旧诗词要遵照一定的格律，受拘束，不自由，好像东昏候令潘妃要步步踏在用金凿成的莲花上行走一样。1922年暑期后9月1日我在上海进了宏文英文专修学校。"静之说是不会的"，是我看了他的诗当面和他说的。

③1922年9月7日给漠华雪峰二人信："我已决定退出明天社了……但我很悔诺而复弃。"

1922年《湖畔》诗集出版之后，《蕙的风》出版之前，在北京的几个人发起组织一个文学团体"明天社"，寄了宣言和章程给我，要我征求我们湖畔诗社和晨光社的几个人加入明天社作为发起人。我把宣言和章程转交给各位，大家同意加入。不料在北京的几个人没有征求我们同意就把宣言在上海《民国日报》副刊《觉悟》上发表了，而且发起人名单上用我的名字领衔。人家见了，恐怕要当作是我组织起来的，什么事都没有做就登报发宣言，这种做法我是不喜欢的。我当时曾写信责怪北京方面的几个人不该过早地先在报上发表宣言。修人也不赞成先发宣言的做法，迟疑了好久，才决定去信退社了。我和漠华雪峰及晨光社的几个人觉得既已答应加入，退社也不好意思，只好算了。后来明天社什么事也没有做就无形消散了，发宣言成了放空炮，我当时觉得很羞愧。明天社完全是在北京的几个人包办的，要我为首负放空炮的名，真冤呀！

明天社我早已忘了，去年有位研究新文学史的大学教师写信问我明天社的史实，并把《觉悟》上发表的宣言和发起人名单抄了寄来，我才想起遗忘了的往事。发起人名单上在北京的有七人,那时我全未见过面。其中王忘我(鲁彦)、章铁民、章洪熙(衣萍)三人都是看了我发表的新诗而和我通信成为朋友的,鲁彦、铁民、衣萍和在北京的七人中的台静农、党家斌后来都见面了,七人之中的其余二人始终未见过。

④1922年9月7日给漠华雪峰二人信:"你们办的报。"

指晨光社办的《晨光》旬刊。

⑤1922年9月7日给漠华雪峰二人信:"盼望华天、炳奇(不要姓)常有论著出现。"

华天、炳奇,是漠华的笔名。当时无政府主义者主张废姓,修人曾受过无政府主义的影响,实行废姓。漠华也不爱用姓。当时共产党曾骂过无政府主义者的废姓主张。修人、漠华入党后给我的信上是有姓的,不过"修人"两字用罗马字母拼音,不用"漠华"两字,而用"田言"或"潘四"等。

⑥1922年9月7日给漠华雪峰二人信:"他们只会吹《湖畔》的毛,对于《红蔷薇》却默尔了,我们还介意呢? 只看近期损底街骂……"

"他们"指文学研究会。当时文学研究会提倡为人生而艺术,提倡血与泪的文学,湖畔诗人当时只是歌唱爱情,吟弄风花雪月,没有血与泪,所以西谛等要对《湖畔》吹毛求疵。"红蔷薇"大概是书名,未见过,介介,就是介意,就是芥蒂于心,心中怀怨的意思。"损的街骂",损,忘了是谁。街骂,就是骂街。

## 第二十信

1923年5月11日给漠华信:"静的抄本子,恐怕要定的了;定了,要等多时。"

这时修人提议再自费出版《湖畔诗集》第二集,要我把写在小抄本上的诗稿自己选定,然后抄下寄给他。1922年暑假和下半年我在上海读英文,没有写诗;寒假回杭州,1923年春再进杭州一师,我又想学写小说,诗写得很少。《蕙的风》出版后,很引起注意,很受青年的爱好,鲁迅写文章反击诽谤《蕙的风》的顽固派,周作人写文章替《蕙的风》的爱情诗辩护,《蕙的风》有了点好名声。因此,我就有了爱惜羽毛的念头,写得很少,而且自己不满意的诗,不准备出版,想等写得多一点好一点的时候再出版。修人起初一再写信劝我快选定,认为第二集仍旧应该四人的诗全有,不可缺一;后来我说明了爱惜羽毛的用意,才得到他的谅解。

## 后 记

我看了修人的信,觉得非我来注释不可,否则会引起读者对修人的误会,误会会损害修人的崇高形象,使修人含万世不白之冤。我说明了实情,修人的本来面目依然是白圭无玷。注释完毕,我非常高兴,高兴的是好在我没有死。如果我已死了,无人作证,白圭染上玷,真是憾事!

1922年1月,修人第一次给我信没有编号。收到我的回信之后,他第二次给我信就建议此后彼此通信要编号。他到杭州春游之前已和我通信两个多月,信已编到十多号了。他和漠华雪峰通信是4月6日从杭州回上海之后才开始的,所以修人给漠华雪峰的信的编号比我的信要少十几号。例如5月14日给雪峰的信是第17号,同一天给我的信是第30号。有时给某人的信很短,就写在给别人的信的空白的信纸上,不另纸写,附在给别人的信封里。

1922年通信最勤，1923年以后就不这样勤了，"五卅"惨案之后通信就稀。四人的通信总数可能有几百封，劫灰之余只剩下这十几封信，可惜！

注释全凭记忆，没有书籍资料可查，我连《湖畔》和《春的歌集》都没有了。

1980年11月11日于西湖畔

# 补 注 四 条

潘应人

十月在杭州与汪静之同志别后,根据静之的提示,反复查考了"五四"时期上海北京各刊物,特别是上海《民国日报》副刊《觉悟》,并访晤了几位老同志,爰再作补注四条如后:

一、修人书简十一,静之注释②中提到令涛、友舜,一位老朋友说:"友舜姓陆,在通信图书馆是小弟弟,非创办人。"

二、修人书简十五,静之注释①中所说的 C.P. 确有其人。我们发现 1922 年 8 月《觉悟》上曾载有随感录《一个惨死的工人》;同年 11 月又刊有小说《冷淡》,作者均署名 C.P.。但未查到 C.P. 批评《湖畔》的文章。

三、修人书简十八说到"九间头",那是漠华故乡旧居的住宅名,他的若干诗作就是在"九间头"写下的。"×间头"是浙东一带对一般结构的住屋的称呼,正如修人所说他们家乡(浙江慈溪)也有"三间头""七间头""五间头",却没有"九间""十一间""十三间"的。其正房一排无论"三间""五间""七间"或"九间",中间的一间特大,无门窗,是为厅堂,厅堂两边各一间的,叫"三间头",也叫"排三",两间的,叫"排五",也即"五间头",以此类推。漠华故乡(浙江宣平今武义县上坦村)的"九间头",在当地是出名的,因为附近也只有这么一处简易的"九间头",据说原系隔院前后座大屋的伙房间,原屋主是明代的一个御史,子孙没落后,前后座大屋早已成了大杂院,"九间头"就出让给了漠华的祖父,后来分家,漠华的父亲一家就分得了"九间头"。

四、修人书简十九,静之注释⑥中所说"损的街骂"(当作"骂街"),静之说"损忘了是谁"。据一位老同志说,损是沈雁冰,即茅盾同志,曾用"郎损"或"损"笔名发表文章。但"骂街"出处未查。

以上一并供读者参考。

1980年12月1日于上海

# 后 记

应修人烈士(1900—1933年)和潘漠华烈士(1902—1934)从结合"湖畔诗社"开始,以"五卅"运动为契机,而投身于伟大的中国共产党,坚持地下工作,先后为革命事业分别在上海和天津献出自己年轻的生命,已整整四十多年过去了。

这里发表的《修人书简》,是1922年至1923年间修人写给漠华、冯雪峰、汪静之的部分书信。那时他们都还不过是二十岁左右的青年,在政治上正走着探索的道路。这些书简真实朴素地抒述了他们当时的思想、感情、友谊生活和对当时新诗歌创作的见解。它对我们今天了解和研究"五四"新文化运动初期,在新诗歌中作为异军突起、具有大胆创新意义的湖畔诗人的作品,是有用的文献。

这些书简是修人夫人曾岚同志生前所珍藏的修人遗物中的一部分,曾岚同志逝世以后,由她的姐姐曾剑秋保存,后来又由剑秋大姐交给了我。我在少年时代就受到"晨光社"及"湖畔诗社"的影响,对文学发生了爱好,也正是通过我哥哥漠华和修人他们,才接触到党而走上革命的道路。新中国成立前各自南北奔走,不是在战场上便是在监狱里,修人与漠华在三十年代中牺牲,我还是到抗日战争开始从南京出狱后才知道的。全国解放后,各地同志和友人,将他们珍藏多年的漠华遗稿、书件寄来给我,希望我加以整理和处理,作为对先烈的纪念。不幸我被错划成了"右派",经历了二十三年众所周知的种种劫难,特别是"十年浩劫"中遭遇多次洗劫,身外之物早已荡然无存,烈士遗物也泯灭在这场深灾巨祸之中了。

我是在解放初才认识曾岚同志,知道她与修人同志一起从苏联回国后,就在上海做党的地下工作。修人同志壮烈牺牲以后,她一直坚持在上海,新中国成立后在上海历史博物馆工作。退休以后,写了一本回忆修人的小册子《战斗的一生》。1976年冬,"四人帮"粉碎以后,我接到上海博物馆馆长沈之瑜同志的信,才知道曾岚同志在一次车祸中不幸去世。我到她的住处,只遇见了从武汉来奔丧的她的姐姐曾剑秋同志。她遵照曾岚同志的嘱咐,交给了我包括这些书信在内的一包遗物。为什么修人给漠华的信,会保留在曾岚同志的遗物中,剑秋大姐说见到曾岚的时候,正在弥留之中,说话已经困难,所以无法探问了。

现在楼适夷、赵兴茂二同志,为了编辑修人的遗作,向我征集遗稿,我深幸有机会把这些书简交给他们,并到杭州请汪静之同志做了注释,编入修人集中。

## 作者简介

潘应人(1908年—?),原名潘恺霖,一作潘恺淋,后改名潘讷,又改潘世侠,笔名应人,浙江宣平县(今属武义县)人。

自幼随胞兄潘漠华去上海,后又随他去北平。1931年加入中国左翼作家联盟北平分盟,任组织干事。新中国成立后任上海市政府参事室参事,编有《漠华集》等专著。

# 湖畔诗社与"湖畔"诗派

### 董校昌

　　湖畔诗社是继晨光社之后在杭州建立的又一个新文学团体,也是我国新文学史上最早的新诗社。它的出现,既是当时我国新诗运动蓬勃发展的必然产物,又是浙江第一师范学校存在着比较民主的气氛、有助于新文学成长的宽松环境与条件所使然。同时,它的出现,也是晨光社中致力于新诗创作和诗艺探讨的核心人物另辟蹊径所走的一条新路,因而更有实绩和成就,其影响所及也大大超过了晨光社。

　　湖畔诗社的主要成员,在新诗创作实践和诗艺研讨中形成了自己的风格特点,在中国文坛上被称之谓"湖畔"诗派,为新文学前辈作家所重视,也引起了世人的注目,在短短的几年间就成为著名的"湖畔诗人",有的进而成为我国著名的无产阶级革命作家和马克思主义文艺理论家。

　　湖畔诗社与"湖畔"诗派,为中国新文学的发展作出了贡献,在中国现代文学史上应占有其一席之地。值此五四运动80周年之际,我们不应忘记那些为"五四"新文学发展作出贡献的拓荒、耕耘者。

## 一

1921年，汪静之在《新潮》《小说月报》上发表新诗。这引起了同样爱好新诗、在上海棉业银行工作的应修人的注意。1922年一月，他热情地给汪静之写信，希望通信联系，交换诗作，切磋诗艺。他们在三个月中通信十余次，成了诗友。这年三月，为了会晤尚未谋面的老友，应修人请假一周，前来西湖春游。

3月31日，正是田野油菜花黄、西子湖畔桃红柳绿的时候。应修人来到杭州，一踏上湖滨，为西湖的湖光山色所吸引，抑制不住内心的欢快而吟咏起来："从堤边、水面，远近的杨柳掩映里，我认识西湖了！"他急不可耐地由汪静之陪同游览了西湖。汪静之在浏览交谈中，讲到了晨光社的情况。应修人对此很感兴趣，要汪静之介绍几位社里新诗写得好的和他认识。当时，晨光社中潘漠华、冯雪峰两位是汪静之的同学好友，他认为他们的诗写得很好，曾把他们的诗寄给周作人批改请予介绍发表。此前，他还在给周作人的信中谈到："我们三人在一块儿非常有兴趣，他们显然是我的哥哥，我们三人虽共同做诗，但我们三人的诗没有同调之处，各有各的面目。"①现在应修人要他介绍诗写得好的朋友，而浏览西湖，游船坐四人最合适，因此他回校后就约了潘漠华、冯雪峰来看望应修人。他们志趣相投，一见如故，就成了好朋友。

在杭期间，应修人可以说生活在诗里，他与诗友们在白堤上散步，桃树下写诗，雷峰塔旁吟诗，诗文唱和，感到快乐无穷。浪漫的年轻诗人们认为："逛心爱的湖山，定要带着心爱的诗集的。"他们传观诗作，互相评析。修人在看了三位诗友所带的诗稿后,对他们的不同诗艺风格作了中肯的评价:"漠华的使我苦笑;雪峰的使我心笑;静之的使我微笑。"他喜爱他们的诗作:"我不忍不读静之底诗;我不能不读雪峰底诗;我不敢不读漠华底诗。"他从诗友的诗稿中得到收获,也从静之已编有诗集《蕙的风》将要出版受到启发,他提议和漠华、雪峰的诗合集出版。这一倡议得到漠华、雪峰的满心赞同,他们的心贴得更近了。晚上,修人在所住的湖滨清华旅馆里挑选诗作。4月3日,他将选好的诗稿编成一册三人合集,由于倡议于山水之间、编成在西湖湖畔,诗集也就题名为《湖畔》。

应修人难得的春假即将期满。4月4日,诗人们又结伴游览,攀援南高峰,翻越凤篁岭,登上六和塔,游览于雷峰,泛舟西子湖。最后,诗人们来到西泠印社的四照阁,一起研究《湖畔》诗集的出版事宜。由于出版要有名义,同时,也为了纪念这次西子湖畔的兴会,在应修人的倡议下,就在四照阁宣告了我国最早的新诗社——湖畔诗社的诞生。此时,他们又想到刚编成的《湖畔》,只选三人的诗,而湖畔诗社有社友四人,诗集中不可缺少一人之作,就又从汪静之的《蕙的风》底稿里,抄出六首小诗,加入《湖畔》诗集,作为友谊的象征。

湖畔诗社孕育于结伴游览途中,产生于要出《湖畔》之后,是以友谊为基础、写诗为框架构筑起来的诗人之社,虽然没有成文的宗旨、纲领和章程,更不发表宣言,但它却是一个牢固的实体。如果说在此之前,他们由于共同的爱好而通信联系,志趣相投而密切交往,那末现在由于结成诗社,有了友谊的纽带,他们更成为挚友,用团体的力量,共同探讨诗艺,致力于发展新诗了。这在四位年轻诗人来说,是在文学的道路上前进了一步,而对新诗坛来说,因增加了新力量而更富有生气。

应修人以与诗友"总欠多聚几天"的依依惜别之情,于4月6日离开杭州;同时,又带着友谊和诗社成果,满怀喜悦回到了上海。此后,应修人与杭州的诗友频繁通信,交换诗作,切磋诗艺,共商《湖畔》的出版问题。应修人是很重友情的,他接受诗友的重托,与亚东图书馆谈条件:诗集《湖畔》也由亚东出版,《蕙的风》作为《湖畔诗集》的一种,同一开本格式排印。结果是书店不接受《湖畔》的出版,也不答应《蕙的风》纳入湖畔诗社诗集之中。良好的愿望未能实现,这在修人来说是十分遗憾的事情。为了友谊之果《湖畔》的出版,他不得不致力于自费印刷;请上海美专的朋友令涛设计封面,自筹资金195元,并联系印刷、代售和广告事宜。由于修人的尽心竭力,《湖畔》初版本三千册,终于在同年五月上旬出版了。对此,杭州的三位诗友非常感动,写信给修人:"我们受到你的扶持,委实太多了。"以感激修人的真诚友谊。

《湖畔》出版之前,既为了销售,也为了扩大诗社的影响,诗人们展开了广告宣传。当时,在上海《时事新报》副刊、《学灯》《民国日报》副刊、《觉悟》和北京《晨报副刊》上,都登了《湖畔》的出版广告:《湖畔》诗集,诗六十一首,"小本,横行印,一百页厚,实价二角,寄费一分"。寄售处"北京:北大出版部、新知书社;杭州:问经堂、有正、商品陈列馆;上海:亚东、泰东、中华;各省:各大书坊。"广告是有效果的,有人知道《湖畔》不日出版,感到欢欣,表示要争先购买,先睹为快。

我国的新诗运动虽然已进行了三、四年了,尝试新诗创作的人也与日俱增,但当时出版的新诗集却仍然寥若晨星。新诗坛上第五本新诗集《湖畔》富有独特的风格,遂写信向他们祝贺,并鼓励诗人们继续为新诗努力！在郭沫若的《女神》出版一周年时,应修人受到邀请参加了纪念活动;在杭州三位诗人去沪时,郭沫若、郁达夫都在家里热情接待,和他们谈诗,给予面对面的指导。文学研究会的《文学旬刊》对《湖畔》发表了多篇评论。朱自清在《读<湖畔>诗集》一文中评论说:"《湖畔》作品都带着清新和缠绵的风格;少年的气氛充满在这些作品里。"还特别指出:"有了'成人之心'的朋友们或许不能完全了解他们的生活,但在人生底旅路上走乏了的都可以从他们的作品里得着很有力的安慰;仿佛幽忧的人们看到活泼的小孩而得着无上的喜悦一般。"②正因为如此,《湖畔》受到了青年读者的热烈欢迎。上海很快销去二百本,先行寄去北大出版部、新知书社代售的一百本,也销得很快,拟增加代售数。此外,还有来信要求购买、索取或以书刊来交换的。由于《湖畔》风格新颖、装帧精美、开本小巧玲珑,获得读者的普遍喜爱,尤其是在青年学生中,不少人把它作为课余读物,受到教益,引起共鸣。胡风说:《湖畔》诗集"教给了我被'五四'运动唤醒了'自我'的年青人底感觉,救出了我被周围的生活围住了的心情","使我真正接近了文学也接近了人生"③。胡风的发自肺腑的话语,表达了当时青年的心声。

当时,新诗还处在草创期向成熟期发展的阶段,有的人对新诗还不习惯,而那些迷恋骸骨的封建顽固派是反对新诗的,《湖畔》也不可避免地遭到非议、挑剔和吹毛求疵的批评。如署名C.P的文章《杂谭》中,以"对于新诗"的诤言面貌再现,对《湖畔》中汪静之的《小诗六》提出批评,说"这一首诗,虽费了二十六字,而可能在里面找出一星点!只要一星点——的情绪火苗?这那里是诗,不过埋了几个花字、风字、雨字罢了"④。当然,静之的这首小诗称不上杰作,但说没有"一星点"讲情,则又责之过严。

《湖畔》的出版,四位青年诗人很兴奋,但他们并不盲目乐观。他们除了向鲁迅等文学前辈和朋友赠送诗集、虚心求教、听取意见外,还清醒地对待来自各方面的批评:"我们同样感谢批评我们不好的人,至少我们能觉到自己底缺点。"同时,还可以"在人家底批评上,很可能洞悉一般人底情致和距离我们底度数"⑤。

此后,他们更热心于新诗创作,真挚的友谊也与日俱增。不论在频繁的往来通信中,还是杭州三位诗人去沪游览聚会时,他们都互相勉励,评判各人的创作得失,通报国内的诗坛消息,发表对新诗的见解,也敢于对一些名家的文章提出他们的独立见解。他们主张"创作自由",不迷信于名家或某一现成的理论,他们专心致志地做情诗,"放情地歌唱",走自己的路。

汪静之的《蕙的风》继《湖畔》之后,于1922年9月出版。这本诗集的问世浸注了文学前辈和师长的心血。还在汪静之开始新诗创作的时候,就得到胡适、周作人的指导,他发表新诗,也得力于他们的扶持和介绍。在1921年5月,叶圣陶看了汪静之的部分诗稿后,就来信称赞,认为这些诗有特色、有价值,鼓励他编成集子出版;朱自清看了汪静之的十余首诗后,也"颇自惊喜赞叹"。鲁迅不但对汪静之寄出的诗稿进行修改,还写信给予中肯的评价,说他的诗是"情感自然流露,天真而清新,是天籁,不是硬做出来的"。同时也指出诗的艺术尚幼稚,告诫他

"宜读拜伦、雪莱、海涅之诗,以助成长"(转引自《诗刊》1979年第7期,汪静之:《回忆湖畔诗社》)。这些都给汪静之以莫大的鼓舞。在《蕙的风》编成之后,朱自清、胡适、刘延陵为之作序,周作人题了诗集名。有这么多名家为一个20岁的初涉文坛的青年作序题字,为诗集增色溢彩,这在"五四"文坛上,是绝无仅有的。

《蕙的风》是在文坛前辈的关怀下问世的,静之可以说是"五四"文坛的幸运儿。诗集出版后,马上受到广大读者的欢迎。由于收在诗集中的大部分是爱情诗,容易引起少男少女的共鸣,所以特别得到青年们的喜爱。赵景深曾说过:"《祷告》一诗是我在初恋时期所最爱读的……我爱这首诗的温柔甜蜜,当我第一次做着玫瑰色的好梦时,每逢晚间睡眠,总要低声吟唱一遍。"⑥这是读者的心声。方令儒在数十年后还能背诵她青年时代最爱读的《过伊家们》中的诗句,可见《蕙的风》的影响之大、给人们的印象之深。在当时,《蕙的风》出乎意料地风行一时,先后曾重印五次,销行二万余部。这是一个可观的数字,仅次于新诗集销行最广的《尝试集》和《女神》,居第三位。这对一个初登文坛的青年人来说,是获得了很大的成功。

由于《蕙的风》的情诗,在表白男女恋爱关系上不受当时道德观念的约束,勇敢而毫无顾忌地写出了少男少女的生理欲望,表达了一般青年感于性的苦闷,要想抒发而不敢直白的呼声,这就对封建礼教具有更大的冲击力。它的出版,无疑是向旧社会道德投下了一颗猛烈无比的炸弹。这下遭到了封建顽固派和卫道士们的恶意攻击,在当时的思想文化界引起了一场"文艺与道德"的激烈争论。胡梦华首先发难,指责《蕙的风》中写性爱的诗句是轻薄、堕落,是"有故意公布自己兽性冲动和挑拨人们不道德行为之嫌疑","变相的提倡淫业",会使青年读者走上罪恶的道路⑦等等,不一而足。面对胡梦华的罗织罪名、无理斥责,不少文坛前辈和后起之秀为汪静之仗义执言。周作人写了《什么是不道德的文学》⑧,进行批驳,鲁迅发表了《反对"含泪"的批评家》,给予有力的反击,使汪静之得到了保护,还因此而成了文坛上的著名人物。这场"文艺与道德"的论争,实质上是一次新旧思想政治交战,从而涉及到了一个更广泛、深刻的社会内容。这在我国新文学史上是很值得作一记载的。

湖畔诗社是以友谊和写诗作为支柱的。还在《湖畔》交付印刷时,应修人就在计划着《湖畔》第二集的编造问题,并与杭州的三位诗友商量着。他认为第二集不能袭用第一集《湖畔》的编次,或用以人为单位的办法,鉴于《湖畔》诗少而价贵的情况,第二集要增加页码、定价适当等等。1923年春天,一师发生了学生食物中毒事件,冯雪峰也中毒卧床,漠华、静之为此焦急,一面悉心照料,一面写信告诉修人。修人接信,赶来杭州探望。他写的《探病去的路上》《心慰》二诗,就是他探病的记录,充分表现了他们诗友间的深情厚谊。修人在杭期间,他们研究了《湖畔诗集》第二集的编造问题;回沪之后,更具体地进行工作。如这年5月11日,他在看了漠华的《夜歌》《新坟》两卷诗稿后,提出了意见,供漠华作自选删留的参考。对于《湖畔》二集,应修人计划仍出四人的合集,不可缺一,所以他要汪静之选定诗稿,抄寄给他。但由于汪静之1922年暑假和下半年在上海读英文,没有写什么诗;1923年春再进一师时,又想写小说,诗写得很少。特别是《蕙的风》出版后有了点小名气,产生了爱惜羽毛的念头,诗作没有提高,自己也不满意,不准备出版,所以没有将诗稿寄去,虽然修人一再劝勉,没有成功,只得编为三人合集,定名为《春的歌集》,共收诗一百零五首,文一篇,作为《湖畔诗集》第二集,于1923年年底出版。

随着《春的歌集》的出版,湖畔诗社在读者中扩大了影响,汪静之等被称之为"湖畔诗人"而在我国新诗坛上进一步崛起,与他们论文谈诗的朋友也多了起来,但诗社的组织没有扩大。湖畔诗社在西子湖畔成立的时候,应修人提出过,他们四人是好朋友,以后只有诗写得好而又是好朋友才吸收入社。这一提议得到大家的赞同,成了不成文的"以文会友"的入社条件。为此,当时晨光社的魏金枝、赵平福因未能加入湖畔诗社而不高兴。而湖畔诗社规定的"以文会友"的严格入社条件、少而精的组织方式,正是他们取得成功的重要经验。直到1924年冬天,魏金枝、谢旦如准备出版诗集,而那时出版诗集很困难,他们要求入社,以便用湖畔诗社名义出版。此时,应修人提出,应以友情为重,不能拒绝。这样,这年年底,魏金枝和谢旦如正式加入了湖畔诗社。

魏金枝编好的《过客》,定为《湖畔诗集》第三集,但因缺乏印刷费,没有出版。直到1926年,他仍将搜集起来的诗稿交上海书店出版,发生了"四·一二"事变,该店经理徐白民被捕入狱,诗稿也就下落不明。为此,魏金枝后来还很怜念这部稿子。《过客》没有问世,可喜的是魏金枝的侄孙魏德平同志,近年来搜集到魏金枝发表在《民国日报·觉悟》等报刊上的新诗31首,想来其中的大部分应是编入过《过客》的作品。

作为《湖畔诗集》第四集的《苜蓿花》为六十四开的狭长横

排本,用粉连史纸绿字折页印刷;内收三行诗三十五首,每面一首,以第一行诗作为诗题;封面为酱红色,穿黄色丝绳打结装订,装帧精美,小巧玲珑,别致可爱。诗集中虽不乏抒发爱国热忱的篇章,但主要内容多系忆内诗,是追悼他的亡妻的。三句式的小诗,表达的大多是作者零碎的片段忆念,刹那间的情感抒发,然而读之情真意切。如"苹果绿的水晶钟,一年多些也坏了,凄凉的一间新房呀!"写的是他丧偶之后,因物在人去、触景生情的思念之作。又如"破了的绒衫还没有补上,寒冷飞近单衣的身上,啊!但她是远了呀!"读来催人泪下。难怪赵景深在读了作者赠给他的诗集后,想起了"纳兰的悼亡词"和元微之的《遣悲怀》,认为《苜蓿花》也有类似的诗句和思妇情怀①。谢旦如在书首的自序中说,编印这本集子是"为了安慰自己的心,想在夜里睡一刻无梦的浓睡,所以把积在心头的悲哀,亲手埋葬在苜蓿花的花丛里。我并没重大的欲望,只要在夜半人静后,听见哭声里有我书里的一句!"由于《苜蓿花》印数不多,流传不广,鲜为人知,就是在现在谈及湖畔诗社的文章,也极少有提及这本诗集和它的作者。还有更不为人所知的是,谢旦如为了扩大湖畔诗社的影响,在上海独资经办以湖畔诗社的名义翻印出版过南社诗僧功曼珠的《潮音》。

当时有影响的文学社团,大都有自己的刊物。湖畔诗社欣羡人家有花园阵地,深感自己毛羽未满,也应该有一个自己的"歌舞场"。关于创办刊物的事,潘漠华的要求更为强烈,认为现在年轻,在文学事业上要积极进取。为此,他们早在1923年就开始商讨和筹划创办刊物。然而由于种种原因而未能如愿。直到1925年2月,由于应修人、谢旦如的努力,才在上海以湖畔诗社名义,自己出资编辑出版了文学月刊《支那二月》,每期十六开八面至十二面。他们出版刊物,是为了以文会友,"多结些人世的法缘",同时也为了努力进取,"减些我们挣扎路上的寂寞。"为此,他们在《致读者》中公开声明欢迎"天下的同好者,你们要来,你们尽情来呀……以诗以剧或以文以小说,咱们且来共耕这高歌悲吟的新林"。所以在《支那二月》上发表的,除了社友的创作,还有他们周围的朋友的作品,而且也不限于诗歌,还有散文和小说。此时,他们生活视野更为开阔,作品也反映了更为深广的社会内容。

《支那二月》只出版了四期,除了经济上原因,还在于"五卅"运动的震动,他们各人的思想情绪都起了变化,逐步被社会运动所牵引去了。此后,社友们都各奔东西,大都走上了革命道路,投身到中国人民的解放事业中去了。湖畔诗社历时三年之久,虽然没有宣布解散,但因革命斗争的需要而自然地停止了活动。

## 二

在英国,十八世纪末十九世纪初也曾有过以华兹华斯、柯勒律治和骚塞为代表的"湖畔"派诗人。这是一个消极浪漫主义的诗歌流派。他们在温德麦尔湖及莱德湖畔膜拜"大自然风貌""幽处的灵魂",提倡返诸自然的诗风,以自然美和田园生活为土壤,描写超自然的事物,充满神秘的色彩。他们站在保守的立场上,美化和维护封建制度,宣传宗教的道德观,否认艺术的社会根源。而二十世纪初在西子湖畔、黄浦江头的"湖畔"派诗人,虽然也赞美自然风光,描绘乡村生活,但却是写景寄情,情景交融,借以抒发内心的苦闷,赞颂青春的美好,表现对光明的向往与幸福的追求。他们的诗篇中,既有对不幸者的同情,也有对黑暗现实的揭露,富有较深刻的社会内容。更多的是采用积极浪漫主义的手法,以纯洁的心灵、热情的彩笔,专心致志地做情诗,提倡和保护恋爱诗为其主要特征。这在当时是表达了被"五四"新思潮所唤醒了的青年男女的心声,反映了刚从封建礼教禁锢中解放出来的年轻一代对自由恋爱的强烈要求,是对旧道德的叛逆、旧礼教的冲击,具有积极的反封建意义,因而符合历史的潮流,体现了"五四"时代精神。由此可见,中国和英国的"湖畔"诗派,名同而实异,无论是作品的社会意义,还是风格特点都是极不相同的。

在题材上,"湖畔"派诗人的作品,歌咏恋爱的情诗占有突出的地位。这首先是时代的需要,其次是中学生处在青春期容易做玫瑰色的梦。同时,又与他们自身的感情生活的遭际有着密切的关系。由于他们都把爱情看得很纯洁,所以把情人看成是平等的,诗里只有对情人人格的尊重,字里行间没有艳词秽语,而是像民间情歌般朴实纯真。既有思想内涵,又有相当的艺术价值,是我国现代文学园地中的一朵鲜花。

在写恋爱诗上,汪静之是"湖畔"诗派中的代表。有人说,他是恋爱的专家,毫不过誉。他的情诗是他情感的自然流露,所以天真、纯洁,毫不掩饰的率真,真正做到了"放情地唱呵"的程度。这如同他在《蕙的风》自序中所说:"我极真诚地把'自我'溶化在我底诗里;我所要发泄的都从心底涌出,从笔尖跑下来之后,我就也慰安了,畅快了。我是为的'不得不'而做诗,我若不写出来,我会闷得发慌!"如果联系汪静之的感情生活,这是完全可以理解的。汪静之的未婚妻是他母亲的好友之女,在比他小一岁的女孩出世不久,就定了娃娃亲。他们两家过从甚密,他的未婚妻夭亡之后,陪他一起玩的是和他同年的未婚妻的姑母。他们青梅竹马、两小无猜,随着年龄的增长,终于萌发了爱恋之情。由于辈分不同,在当时的封建礼教下,决定了他们相恋而不能结合的命运。这在年轻的汪静之来说,内心是十分痛苦的。然而时代不同了,他的心被五四运动唤醒了,就像被捆绑的人初解放出来一样,如同《在相思里》所表达的,"那怕礼教的圈怎么套得紧,不羁的爱情总不会规规矩矩"的。《题B的小影》,是在他接到女友曹珮声所赠的倩影时所表达的少男的恋情。在杭州就读期间,他仍和女友一起游览西湖,有多篇诗歌都是为女友而写的。此后,他的恋爱也并不顺利,还遭到过同学的取笑,只有用诗歌来抒发恋爱的甜蜜、失恋的痛苦。他的情诗,可以说多是他交女朋友的生活的反映,因而写得真切动人。例如《过伊家门外》:"我冒犯了人们的指摘,一步一回头地瞟我意中人;我怎么欣慰而胆寒呵。"我把爱情是看得很圣洁的,所以执着地追着,在白天也敢于一步一回地瞟他的意中人,大胆而泼辣;然而这要遭到人们的指摘,又感到胆寒,但即使如此,他是那样的欣慰。正是由于有自己的切身感受,他的情诗往往放情地赞美那自由的男女之间的纯正爱情,也愤恨地谴责阻碍和破坏爱情的黑暗势力与封建礼教。这在当时是有进步意义的,得到了鲁迅的鼓励,更增加了他的兴趣和信心,更放情地唱他的爱情。

诗友们在爱情上有着相同的悲剧命运。潘漠华在家乡爱了一个礼教和世俗都不许可他爱的女郎,然而他们热恋着,受着"结合不得,撇开不能,想得不可开交"的心煎熬。这种被盲目的命运所摆弄的爱情生活,他自己也感到《隐痛》:"我心底深处,开着一朵罪的花,从来没给人看见过,我日日用忏悔的泪洒伊。"他的"隐痛",在《若迦夜歌》中有更多哀婉动人的饮泣倾诉,难怪读漠华的情诗,使人觉得凄苦而要苦笑了。在《深夜抄诗寄妹妹》里,表达的是纯正炽热的爱情,不管年华消逝,春秋代序,"但愿放在你身边的诗,能永鲜明如我俩底情。"然而他们的爱情,只能是"藏在深衷的秘密",不但不可怜他的世人,就是与他相依为命的母兄,都不知道,只好在心底作《爱者底哭泣》。可见其爱情的悲苦之深。他也不满足他们的爱,"只是建筑在黑夜里的",对破坏他们"年少结合"的封建礼教提出了控诉。为了追求自由幸福,决心"卸去一切的羁绊,斩断心灵上的锁链",去寻新生命,"去日夜创造我们底宇宙"。而当认清了爱情已无法成功,他不沉沦,而要"努力再造狂热的天地"。漠华的情诗少静之的天真、甜蜜,更多的是对黑暗社会的抗议和控诉。他也能从个人的悲苦中逐渐解脱出来,表现出积极的社会意义和战斗精神。

魏金枝也有过热烈而又痛苦的恋爱。他的情诗表现在爱情的《罗幕》[⑩]前踯躅,也为恋人的温柔、笑容所《沉醉》[⑪]。然而他的多情终于被无情的多情欺骗了,只是演了"一幕恋爱的短剧"。他的《不爱了》四首[⑫],是 1921 年 6 月 29 日一夜之间写成的,感情极为强烈,情绪相当冲动。由于恋爱的失败,他从甜蜜中尝出苦味,从而要"诅咒天下底多情人",甚至诅咒"爱情",认为它多费了人们的日夜相思,多费了纸头笔墨和邮差的气力,愤激之情溢于言表。他痛恨某些女性对自由恋爱的不珍惜,以及以貌取人的恋爱观。他也谴责那些心境险恶、心房狭隘的女性,认为这样的人是不值得爱的,而是可怜的。作者也很自尊,表示"男儿要顶着天宇去做人,哪管得许多小怨小恨"。他从恋爱的失败中清醒地认识到这是有社会原因的,"爱已沉没在制度里了",这就抛开了个人的恩怨,揭露了黑暗的社会现实问题。

冯雪峰的爱情诗,在《湖畔》中写得比较明快、清新,也较有韵味。如在《伊在》第二节中吟道:"一天伊在一块地上删菽,我便到那里寻牛食草。伊以伊底手帕揩我底汗,于是伊底眼病就传染我了,此后我底眼也常常要流泪了。"表现的是农村少男少女的痴情爱意,其表达情爱的方式,也很符合农村男女青年的特点,极富情趣。他的爱情诗大都收在《春的歌诗》里,而且诗艺也更趋成熟。如《老三的病》,写的是农村青年老三,深沉地单恋着一位山村姑娘而相思成疾;父母为他请医,然因不能对症下药,总医不好;当姑娘远嫁,导致老三绝望,病情加重。这首诗一咏三叹,层层递进地写出了一出恋爱悲剧。在旧社会,由于封建礼教或门户观念等原因,这类婚姻悲剧是屡见不鲜的,有情人都难成眷属,更何况单相思者。由于冯雪峰在婚姻问题上有过类似的痛苦经历,所以他的爱情诗融合了自己的真情实感,写得真切动人,容易撩拨青年男女的心弦而引起共鸣和感应,增加了反封建的力量。

应修人也写有不少情诗,其中不乏佳作。如《悔煞》写出了少妇思夫望归的急切心情,"悔煞"情状表现得相当真挚感人,特别是那些抒情短诗,如《邻家》《邻家座上》《楼梯边》《偷寄》等,以刹那间情感或一个画面,展示了情窦初开的少男少女恋情爱意,往往含而不露,情在不言中,然而情态逼真,耐人寻味,很有特色。

赞美自然,借物寄情,是"湖畔"派诗作的又一特色,而且大都写得清丽雅致,富有生气,情趣自然,内涵丰富。这既是初涉人世、"少年不知愁滋味"的写照,又是他们对人生充满希望之光的天然流露。

应修人的《新柳》,首先展现在读者面前的是一幅田野报春图:软风、细雾、浅草、碧流,组成了一幅色彩丰富、动静有致的立体面,给人以赏心悦目、生意盎然之感。而小河边的弱柳,迎着乍暖还寒的料峭春风,抽青吐芽,表现出顽强的生命力。作者赞颂新柳,反映出自身奋发向上的人生态度和进取精神。在《湖畔》中,应修人有好几首描绘西湖美丽风光的篇章。如在《歌》中,他尽情地赞美西子湖的旖旎春光:"怪道湖边花都飞尽了,怪道寻不见柳浪的莺了——哦,春锁在这嫩绿的窗里了!"咏叹山泉"是没弦儿的琴",奏出"泉鸣的韵",联想贴切,声情并茂。诗人屏息倾听着大自然的美妙乐章,微笑着陶醉在莺啼花艳的春色中:"这么天真的人生! 这么放情地颂这青春! ——哟! 甘霖地沾润了沉寂的我了!"表达了诗人对人生的追求、青春的赞美和生活的热爱。诗人善于观察、富于联想,他登上六和塔最高层时,绝目远眺,胸襟为之开阔,立即描绘出一幅"西湖给月轮山搂入了怀里""江树一步步移到眼底""海边一回回拉开天幕"的绚丽多姿的山水画卷。诗人有烂漫的童心,从钱塘江的波浪拍着浅滩中,体察出"波涛也好慈爱"的感受。他天真地想跃入波涛的怀抱里,享受它赐予的爱抚。当然,诗人也不仅仅是寻求个人的抚慰,而是关心着祖国人民的命运。他从

"海外来"的"汹汹地怒吼着"的波涛中,联想到还处于日本侵占下的台湾等地同胞,在向祖国人民所作的"悲愤"诉告。这首《江之波涛》,抒发的是他的爱国情思。

在冯雪峰的笔下,纯写景的诗不多,但往往写得清婉秀逸、耐人寻思。诗人热爱生活,很会捕捉诗的形象。如《栖霞岭》写的是寻常景致,也带着新的色彩。而在《杨柳》中,更用了拟人化的笔法:"杨柳弯着身儿侧着耳,听湖里鱼们底细语;风来了,他摇摇头儿叫风不要响。"杨柳的形象鲜明生动、情态可掬。

湖畔诗人们写山水景物,更多地体现在寄情托意之中,自然风光和景物往往是作为环境衬托,或是起到比兴作用,并非单纯写景。这既见于雪峰、修人的情诗中,也反映在漠华的篇章里,使他们的作品既具清新气味,又增强了艺术感染力,汪静之是一位天真的诗人,在他看来,一枝一叶总关情,无论是日月星辰,还是草木鱼虫,都赋予了人的情感,借以倾注他的恋情,有的初看来似觉牵强,细体会却也入理,给人以会心的微笑。

"湖畔诗人"从创作的角度看各有各的艺术特点。对此,朱自清在《读<湖畔>诗集》(载《文学旬刊》第39期)中有过品评:"我觉得漠华君最是稳练、缜密,静之君还平正,雪峰以自然、流利胜,但有时不免粗疏与松散……修人君以轻倩、真朴胜,但有时不免纤巧与浮浅。"这是很精当的评价。而作为"湖畔"诗派来说,除了他们有共同的志趣,毕竟还是有相近的诗风和比较一致的文化主张的。

当时报刊上的新诗,讲道理的多,不能吸引人,写风景的也有,但因是无情之景,故味儿不浓;纯粹写爱情的诗不多,有的也没有脱出旧诗词的窠臼。他们不满意于冷冰冰的哲理、格言诗,热衷于真抒胸臆、放声歌唱、流露真情的抒情诗;不倾向为艺术而艺术的唯美主义,认为太注意艺术,绝不是好现象,而讲究语言朴质天真、自然流畅、不以辞害意的意境清新美;也反对颓废的情调,而力求风格明朗、充满激情,即使表现愁苦,但也不致沉沦、小计,让人丧失信心。

在发展新诗的问题上,他们的指导思想是和倡导白话诗的文学前辈相一致的,要彻底从旧诗里解放出来,抛弃旧诗的一切规矩准绳、陈词滥调;诗句要像说话一样自然,没有拘束,完全自由。他们认为:"情思是无限止的、自由的。形式上如多一种限定则就给他以摧残。"⑬这就是说,诗的形式要服从于情思,以情思来决定形式。他们的这种观点,也是受了胡适的影响。胡适在《谈新诗》中提出了诗体的大解放和新诗的做法论点:"形式上的束缚,使精神不能自由发展,使良好的内容不能充分表现。"为了充分表现新内容、新精神,必先要打破那些束缚精神的旧形式的枷锁镣铐。他还主张打破格式、平仄,废除押韵,用白话写诗等等。这在新诗的初创时期是有它的积极意义的。但胡适的新诗创作,虽有尝试之力,但不能说是成功。而"湖畔诗人"从自己的创作体会,提出了更为切实的主张,"诗底形式决不能拘泥于一格,不能未作时预定",而是要以有助于情思的表达和自然流露为原则。"短句分行,要把缠绵的情思隔断了,就用散文式;长句连写,要把俊逸的情思锁紧了,就去用非散文式。有时断断续续横横斜斜的写法,足以表现一种情思,我们就用杂乱的。"⑭他们的自由诗,形式上的自由随意,以及关于形式的三种表现可以看出,在创作实践中,逐步探索着自由诗创作形式的新规律,表现了对诗艺的自觉追求。

他们共同的观点,认为诗是情感的自然流露。"'诗'要来时,只能写出,所谓'诗'要来时,已含有'是写而非做'的意味了。"⑮这是和郭沫若"诗不是'做'出来的,只是'写'出来的"观点相一致。应修人还认为:"勉强做出来的,总不像个样子,但伊自己要来时,随是(时)把前门后门通关好了,伊也会从窗口爬出来的。"⑯正因为他们的诗是从心底里喷涌而出,不可抑制地从笔尖下跳出,如同花要开、鸟要鸣一样自然而然,所以清新、流畅,毫不做作,而能传达出真情实感。这种喷涌而出、不事雕琢的挥写,保持着天籁般的清新、婉逸,但同时又进行必要的整理,更换几个字,以增添它的美妙动人,还是他们所努力的。为此,他们也反对"像写信,像新闻地随手写上分成行子的几行,就美其名曰诗"⑰的做法。他们的下笔成诗,除了感情丰富,还有在于有艺术修养和文字功力。

主张创作自由,不拘泥于某一文学流派,而是博采众长,为我所用,走自己的新路,以创独特的诗风,这是"湖畔诗人"的成功之道,也是他们不保守、不墨守成规、思想比较解放的结果。虽然他们不为旧体诗的格律所羁绊,但也不一概排斥,注意借鉴古典诗词中的有益成分。如应修人认为:"旧体诗里铿锵的美,似乎也有几分采取的价值,总不应以一人底罪就夷及九族了。"⑱批判地继承,正是他的高明处,所以他的一些绘景抒情的小诗,很有词和小令的味道,也不失清丽、隽永的美感。他们都重视从民歌民谣中吸取营养。如汪静之在放情地唱新诗的时候,仍然神往于小时候听家人教俗歌童谣的情景;冯雪峰的爱情诗,如《有水下山来》等篇,深受着家乡道情民歌的影响。当时"写一地的景色,一时的情调"的小诗很流行。周作人翻译了日本的短歌和俳句之后,一时摹拟它的作者不少;冰心的《繁星》《春水》相继出版,也很行时,以抒情和哲理的浑然一体受到人们的欢迎。冯雪峰在《小诗》中曾声称:"我爱小孩子、小狗、小鸟、小树、小草,所以我也爱小诗。"他的《山里的小诗》《花影》等,写得含蓄而耐人寻味;汪静之作的小诗较多,其中不乏佳作;潘漠华亦有精品。应修人的小诗,除了受旧诗词的影响,也喜欢日本的俳句和短歌,认为它那"没有入声的婉曼的节奏,吟起来一定另有一种中国人未曾尝过的风味"[19],为之击节称赏。他们都在自己的创作实践中,从中吸取艺术营养,丰富自己的新诗表现形式,并取得了不同程度的成就。

在《湖畔》《蕙的风》之后,"湖畔"派诗人在继续写自由诗的同时,对新诗的格律也进行了探索。例如应修人曾经提出:"我很有个妄想,想创作有中外所长的、适宜于中国字的诗体,因为我觉得现在新诗,多像译出来的有韵无韵诗,很少一些中国原有的诗或俗谣底风格。"[20]这正是他们从冲破旧格律诗到自觉探索新格律诗的转变,在此过程中创造出一种融合中外诗歌所长的好诗体。虽然还没有完整的理论,但从《湖畔》《蕙的风》出版之后,在切磋诗艺中进行不懈的探索,在自己的创作实践中逐渐有所体现。汪静之在这方面的步子大一些,他在人民文学出版社1957年版的《蕙的风·自序》中说,《蕙的风》多数是自由诗,押韵很随意……《寂寞的国》几乎全是格律体,都是有韵味的。《寂寞的国》收作者1922年下半年到1925年的诗,其中一部分还保持着《蕙的风》的风格,但相当部分失去了《蕙的风》的天真、自然,这与诗人年龄增长、入世渐深、思想感情变化有关。同时,由于追求格律和形美,虽然诗艺有了提高,但诗味反而淡了,不及

《蕙的风》的影响大。这在诗艺探索过程中是可以理解的。

　　"湖畔"诗派从自由体到新格律体的探索,为后来者,特别是为"新月"派的核心人物倡导格律诗提供了有益的经验,为我国新诗的发展作出了他们的贡献!

**注释:**

①汪静之致周作人书简(1922.3.23),未刊

②《读<湖畔>诗集》,刊《文学旬刊》第39期

③《理想主义者时代的回忆》,刊《我与文学》,生活书店1934年7月版

④刊《文学旬刊》第37期(1922.5.11)

⑤应修人致潘漠华书简(1922.6.10),刊《新文学史料》1981年第2期

⑥《现代诗选》序,北新书局1934年版

⑦《读了<蕙的风>以后》,刊《时事新报·学灯》(1922.10.24)

⑧刊《时事新报·学灯》(1922.11.5)

⑨《忆旦如》,刊"湖畔诗社"资料集,中国作协浙江分会《创作通讯》1982年第1期(1982年4月编印)

⑩⑪分别刊《民国日报·觉悟》1921.5.11及4.22

⑫分别刊《民国日报·觉悟》1921.7.3;7.6;7.7

⑬应修人致潘漠华书简(1922.4.20),刊《新文学史料》1981年第2期

⑮应修人致潘漠华书简(1922.9.7)

(⑯—⑳)应修人致周作人书简(1922.7.31),刊《鲁迅研究资料》第8辑,天津人民出版社1981年5月版

**作者简介**

　　董校昌,浙江杭州《西湖》杂志主编。

155

# 论湖畔诗社·潘漠华

贺圣谟

## 一

《湖畔》初版时,扉页上印有两行字:

> 我们歌笑在湖畔
>
> 我们歌哭在湖畔

湖畔时代,这些年轻人中,歌笑得最欢畅的是汪静之,虽然他有时也有一份忧愁和烦恼;歌哭得最清苦的是潘漠华,似乎他从未有过欢容。他们两人同岁、同班,友谊深厚,却是两个个性完全不同的诗人。早在1932年8月,他们的好友冯雪峰就在《秋夜怀若迦》里比较过他们两人:

> 但是《夜歌》(潘漠华《若迦夜歌》)底作者,怎么也不能同《蕙的风》底作者同夜而语的吧。静之是个少经世事的挫折、尚保存着天真的人,他虽白日里,也敢一步一回头地瞟他意中人;而若迦却是饱尝了人情世态的辛苦人。

10多年后,他们"一师"时的老师朱自清,是这样论述和比较他们的诗的:

> 真正专心致志做情诗的,是"湖畔"的四个年轻

人。他们那时候差不多可以说生活在诗里。潘漠华最是凄苦,不胜掩抑之致;汪静之是一味天真的稚气……

诗不同缘于人不同;爱情诗不同更缘于抒情主体对自己经历的爱情情感体验的不同。汪静之"漂流到西湖",就在早年的女友曹珮声引领下,在湖光山色中为心上人唱情歌,期间虽有种种悲欢离合,他的忧伤毕竟是"甜蜜的忧伤"。潘漠华的感情更深沉、更执着,他似乎是从家乡带着无法治愈的心灵创伤来到杭州的,眼前桃红柳绿、红男绿女,使他感到的是更深的孤独。以如此凄楚的调子歌唱无望而又不能摆脱的爱情的,当时舍潘漠华找不出第二人了。

一般地说,研究爱情诗并不以考察出爱情"本事"为前提性条件,但研究潘漠华的爱情诗却是例外。从潘漠华从事新诗创作五年中全部的诗,我发现始终有一个人令他魂牵梦萦——这位"妹妹"为什么使他产生那么多的悲情苦情以致倾吐不尽呢?联系到他的言论中经常出现的自我贬斥(如他写给应修人的信中声称四人中自己"品格居第四"),究竟有什么难言之苦衷呢?带着这一困惑,我请教了汪静之老人。他的一席话使我心头疑云散尽,豁然开朗——

漠华诗里的"妹妹",其实是他的堂姐潘翠菊。他们俩从小感情很好,后来就相爱了。漠华是感情很深沉很执着的人,真正的"性情中人"。他的恋爱自始就是没有结果的"苦恋"。这事我为他保了六七十年的密,现在是到应该说出来的时候了。

猛然间我把汪静之1980年为应修人致潘漠华信(1922—

1923）所作的注解与冯雪峰《秋夜怀若迦》中说到的事情联系起
来了。汪静之的注解中说：

　　漢华为什么说他自己在湖畔诗社四诗友之中品
格居第四呢？因为他所爱的姑娘是封建礼教所不许
可的，他心里一直觉得有愧，所以他自卑自责。1921
年上半年，他曾和我谈过他这个秘密，他说不曾告诉
过任何人，要我守密。湖畔诗社四诗友本是无话不谈
的，但因漢华要我守密，所以我对修人、雪峰也没有谈
起过。

　　漢华的弟弟应人同志对我说，他从哥哥的遗物中
发现他哥哥的恋人很可能是某一女人，但只觉得可
疑，不能确定。我说："就是她。我是唯一知道这秘密
的人。已经过去五十九年了，现在不妨公开了。"应人
说："她还活着，还是不公开好。这秘密连我母亲都不
知道。"

在《秋夜怀若迦》中，冯雪峰说：

　　被盲目的命运所摆弄，爱了一个礼教和世俗都不
许他爱的女郎；他们底爱是筑在夜底空中，他们在日
里虽遇着，是你还你、我还我呀……在这样的悲苦中，
我们所祝福的，便只有在暗黑的秋夜，旷野里会有一
地给你和妹妹一刹那的会合之一事了。纵然秋雨蒙
松，横直你会把你衣袖遮她身子，她底身子不会被雨
打湿，她母亲不会追问……然而有更大心事落在我底
心上。我正这样怀疑怀恐着，当日本有岛武郎和秋子
同缢死在一室的消息传来的时候，你全身的血几乎都

汹涌了；你凭吊有岛武郎，并凭吊你自己。"趁我俩能结合时，毁灭了我俩！"说不定，你反复地想到极致的时候，你会毁灭了你自己！你反反复复地想，母亲的爱，故乡的爱，于你都是需要的，都是不能牺牲的；逃亡是绝做不到了——因为要陷于一手挽着妹妹、一手为母亲牵住的悲剧。只要你想到结合不得、撒开不能，想得不能开交的时候，热情沸腾的你，说不定会毁灭了你自己，虽然你明知道毁灭了也是缺陷……

汪静之决不会用英勇牺牲已大半个世纪的早年知友的"隐私"制造轰动效应；而冯雪峰的那段话则表明他并非不知底细，只是不愿明确点破这"妹妹"是谁罢了。至于远在上海的应修人，他对此事也并非不知道。至今留存的他 1923 年的日记为此事提供了有力的佐证：

1923 年 6 月 16 日："来漠信，说她恋人的事，说雪事，说投考事……"

8 月 31 日："得漠信，说她底妹妹要他把《夜歌》大部分改用秋田名。"

9 月 10 日："夜复雪信，说漠事，说我愿望他和他底妹妹逃亡……"

9 月 22 日："……又漠信，说终要一手扶母亲，一手携妹妹，但将有形式上的妻要来云云。"

10 月 8 日："来漠雪信，附漠《别妹辞》，要我代投《创造日》。"

6 月 16 日日记所记，当时潘漠华主动向应修人谈自己恋人的事的，因为此前应修人致潘漠华信中说到："你太深于情，像你那些事,就以为是什么罪大恶极的,于是你苦了。你写出《隐痛》,人家已代你痛,你早就不痛了。你太规矩。"漠华向修人说"他恋人事",具有不想对好友隐瞒心事、愿作进一步说明的意思。8月31日日记所记,漠华的"妹"要求漠华发表《夜歌》时改用秋田这个笔名,显然是不愿别人知道她与漠华的恋情,以免引起麻烦(漠华把堂姐称作"妹",也应作如此理解。漠华的亲妹早夭,他诗中的"妹",与亲妹无关)。9月10日日记所说应修人"愿望他和他底妹妹逃亡",则涉及漠华和他的堂姐曾经有过的一个想法,即两人相偕逃奔异乡——联系冯雪峰文中"逃亡是绝做不到了"一语,可见"逃亡"的打算是密友间商量过的——而汪静之未必知道。9月22日日记所记,说是潘漠华未能割舍对母亲的爱,准备屈从母亲为他议婚,娶"形式上的妻",但仍想"一手携妹妹"(9月23日致二哥信:"婚事,兄意见,雪兄已为详言。尧性孤寡,复是一个富于忧郁性者,母亲爱我,又以此事相逼,弟何能堪? 当今日,已决定为母为兄牺牲自己矣! 唯日后何以自处处人,实将由忧愁造成我前途,我后半生,笑乐当永离我而去矣!")。10月8日日记则表明潘漠华已对这场刻骨铭心的恋爱不再抱幻想,和"妹"告别了(本年"冬",接受母亲和二哥意旨,回乡与邹秀女结婚)。

作为文字依据,现有的资料中最硬的应推"与漠华同龄的出嫁给沈姓的我们的堂姐潘翠菊"所写的《参加革命,不盼长命》一文。该文称她曾保存潘漠华信13封(其中给她本人的四封),用什么纸什么笔写都记得清清楚楚。"此外,尚有小说《冷泉岩》底稿一篇,用三十二开报纸两面写三张半;未完成的手稿《深山雪》一篇,用十行纸写了二十张,是记述那次回乡赈灾和施火吒重逢的一段回忆;还有一部译稿,是关于某国一个古老的童话的故事,书名记不清楚了,译稿也是用十行纸装订成册的,有七八十张。这些手稿连同漠华自小佩挂的一块银制长命锁和一对包金的银手钏,一起交我保存。在银制长命锁的正面下端,有漠华亲手镌刻上去的八个字'参加革命,不盼长命'。在一对包金的银手钏上,则有漠华亲手镌刻的另外八个字'包办婚姻,信物不信'。自从漠华殉难以后,我把这些珍贵的遗物,一直小心保藏着,寄托着对他的无限的哀思。不幸在文化大革命中全部被抄没丢失……"

这篇文章表明,潘漠华参加革命后还与潘翠菊有来往,还把她当作最信得过的人;把自己的结婚信物交给不是妻子的潘翠菊保存,并亲手刻上"包办婚姻,信物不信"八个字,其用意可想而知;潘翠菊对潘漠华托她保存的手稿的数量、内容甚至行款,五十多年后仍记得如此清楚,这里边含有的深意更是不言自明了。

研究潘漠华的诗而从考索他与这位"妹妹"的关系入手,完全是因为如果不作这番考索,简直无法读懂他的爱情诗;而爱情诗又是他诗作中的主要部分。如果不了解诗人与恋人堂姐弟间为礼法所不容的爱情这一事实,就难以理解潘漠华的爱情诗何以竟有如此"不胜掩抑之致"的凄苦基调。比如,《祈祷》这首诗中分量最重的几句——

"在你门前来回地走着,

今夜是第七夜了,

这回是今夜的第九回了,

他望不得你出来,

他将会走到天明，

明夜也仍将会走到天明，

后夜也仍将会走到天明，

他将会永远的每夜都走到天明，

你痴心可怜的情人！"

　　有人就作过这样的论析："这种如痴如迷的恋爱，是令人十分感动的。'他'为何不能见到心上人，而只有在'她'门前苦苦徘徊，文中并无交代，我们也是很难推测其中缘由的，我们甚至不能理解'他'站在门外为什么却不能进去相见。但那个时代恋爱的苦闷，婚姻的不自由，在这首诗里却是可见一斑的。作为一种情绪，这大概是一代人的吧。"——显然，这位评论者由于不知道"本事"，"不能理解'他'站在门外为什么却不能进去相见"的缘由，论析只能停留在这一水平上。如果选《隐痛》(1921)一诗，可能更说不清楚"罪恶的花"意味着什么了：

我心底深处，

开着一朵罪恶的花，

从来没有给人看见过，

我日日用忏悔的泪洒伊。

月光满了田野，

我四看寂寥无人，

我捧出那朵花，轻轻地

给伊浴在月底凄清的光里。

　　假如把这首诗的抒情主人公看作月下徘徊、自弄清影的文人墨客或者"风亭月榭记绸缪"(黄仲则诗句)的怀恋者，就难免隔靴搔痒了。如果说汪静之"一步一回头地瞟我意中人"表现的是对外在的旧世界秩序的天真的对抗,潘漠华称自己"心底深处开着一朵罪恶的花",则是迫于礼法与习俗的重压,对自身感情的严谴重责。汪静之"过伊家门外"时虽有点"胆寒",但他的感情是得到时代潮流的鼓励的,他相信自由恋爱终将获致胜利;而潘漠华一面无法弃绝刻骨铭心的恋情,一面已看到了这场恋爱成功无望的悲剧性,感到的是无可告诉的孤立无援。我们可以想象,潘漠华1921年上半年把自己心底的秘密告诉同窗好友汪静之时的无限凄苦;虽有"忏悔"之时,却无决绝之心,明知苦恼如入泥沼,将越陷越深,但若超拔有方,自己又未必真愿飞升而去,进退两难,实在是"此恨绵绵无绝期"了。

既已正面认定了潘漠华的恋人是这位"妹妹"(堂姐),本来已无必要再作排他性的否定,但从迄今为止对潘漠华的研究看来,这步工作仍有必要,因为因不明"本事"而对潘漠华的诗误读误解、张冠李戴的还屡有所见。最有代表性的是一位学者在一本有影响的著作中的下列论述:

> 他(潘漠华)的诗,我们虽然不能完全看作是真人真事的再现,但曲调大多悲伤凄苦,写的多是亲人的悲戚,游子的情怀,逝去了的心上人的坟墓,美梦的残破,昔日的希望,幸福的挽歌,此中至少有着诗人亲历亲闻亲感的成分。
>
> 《生命上深刻的一痕》里的伊,大概有着作者恋人的影子。在这里,我们可以感觉到:"我"对伊的爱,摆脱了传统道德的束缚,冲破了庸俗的名誉地位和物质利益的罗网。诗中说:
>
> 我对伊的眷恋呀,

仿佛我对于母亲的眷恋，

仿佛我对于乞丐的眷恋，

仿佛我对于兄弟姐妹的眷恋。

这种爱情，不仅是纯洁的，而且已超过一般性爱的范畴，似乎深广得多。对于不幸沦落的女人，对于一个曾在花前月下流下不少辛酸泪、在狂波苦海里历尽颠簸的女人，"我"大胆地宣布了对伊不渝的爱情，这是在向当时的世俗挑战，向封建礼教挑战！众所周知，提倡新道德、反对旧道德，是"五四"新文化运动的主要内容之一。鲁迅曾撰《我之节烈观》，驳斥封建节烈观念。潘漠华的爱情诗，可以说是用诗进行着同样的战斗。

潘漠华的诗其实没有虚拟的抒情主人公，也没有虚拟的抒情对象（他显然受有早期白话诗人有关诗论的影响，特别信奉"修辞立其诚"的诗学主张）。这位学者由于不明"本事"，误解了冯雪峰所说的潘漠华"爱了一个礼教和世俗都不许他爱的女郎"这句话，把潘漠华偶然相逢却寄予深厚同情的烟花女子同他始终不渝地爱着的"妹妹"混为一谈了（有意思的是，潘漠华去上海时曾想叫应修人陪着去看看上海的妓女，但结果没有看成）。潘漠华这辈新青年都受过当时极为风行的人道主义思想影响，多信"博爱主义"；上文所引的诗虽用了"眷恋"一词，却把她与母亲、乞丐、兄弟姐妹并列，显然他对她的感情属于博爱而不属恋爱性质。那位学者说："'我'大胆地对伊宣布了不渝的爱情，这是在向当时的世俗挑战，向封建礼教挑战！"这话实在无处落实；"'我'对伊的爱，摆脱了传统道德观念的束缚，冲破了庸俗的名誉地位和物质利益的罗网",也不知从何说起。至于进一步将此诗提高到与鲁迅写《我之节烈观》"进行着同样的战斗"的高度,更是凌空蹈虚,溢美过甚,令人生"搔痒不着赞何益"之感。究其原因,除了对作者写诗时的心境、思想不了解外(这是任何诗歌研究者都难以完全避免的),主要还在于对诗的"本事"考索不够。如此说来,只有搞清楚潘漠华恋情的对象,才能得到开启他心灵之门的钥匙,才能进入研究他的诗(尤其是爱情诗)的堂奥——这是我们考索"本事"的根本原因。

## 二

潘漠华诗里第一次出现堂姐——"伊"的形象是 1921 年 5 月 6 日,这首诗被题为《杂诗一》,按创作时间顺序,是现存潘漠华诗中的第二首:

"你为什么去看看哥哥哭着回来呢?"

你如是这样问时,我将向你哭诉以后的话:

"我从哥哥枯黄的脸上,凝滞的行动里,

我理会得他幽藏在心中的苦恼,

使我想起在短凳上做鞋的母亲,

使我想起被人搬弄的姊姊,

使我想起时刻伴着母亲的可怜的小弟,

使我也想起我底死父,

当那时,我底灵魂,

像爬山虎似的一直爬到

那乌柏树下的墓头上。

这样,我想着,我哭着回来了!"

"你现在为什么又微笑了呢?"

你如是又这样问我时,那我又将这样对你说:

"我哭后,我底心要求安慰了,

我开始去追寻伊。

我在迷漠的合着的眼底世界里,

想不起红色鲜明的桃树下坐着时的伊,

想不起草坪上徘徊着的伊,

也想不起在溪边痴坐着时的伊,

我忽然想起在山脚下并肩走着时的伊了,

伊底白布衫,

伊底明澄的眼波,

于是我便笑了!"

在潘漠华的全部诗作中,这首诗不能说很好,但有其特殊的重要性;它预言似地把他以后诗中将要展开的两个主要的"母题"——思念亲人的亲情和思念恋人的恋情——都包容了,而且进一步表达了从恋情(第一"母题")中所获得的安慰能够消解思亲(第二"母题")之苦这么一层意思。对郁郁寡欢的潘漠华来说,这份爱情的意义不仅在于实现自身的价值(他那一代新青年很多人是这样看爱情的),他还把这份情感需要视为治疗心灵上的种种创痛,包括来自他亲情所系的家庭成员的不幸遭遇带给他的心理重负的灵药。如果说汪静之的《谢绝》表现的是心头的爱情能够抵挡外界袭来的风雨的情感体验,潘漠华则试图以对爱情的追求来驱散围困自己的痛苦与寒冷,如同安徒生笔下卖火柴的小女孩一次次地划亮火柴。对爱情的期望是如此之高,沉入于爱情就越深,而当意识到这份感情为礼法和世俗所不容、可能是一种"罪恶"时，他的痛苦也就越大。这种感觉时时在他心头循环往复，于是我们看到了贯穿于他新诗创作全过程的无时或已的灵魂的苦苦挣扎。开初——

> 我走去又走回，走回又走去；
>
> 我想停止不动。
>
> 最后，我举袖抹去了眼泪，
>
> 迎着我爱底明媚的眼泪，
>
> 走进了伊底心深处。

（《杂诗三》,1921 年 5 月）

踏进禁区后，他发现自己成了在"相思路"上被暴雨冲到泥上蠕动不息的"雨后的蚯蚓"：

> 雨后蚯蚓般的蠕动，是我生的调子。
>
> 我底寂寞！寂寞是无边，悲哀是无边。
>
> 愿海潮是我身底背景，火山是我身底葬地。
>
> 雨湿了相思的路？我底爱人！我底爱人！

（《雨后的蚯蚓》,1921 年）

四行似乎不相连属的诗句，以其内在的情感逻辑展现着诗人的生存状态、心理状态、渴望与追求。这种渴望与追求成了他在悲哀中无声挣扎的动力。与这份恋情同时产生的"罪恶感"则时隐时现。当"隐痛"不那么剧烈时，他笔下乃有了轻情中深隐哀伤的两地相思：

> 长留亦无终结，
>
> 长迷离亦无归宿；
>
> 夜露湿透你肩了，
>
> 消熄去心头梦痕。

167

立在月下,月不知,

想念妹呀妹不知!

凭夜空碧纸,用无墨的文字,

画遍妹妹的小名。

(《月夜》,1922年)

如果与汪静之的同题诗比照,同样的月下相思,一凄凉一温馨,潘漠华从恋情中感受到与汪静之何其不同啊。当他急切地跋涉回乡,却不能与日夜思念的"妹妹"相聚时,他只得用笛声吹出自己的祈祷:

笛声,我吹去的笛声,

你飞去,飞过那矮墙,

可落在那人屋顶;

伊现在正在酣睡了,

——左手搁在头边,

蓝衣的前襟,解开掩在枕上,

你轻轻地唤醒伊,唤伊出来,

说夜是如此美丽的夜,

月儿皎皎的照临,是待我们底夜行,

我们去,我们去,

我们去到旧日坐过的草坪,

共流久别重逢的欣慰的泪。

(《祈祷》,1922年)

当她不能应约来会时——

我跑到溪边,

睁大我底眼眶,

尽情落下我底眼泪，

给伊们随水流去；

明天流经伊底门前时，

值伊在那儿浣衣，

伊于是可以看见，

我底泪可以滴上伊底心了。

（《月光》，1922 年）

而短暂的欢会后后会难期的离别，又是如此揪人心肺，伴随着那么多的柔情与酸楚——

你不要尽在溪边站着，

这是将别的最后一刻了！

伸出你的玉手来，

让我仔细辨认

由你手纹传出来的你底心意。

弯过你底头来，

让我嗅嗅你底发香！

细味那发香里透出的你底心味。

侧过你底身来，倒入我底怀中，

让我摸遍你底身体，

解开你底衣襟来，

让我慢慢地

来朗诵你心头颗颗的字。

自久别后的再会，

在今又将长别了！

你可怜痴心的情人，

> 日夜都徘徊在你底心前。
>
> 在将再跨上长途的现今，
>
> 死心必须理会你底心！
>
> 若永不回的了，
>
> 那他将会在月白的夜，
>
> 秋风徐起的日暮时，
>
> 永远，永远独自流着相思的泪！
>
> 我生生死死眷恋的情人呵！
>
> （《将别》，1922年）

　　一对年轻恋人告别，精神性的别情已淹没了生理性的诱惑；唯其情真，故能意切，这恋情可说已升华到超凡脱俗的地步了。可是当独在异乡客地，比较理智地审察自己的恋情时，他又不断地诅咒自己：

> "诅恨我是弱者！鄙弃我是弱者！"
>
> （《逃亡的弱者》，1923年）

　　这个夜的醒者总在孤独地悲歌——

> 往徊在廊下走，
>
> 聆完夜琴底婉婉，
>
> 辗转在夜碧下，
>
> 细数我苦泪底泛泛；
>
> 妹妹！相思得酸楚了，
>
> 我们无将来的悲哀！
>
> （《夜下相思诗》，1923年5月）

　　在灵魂的苦苦挣扎中，他曾想摆脱现状振作起来，获得"再生"：

　　我想起我的心野，

　再撩扰荒草与枯枝，

　寥廓苍茫的天宇下，

　重新燃起几堆野火。

　　我想在将天明的我的生命，

　再吹起我嘹亮的画角，

　重招拢来满天的星，

　重画出满天的云彩。

　　我想停唱我的挽歌，

　想在我的挽歌内，

　完全消失去我自己，

　也完全再生我自己。

《再生》1922 年 11 月

　　但这场恋爱已使他心头滴血有年，想愈合伤痕而《再生》，谈何容易。以潘漠华的深情和执着，他几乎不可能把自己从这场苦恋中超拔出来。以上引述只是他几年间恋爱的心理过程简化了的描述，可以想象，他实际的情感过程要复杂得多。而最集中而淋漓尽致地抒发这一苦情的，是写于 1923 年春夏的组诗《若迦夜歌》，和可以与《夜歌》互为印证、作于同一时期的散文《心里杂记》(一、二、三)及稍后的《苦狱》。

三

　　20 年代前期，新诗绝少出现抒情主人公与抒情主体分离的现象，诗人们都以朴素地抒写自己本真的感情为务。潘漠华的《若迦夜歌》真实而集中地抒发的是他与堂姐("妹妹")的恋情；

171

就抒发个人感情的烈度言,不但在湖畔诗人中应首屈一指,在当时诗坛上也是无出其右的。

《夜歌》收入《春的歌集》出版时,赶上了"五四"新诗"狂热"期的末尾。当时作者读者大多怀着反对旧道德、旧礼教的情感倾向写新诗读新诗——热衷于文学革命的大多也热衷于思想革命和社会革命。冯雪峰的《秋夜怀若迦》附于《春的歌集》卷末,但该文所说潘漠华的"被盲目的命运所摆弄,爱了一个礼教和世俗都不许他爱的女郎"一语,一般读者是从封建礼教扼杀自由恋爱这个角度去理解的。在全面重估"传统"的价值、全面冲击封建的伦理习俗的新潮影响下,新青年追求并同情恋爱自由,是不会进一步想到《夜歌》中表现的爱情还受有婚姻禁规限制的。这种整个读者群的"误读",可能是现代文学史上罕见的现象。当时,礼法习俗完全允许表兄妹(姐弟)"亲上加亲"的"表亲婚"(因为不同姓),而堂兄妹(姐弟)的婚恋则被悬为厉禁(因为同姓)。潘漠华把自己和"妹妹"称作"现代爱恋者的我俩"(《夜歌·三月二十》),显然有怀疑甚至蔑视这一禁规,把它看作宗法家族制度下的旧伦理、旧习俗的意思。青年男女的恋爱主要是情感行为,本来未必完全听命于理智;但当他们认为理智肯定恋爱的合理性时,是无暇或不屑计及这种情感行为是否包含着几许盲目性的。自相慕悦的恋情往往如来势迅猛的狂风暴雨,而"两个还没有从'狂风暴雨'里钻出来的青年,新发展起来的性爱生活原是这番风雨的一部分,当其突然来临时,势必至于产生一种生理上的惊扰和此种惊扰所引起的精神上的失衡"。如果我们能把发生于潘漠华身上的恋爱事件放到当时的历史环境下予以考察,而不是生搬硬套今天的法律禁规

（如现行的《婚姻法》）去论其是非，当是能够略迹原情、不做苛责的。

表现于《夜歌》中的思想感情是充满矛盾的。冯雪峰当年已发现了这点，但不可能展开来细说。分解开来看，这里边有理智与理智的矛盾，有理智与感情的矛盾，还有感情与感情的矛盾。三类矛盾错综纠结，无法化解又无法回避，郁积于心，发之于诗，乃形成了作为作者心境的直接现实的爱情诗的凄苦基调。《夜歌》里表现的理智与理智的矛盾是：有时认为自己和"妹妹"两人是"现代爱恋者"，肯定出于心灵要求的自由恋爱具有反旧礼教习俗的合理性与进步性，应当义无反顾地爱下去，直到生命的尽头；有时又隐隐意识到这场恋爱不仅是世俗意义上说有"乱伦"之嫌，从实践理性上说其结果（婚姻）也违优生原理，并由此产生一种"罪恶"感；两种无法调和的"理"在剧烈碰撞，一方始终不能压倒另一方。理智与感情的矛盾是：既意识到这场恋爱在其现实性上只能以悲剧告终，又无法从刻骨铭心的恋情中挣脱出来，甚至还有越陷越深的趋势；一方面理智带着"忏悔"对感情严谴重责，"我觉得随便什么人都要比我高大些，这是我天天觉得的，但今天才把它写在纸上"，一方面感情又顽强地抗拒着理智的约束，甚至"愿把我俩底生命，就毁灭也毁灭在我俩的恋爱里"（《寻新生命去》）。至于感情与感情的矛盾，在潘漠华是爱情与亲情的矛盾，是逃奔他乡与难舍故土的矛盾——

　　　　藏在深衷的秘密，

　　　　不可怜我世人不知道，

　　　　只亲爱与相依为命的母兄，

都不能知道呀！
只窘困在我自己底心头。
……
泪只在我心头流，
妹妹，愿你能接受我底泪；
生命在歧路旋转，
愿走上生命底歧路：
但我将永远的踟蹰。

离去童年的故土，
寻灿烂的新生命去；
长依在家堂底馥郁里，
葬去我俩底爱情：
但我愿跨走两边呀！

阡陌将有我底终生。
都在我心野纵横的开；
终生都左手牵着母亲，
右手又舍不下妹妹：
我将分裂我底生命。

我们杳杳地逃亡呀，
你我都舍不得家乡去；
故乡底夜的南野，
当天长地久有我们底夜泣：

你我都愿接受全般的爱呀!

(《爱者的哭泣》)

表现在这里的恋爱心态,既来自潘漠华独特个性、独特恋情,又深深烙上了历史氛围、文化背景的印记。潘漠华这代知识分子虽已有了强烈的自由恋爱意识,但最终达成自主婚姻的还不多。潘漠华尽管可以有这么浪漫的幻想:

我廖廓的心野,

扫去败叶,拾去残柸,

妹妹,你慢扬你裙裾,细踏你足尖,

在我心里轻歌曼舞吧。


星星会沉落,云裳会撕破,

但我底心衣,披给你的,

将永远,永远地鲜明而美丽,

你穿了,偕我歌舞在九天。

(《三月二十三日晚》)

但过不几天,幻想消散,剩下的是人间无路的悲哀:

我静思冥想,

我生前,你心是我底坟墓,

你死后,你心也是我底坟墓,

你发呀,就是我底墓草。

(《三月二十七朝》)

……我须粉碎我身,

我已被梦火激烈地燃烧了;

光焰千万丈的当中,

175

妹妹呀,里面沉溺着你底恋人!

……

生存当无干净地,

何处去寻人生底乐国;

万般骚动的人海中,

妹妹,我疯狂撕碎我底身!

(《我又入梦》)

冯雪峰《秋夜怀若迦》中怀着疑惧与惊恐写到潘漠华得知有岛武郎与波多野秋子情死于一室时全身的血都汹涌了,怕他仿效有岛武郎。论性格,潘漠华的刚烈未必不如有岛武郎;他与"妹妹"同有岛武郎与波多野秋子最大不同在于,潘漠华他们追求的还不出"世界上全般的爱"的范围——

妹妹,当我向你说我俩须逃亡时,

你默默无言了,美丽得与夜化合;

一刻后,你说,那是做不到的:

那时我知道,我知道,

家的爱,母亲的爱,正在眷系住你。

妹妹,我当然也想到,也念到,

我自己也许做不到就逃亡,

我们要世界上全般的爱,

母亲的爱,家的爱,乡的家。

(《三月六夜》)

逃离故土去共筑爱巢尚且怕伤了母亲的心,与"妹妹"一起逃向死亡就更无可能。而有岛武郎却能在"极自由极喜欢的迎

这死"之前平静地给母亲和孩子留下遗书:"我知道这回的行为
是异常的行为,也未尝不感到诸位的愤恨与悲哀。但也没有法
子,因为无论怎样奋斗,我终不能逃脱这个运命。我用了衷心
的喜悦去接近这命运,请宥恕我的一切。"潘漠华的痛苦,应当
说是渗透了中国的文化特色与时代特点的。一方面,他对恋爱
受到限制不胜怨怒:

> 妹妹呀,我们底家,
> 是只建筑在黑夜里的呀!
> 因为白日里,你是你,我是我,
> 逢着也两旁走过去了,见了也无语的低头了。

> 妹妹,这问题烧得我好苦:
> 怎样把我俩底家,
> 一样的建筑在白日里,
> 在无论何时何刻呢?

> 妹妹,我们当知道,
> 在他们底面前,是不许我们年少的结合;
> 我们当知道,
> 他们是可破坏的,他们是可破坏的!

(《三月六晚》)

另一方面,又认为理想的恋爱不但不应舍弃亲情,而且应
是亲情与爱情和谐地结合:

> 明天呵,我愿光明的天宇下,
> 故乡的乡南,乔仰着一株

177

苍老的高松——那是我的母亲；

在那高松底荫阴下，开放着

我那羞怯的花蕾——那是我底妹妹。

(《三月八晚途中》)

有位学者论析《三月六晚》，认为此诗"在诉说爱情时，是和反抗顽固势力结合在一起的"。笼统而言，似乎不错，但若进一步知人论世，就觉得这种说法太空泛了，因为简单地把"他们"看作顽固势力，未必把握到潘漠华写《若迦夜歌》时思想感情上的深刻矛盾。其实潘漠华的爱情真正无法逾越的障碍是他自己心里错综纠结的矛盾。我们看到，才唱罢"妹妹，我们底爱，/是有缺陷的完全"(《三月六晨》)，过不几天，又唱"我俩的爱是永远的缺陷，/是消灭的永存呀，妹妹！"(《焚诗稿》)他内心的矛盾无时或已，知道感情上的"完全"消解不了理性上的"缺陷"，所以连多次设计的"逃亡"，也终于不可能实施——

卸去一切羁绊，

斫断心灵上的锁链，

妹妹，风朝也好，雨夜也好，

我们相依逃亡吧，

我们须生存于新的意味里。

……

我们狂舞在火光里，

合唱我们男女相恋的歌，

唱起我俩底情火满天红。

不想只在故乡生存了，

178

愿把我俩消磨在奔波上；

我们停留在山与海里，

尽我们光明的血汗，

去日夜创造我们底宇宙。

（《寻新生命去》）

这位学者认为，《寻新生命去》是"他在暗夜里，在逆境中，有伤感，也愤激，但并未滑向绝望虚无的深谷，而是在酝酿着新的突进……尽管这愿望还很朦胧，甚至还夹有不切实际的成分在内，但却预告了诗人即将前行的消息。"这样的论析显然错解了此诗的本意：把爱情诗当作言志诗，把拟议而未能兑现的"私奔"，"拔高"为人生境界上的"新的突进"了。如果对紧接《寻新生命去》的《恋诗篇一》细加玩味，就会发现"妹妹"的妈已在为她议婚，两人结合的事终于成为泡影（而他自己终于也很快就接受了母兄包办的婚姻），所以才有进出血泪的诗句：

你玫瑰红的面颊上，

塑起我生底坟墓，死底坟墓；

你重重的血吻，血吻里逬出来的珠玉，

筑起我坟墓的圈环！

妹妹，生生死死是你底人呀，

将杳杳默默地逃亡！


守不到终生是枉然；

有灵魂底拥抱，更望有肉体底飞舞！

扑入我怀里来，但你妈，

却死命地牵你衣裾：我知道，

179

宇宙也许长存在，

你我是终古不能并头开。

但我望呀，我知道你也望呀，

天边的白船会载去你和我！

一场苦恋形迹上已告终，可是在潘漠华被尖锐矛盾撕裂的心头，伤痕永难愈合，"你我相思也将无尽"。《夜歌》表现的苦情非常真实，唯其"所指"具体，故"能指"有限，诗的张力不大，这是短处；但苦情纯为具体的对象"妹妹"而发，浸透了血泪，情深自能感人——"或许有人要说艺术差些，但浓厚的情感已能掩蔽之"——应修人对潘漠华初期诗歌的评价如果移用于《夜歌》，可能是更适合一些。

## 四

《夜歌》作为抒情诗是作者心境的直接现实，作为同一时期的《心野杂记》正可以印证《夜歌》提到的情节。《心野杂记》虽曾被茅盾作为小说选入《中国新文学大系·小说一集》，其实是纪实作品。《创造日》上初次发表的第三节，收入《雨点集》时被删去的文字，正好证明《心野杂记》的纪实性质："修（应修人）说，'今天你去，舜（陆友舜，应修人棉业银行的同事）要叫你吹笛。'……到修们底楼上，修向舜说，'华说今天不会吹笛。'但我一面却擎起他们那支笛了！"《应修人日记·1923》7月15日："到旦如（谢旦如）家，见漠华……他告我一切（显然是关于《夜歌》中的'妹妹'的）。邀漠、旦同来行（棉业银行），在小楼坐，要漠吹笛……《心野杂记》所记，与应修人日记所记，是同一件事。《雨点集》本有"埋笛"一节："我便从阴霾的重围中站起身来，走到宿舍后的空地上,用锄掘了地,把我那支笛埋下了。那里没有一支草,也没有一朵野花,平平坦坦,谁都看不出那里是我的爱情的坟墓的。"这是埋葬旧情的诗化虚拟,因为他和妹妹曾多次在"南野"的"上弦月"下吹笛,埋笛就为割断追忆。而《创造日》本则如实地写道:"而她呢,说也要有种实物可代替我而可把握的,所以那笛当夜就给她带去了。"显然,恋情的见证物由一方保存以维系两人难以割断的恋情,更合一对痴儿女爱恋的实情——这与以后潘漠华将手稿、幼时带的长命锁、甚至自己的结婚信物交由潘翠菊保存是完全一致的。

附在《心野杂记》中的诗,表现了潘漠华当时对"他的母姊兄弟和他的妹妹住着的家乡"的矛盾态度;不妨对读一下原本和修改本——原本:

> 今日一程,明日一程,
> 冷去腰边袋里的麦饭,
> 愿收拾今生的苦恼,
> 向故乡去! 向故乡,去!

> 我故乡是虚渺的境地,
> 我故乡是荒草不生的死原!
> 那里是一切有情皆存在,
> 那里是一切有情皆寂灭。

修改本:

> 今日一程,明日一程,
> 冷去腰边袋里的麦饭,
> 愿收拾今生的苦恼,

离南野去，永远离南野了，
我去处是虚渺的境地，
我要到荒草不生的死原！
那里是一切情缘皆存在，
那里是一切情缘皆绝灭。

前者是从异地奔故乡，后者是离故乡逃异地，但不论故乡还是异地，如今都已成了爱情的荒原，寸草不生。故乡有情缘，却不能留；异地无情缘，却不能不去。潘漠华当时未必读过，更不会刻意模仿莱蒙托夫的《帆》，但内心的风暴打得他心转迁不定，觉得非远离故乡不可；出去既非寻求幸福，也非逃避不幸，不知道浪迹在异地会是酸是苦，也说不清楚遗留在故乡的是爱是恨——只知道必须去漂流，明知漂流中又一定会——

但我愿望呵！
火山是我身底葬地，
海潮是我身底背景，
我愿在激烈的生之焰中死了！

（这节为原本所无，修改中又不知不觉间把自己经常反复于心头的"火山""海潮"两句用上了。）

"既不能生而结合，又不能死而结合，却是这般悲泣地分离着。妹！让乌沉兔升地交代，任不起忧伤重载，我们终有撒开一切长征的一日；我们如今只有努力载着忧伤吧。我总算有你，你总算有我了！"

"我一生的致命伤，便是太卑怯。'命运'的圈向我抛来，我便无可奈何地被套着了。我痛恨我自己太缺乏刚毅雄武的气概；既不能极端地追求着'爱'，又不能随时随地毁灭了'爱'；结果是到了今日这般难堪的地位。"

"几次夜下的幽会,只是对泣的悲剧的继续,我决定走了。妹最后的一信说,'我知你不能留了。我们都太定命论了——但命运也不会因分离便给我们幸福吧?'"这回离开上海,妹由B地来一信,叫我去B地再见一面。我接到信的第一刻,便决心不应她的来信了。在我们可悲的生命上,再要加上什么呢? 篇首的诗,便是回妹的信——

> 我不答应你的来信了,
>
> 给我吻过的嘴唇,诅咒我吧!
>
> 我由我自己吻过的嘴唇诅咒而死——
>
> 默着吧,用泪来告辞了!
>
> 缺陷是完整的了,
>
> 你何必在一个尸身上再求一吻?
>
> 寒冰似的我的嘴唇,
>
> 此后,此后只愿受土的亲吻了!

(《离沪日寄妹的诗》)

《心野杂记》中关于爱情的"缺陷""完整"的说法,"徘徊于昏黄的暮色中,唱着落日的挽歌"的情调之所以与《夜歌》完全相同,这是因为一是以叙事的方式、一是以抒情的方式讲述同一件真实的事。"妹妹"家的西窗,幽会的南野,瓜藤上的联袂并坐,照着他们的凄凉的上弦月,都是实景实情。就连看起来更像小说(郁达夫式的"夫子自道",即所谓"自叙传"式小说)的《苦狱》,记述的也是同一件事实,表现的也是同一种情愫。正如"妹妹"要求潘漠华发表《夜歌》时用笔名,以免引起麻烦,出于同一原因,收入《雨点集》中的《苦狱》,与载于《我们的七月》

的初刊本也有较大的修改:删掉的一句关键性的话是"从前那般亲爱的,今已为人妇了",这是他与"妹"的关系的实录。对照《夜歌》,《苦狱》中天上挂着的还是"那弯弯地镰刀般、他们生生世世难忘的上弦月";在爱的"圣地南野"的瓜藤边还是"妹妹持着为他拭泪的手巾";心里还是"想一面附在母亲的膝头,一面牵住你的双手,痛苦就与我生俱在",但"我们逃亡的梦,将永远杳了";还是"不愿生而分离不如趁现今能结合时就结合在毁灭里吧"的血泪之誓。唯一找不到可以互相对照印证的是修改本中删去的一个情节,即两人曾到一个深潭边准备一起殉情,终因想到"我们尸身浮在潭面后,母亲将怎样生存下去呢"而回心转意。现实中究竟是否有过这一情节,这是深藏在潘漠华和"妹妹"两人心中永远的秘密,永远无法揭开了。

作为《夜歌》里抒发的情感的余响,潘漠华还先后写了《逝了》《我的泪灼耀着在》《一段难堪的归程》《归后》等诗,分别发表于《支那二月》和《我们的七月》上。显然,面对不可更改的婚姻现实,他在终结这段恋情了——

> 但让我在仍留恋的时候,
> 再呼一声我妹的小名吧,
> 让我再重温她哀伤的情怀,
> 我然后远了,逝了……

> 但让我在仍能在此地的时候,
> 再归到南野去一次来,
> 做上我伤心的表(标)记,长歌一声,
> "去矣! 你忧伤的情哥,去矣!"

(《逝了》)

没有"妹妹"的故乡,纵使归去也只剩荒草黄叶,满目凄凉
——

> 故乡更近了,泪更流,
> 心欲返呀,脚总难留;
> 荒草黄叶的堆中,
> 我坐着不想走了。

(《我的泪灼耀着在》)

这是"一段难堪的归程",因为越近故乡,就越近"形式上的妻"。这里没有一星半点回家结婚的喜悦,只有希望最终破灭的悲哀——

> 且暂时停止哀吟吧,
> 通过前面的丛林去——
> 让他默默地沉沉地只有脚触败叶的声响,
> 通过那黄松老枫下。
>
> 到家路也不远了,
> 振掉你底衣衫吧,让旅路的风尘抛去,
> 让你底哀思死在心里——
> 离家路也不远了!
>
> 潺潺的涧水呀,涧水呀!
> 你和泪溅上我衣衫吧。
> 漫天的寒云呵,让我消失我自己,
> 你慢慢地覆上我心头来!

(《一段难堪的归程》)

抗争不过"运命",临结婚还眷念着"南野的雾縠",结婚后还旧情难忘,甚至结想成梦:

> 昨夜我梦见了你,妹——
>
> 在一条萧条的巷头里,我逢见你。
>
> 我醒了,我知道是梦了,
>
> 但我还听着你说:"我与春俱回了!"
>
>
> 仿佛有人拍着我旅舍的纸窗,
>
> 有芬芳的野气袭入房里来;
>
> 但我开门看看,妹!——
>
> 一颗流星,射伤了我的心!

(《志梦》)

心中的伤痕难以抚平,最后留下的是"遗坟":

> 青春已永远飞过去,
>
> 恋情也成了故事了;
>
> 只忧伤长新,随每回的新月,
>
> 捣击我,摧琢我……

(《遗坟》)

我们无法确切知道他心头的伤痕究竟到何时,但从他1925年翻译俄国阿尔志跋绥夫的长篇小说《沙宁》这件事中,仍能窥测到他心底里的一些奥秘。

据与潘漠华在北京同住集贤公寓的周颂棣回忆:"应修人和他共同编辑的《支那二月》的出版,是在一九二五年二、三月间……开始翻译俄国阿尔志跋绥夫的长篇小说《沙宁》,时间更要晚一些。"而据当时与他过往甚密的江天蔚回忆,潘漠华翻译

《沙宁》,是怀有一种目的的:

> "有一次,我到北大东斋宿舍去看他……当我走进他的房间时,他一个人静静地伏在案头上,全神贯注地在那里翻译俄国阿尔志跋绥夫的小说《沙宁》……至于漠华翻译《沙宁》的动机,只记得有一次,他曾经偶然这样说过:'我翻译《沙宁》一书,不过想把俄国阿尔志跋绥夫所代表的19世纪那种个性解放的思潮,介绍到中国来,想借此冲击封建社会极其顽固的伦理思想。'"

有意思的是,潘漠华还为翻译《沙宁》同到北京不久的好友冯雪峰有过一场争论:

> 雪峰看见漠华书桌上摆着《沙宁》的英文本和一些稿纸,他笑着问道:"还在翻译《沙宁》么?"
>
> "还在翻译!"
>
> 雪峰听了漠华的回答,不再马上说话,好像在过细地思考什么一样,过一会再说:
>
> "翻译《沙宁》到底有什么意思?"
>
> "我倒不是沙宁的崇拜者,但是个性解放者的沙宁,却正是冲击中国封建社会极端顽固的伦理的好榜样。"
>
> "沙宁是虚无主义者!"
>
> "我们的封建伦理必须打倒!"
>
> 漠华有点愤然了! 雪峰不再说什么……

从这场争论中,我们可以清楚地看到潘漠华翻译《沙宁》是有所为而为之的。

187

一部外国文学作品本身蕴含的思想感情自然并不就是译者的思想感情，但严肃的译者的自主选择，总是他的一种自觉的合目的性的行为。潘漠华翻译《沙宁》，意在"提倡个性解放"，"借此冲击中国封建社会极其顽固的伦理思想"，当时他对《沙宁》的"为个人主义辩护"的性质，不一定有足够的认识。20年代是我国思想既活跃又混乱的时期，各种思想、学说的引进与介绍往往带有"各取所需"的味道。在潘漠华，愤慨于世俗的压力和自身的不幸遭遇，对沙宁这位小说主人公的我行我素、卑视世俗、不拘不羁又玩世不恭的生活态度是有某种认同感的，这从他许多诗中都能感到。他未必会造成沙宁的"在一切事之前，一个人应当满足他底自然的欲望。欲望就是一切"的人生观；但对沙宁的"人们应当大胆而不拘束地快乐一切恋爱所能给他们的"恋爱观，却可能因自己"爱不能婚，婚非所爱"的状况，出于心理补偿的需要而产生某种程度的共鸣。综观《沙宁》全书的主要情节，最惊世骇俗的莫过于沙宁与亲妹丽苔的兄妹恋。那么，潘漠华"想借此冲击"的"中国封建社会极其顽固的伦理思想"，是不是包含着不让他与"妹妹"结合的伦理禁规呢（当时有人把《沙宁》作为文学名著介绍，是把沙宁和丽苔的恋情作为重点的："于是他便想也与妹妹相爱，他爱悦她的美丽。但她始终是个世俗的人，没有沙宁那样的勇气去把她自己在习惯道德的束缚下解放。"这一介绍与半个世纪后的评伦大相径庭："长篇小说《萨宁》宣扬非道德论，鼓吹纵欲，否定任何社会任（义）务和社会理想"），"长篇小说《萨宁》塑造了一个道德败坏、玩世不恭、淫荡好色的主人公的形象"。前后两说相隔五十余年，虽观点迥异，但都着眼于沙宁的性道德，此事值得思索:潘漠华当年是不是也以同一视角看《沙宁》这部小说呢?

且看潘漠华译本中丽苔的一段心理活动:

> 时常当她底痛苦不能忍受的时候,她惊异地想起她的哥哥。她知道对于他是没有事是神圣的;他是用一位男性的眼光看她,他底妹妹,他是自私而不道德的;他是唯一的男人,在他面前,她觉得她自己绝对舒齐,和他她可以坦白讨论着她底生命中最深奥的秘密……

> 丽苔明白地知道她将永没有和她底哥哥所有同样的自由的。她时常这样想的缘故,是由于这位镇定、强壮的她所爱美的男人底影响。奇怪的思想来到她底心上,一种犯罪的思想。

> "假使他不是我底哥哥,只是一个生客呵……"她自己想,她一面迅速地制住这可羞而又迷人的提示。

小说中沙宁与丽苔的兄妹恋情同生活中潘漠华与"妹妹"的恋情本来并无联系,但潘漠华当年既如此投入地翻译这部作品(这是潘漠华第一部译作),是不是有种深隐着的初衷——"先得我心"的"证同效应"作推动力呢?

就在起意翻译《沙宁》的时候(1925年4月),潘漠华向哥哥潘详、弟弟潘讷(他们始终不知道他与"妹妹"的恋情)这样吐露过心曲:"在我心境,一切道德公谊的樊篱都打破了,近来渐渐成了病的状态……我近来觉得这生活的可怕,极力想从此种境地里跳出来。"心病还需心药医,心药就是"证同"的宣泄——翻译《沙宁》是不是可以"借他人酒杯,浇自己块垒"呢?沙宁的"非圣无法"与潘漠华"一切道德公谊的樊篱都打破了"的心境如此相似,尽情宣泄后,能不能平复心头的隐痛,使自己"从此种境地里跳出来"呢?

我以为——虽然有些大胆——以上的设问都是应予肯定的回答的,因为非如此理解,不足以解释潘漠华明确地表示过的"想借此冲击中国封建社会极其顽固的伦理思想"的翻译动机。论爱情诗及相关问题,难免"涉性";研究无非是求真,稍稍大胆,也不至厚诬先烈。上边引述过的那封信中,还有一句话颇可注意:"我少年时代,因了性的缘故,未免有很大的罪恶;这些影响,直到如今还有很大的力量。"对这句坦率的自白的实质性内涵,固不宜瞎猜妄议,但认为同他怀着痛楚矛盾的心情写下的爱情诗和为摆脱心灵的困境"全神贯注"地翻译的《沙宁》不无关涉,恐怕不是过甚其词吧。

## 五

"人为痛苦但也为反抗痛苦而生"——人们简直很难想象这话出自一个淳厚笃实、完全不会虚夸矫饰的"五四"时期的青年之口。潘漠华的诗以其悲情独树一帜,就由于这些诗具现了他这一人生信条,而其悲情的来源,除了那场我们今天很难评论的爱情悲剧外,是同他易感的心从小感受了太多的生活压迫紧紧联系着的;这种压迫感主要来自对家庭、亲人遭受的苦难的体察和无力改变亲人们不幸遭遇的负疚。

潘漠华的家庭,可以说是中国社会近现代转型中由小康陷入困顿的典型。他祖上曾是闻名乡里的儒医,家业兴旺时开有南货店、染坊、酒坊、药铺。父亲是廪生(清代经岁科两试一等前列,享受"廪膳银"的秀才),但21世纪初科举制度的废除,截断了他的科举仕进之途。父亲不善理财,难于守成,潘漠华出生后家道已渐中落,经常需要举债,家庭的社会地位急剧下降。他小学毕业不得不进县立师范讲习所,15岁即当小学教师,开始养家糊口;18岁考进浙江省第一师范学校前,他已很懂得仕途之艰辛了。进"一师"不到半年,父亲病死,家庭又迭遭变故,生活无情地在他心头抽出条条鞭痕。湖畔诗人中处境和他最接近也最能理解他的冯雪峰这样描述他的心上的伤痕:

我想到那个只因和情妇说了几句话,便被恶徒们绑捆到戏台上去示众,受莫大的耻辱的是你底哥哥。他受了这莫大的耻辱,愤怒之余,力加奋励,出外求学;却在途中又被横盗所劫,因此他不久便死了。这样收拾了一生的是你底哥哥。想到被无情的男子欺负了,因而被夫家拒斥,因而归娘家,受尽了种种侮辱遗弃轻视的是你底姐姐。子女们底受耻辱,债主们底无情,因而你父亲便营颓废的生活了,便又死了。你母亲真极无聊赖,终日缝补你们底衣裤,一边怀着亡夫,一边念着远子,将眼泪打湿了自己的衣袖。我想起这些些,同情的泪打湿了这张稿子;可见你孤僻的性情和虚无的色彩,是养之有素、来之有源的吧。

这样的生活着,怎么不苦坏了你呢!种种矛盾的思想,常常反复在你心中,也是当然的事情了。想起人间种种的不幸,想起生平种种的被压,立即泛涌上革命的血潮,同时也就燃起你"再生"之火;然而一想到种种的梦想都会消灭、世上什么事情都会使你失望的时候,心头立即冰了!眼泪立即浇熄了你"再生"之

191

火了！自己读了这样写成的自己的诗，又恐怖着，"雪峰，我现在很怕，恐怕我要成了感伤主义者"……这样的若迎写成的诗，悲字和泪字之多，也当然的；然而说不定会有人看不懂，有人会说你"无病呻吟"，这可不必管它……

物质、精神的双重担子，压在这个尚未成年的善感的诗人肩头，难怪他发出了这样沉痛的呼号：

脚下的小草呵，

你请恕我吧！

你被我践踏只一时，

我被人践踏是永久呵！

（《小诗六首·一》）

这是从切身经历中感受到人间不平却还没有能力从社会革命论的高度认识这不平、体验到受压的痛苦还没有找到正确的道路去解除这痛苦的彷徨者的心灵的呐喊。可以说，在整个湖畔时期，潘漠华的思想感情始终处于没有什么进展的彷徨苦闷之中：始终沉浮于爱情亲情这两个生活的漩涡间，虽苦苦挣扎，仍不断呛水，仅得免于灭顶。湖畔诗人差不多都以宣泄为治疗心灵创伤的良药（如应修人就劝慰过潘漠华："你写出《隐痛》，人家已代你痛，你早就不痛了"），用潘漠华的说法，"撒却悲哀"（作于1922年3月8日的《撒却》一诗曾寄朱自清看过，13年后被朱自清选入《中国新文学大系·诗集》）。但悲哀并不能真正被"撒却"，它稍去即来，成了他的诗的主旋律。不论悼念父亲（如《春歌》《呵》《晚上》等），思念母亲和姊姊（如《请你不要搅扰我》《月白的夜》《呈母亲前》《念姊姊》等），他的诗都笼罩在悲凉凄楚的雾中。最有代表性的如《离家》：

> 我底衫袖破了，
>
> 我母亲坐着替我补缀。
>
> 伊针针引着纱线，
>
> 却将伊底悲苦也缝了进去。
>
> 我底头发太散乱了，
>
> 姊姊说这样出外去不大好看，
>
> 也要惹人家的讨厌；
>
> 伊拿了头梳来替我梳理，
>
> 后来却也将伊底悲苦梳了进去。
>
> 我们离家上了旅路，
>
> 走到夕阳傍山红的时候，
>
> 哥哥说我走得太迟迟了，
>
> 将要走不尽预定的行程；
>
> 他伸手牵着我走。
>
> 但他底悲苦，
>
> 又从他微微颤跳的手掌心传给我了。
>
> 现在，就是碧草红云的现在呵！
>
> 离家已有六百多里路。
>
> 母亲底悲苦，从衣缝里出来；
>
> 姊姊底悲苦，从头发里出来；
>
> 哥哥底悲苦，从手掌心里出来；
>
> 他们结成一个缜密的悲苦的网，
>
> 将我整个网着在那儿了！

　　一个贫家儿出远门就学，母亲为他补缀破衣，姊姊为他梳

理乱发,哥哥携手相送,患难中的亲情又凄凉又温馨;到了六百
里外的异乡(杭州),一想到自己把债台高筑的家和在苦难中挣
扎的亲人抛撇在故乡,不禁悲从中来,整个人仿佛被悲苦的网
网住了。诗里的抒情主人公不是刻意"塑造"出来的,他只是敏
感地咀嚼着辛酸的往事,自然地流露心曲的诗人自己(有人以
为本诗最后两句"他们结成一个缜密的悲苦的网,将我整个网
着在那儿了"表现的是"20年代初青年们共有的一种苦闷"。这
种发挥离开了潘漠华具体心境,实嫌笼统)。感受的现实生活
是如此凄惨,他无法装出一副笑脸去面对生活,于是我们看到
他的思念亲人的诗几乎都透出一种愤世嫉俗的悲凉。即使回
忆起全家团聚的场面,眼眶里也含着泪:

> 破落的茅舍里,
> 母亲坐在柴堆上缝衣——
> 哥哥摔荡摔荡的手,
> 弟弟沿着桌圈儿跑的脚,
> 父亲看顾着的微笑:
> 都缕缕抽出快乐的丝来了,
> 穿在母亲缝衣的针上。
> ……
> 一切,一切在迷漠的记忆里
> 葬着的悲哀的影,
> 都在他深沉而悲凉的心坎里,
> 滚成明莹的圆珠,
> 穿在那缝衣妇人底线上。

(《游子》)

这种无时或已的悲情,即使在湖畔诗友们首次相聚应该欢乐的日子里也未尝稍减。我们不妨对照一下四位诗人湖畔结社那几天内的诗作。

——应修人陶醉于友情、湖光山色和诗友们的作品,接连写了《第一夜》《心爱的》《悔煞》《豆花》《江山波涛》《歌》等数首,他丢掉了平时的老成持重,又歌又笑:

逛心爱的湖山,定要带着心爱的诗集的。

柳丝娇舞时我想读静之的诗了;

晴风乱飚时我想读雪峰的诗了;

花片纷飞时我想读漠华的诗了。


漠华的使我苦笑;

雪峰的使我心笑;

静之的使我微笑。


我不忍不读静之的诗;

我不能不读雪峰的诗;

我不敢不读漠华的诗。

有心爱的诗集,终要读在心爱的湖山的。

(《心爱的》,1921 年 4 月 1 日)

怪道湖边花都飞尽了,

怪道寻不见柳浪的莺了,

——哦! 春锁在这嫩绿的窗里了?


是没弦儿的琴?

是哪里泉鸣的韵?

——咦! 我竟只能微笑,屏息地微笑了?


这么天真的人生!

这么放情的颂美这青春!

——哟! 甘霖地沾润了沉寂的我了!


花羞红了脸儿了。

黄莺儿也羞不成腔儿了。

——呵! 伊们,管领不住春的,飞了,飞了!

(《歌》,1922 年 4 月 4 日)

——汪静之经历了一场"爱的复活",正和符竹因互赠相思草,沉浸在恋爱的甜蜜中(《互赠》,1922 年 4 月 2 日),看见路上一个小孩,也产生"路情":

可爱的小孩儿;

采了几些花草,

手里捏一枝,

头上戴一朵。

小圆脸儿烂漫地微笑着,

和花儿一样地微笑着。

围着我溶化了我的柔和的微笑呵!

(《路情》,1922 年 4 月 2 日)

——天真无邪的冯雪峰更无拘无束地唱道:

栖霞岭上底大树,

虽然没有红的白的花儿飞,

196

却也萧萧地脱了几张叶儿破破寂寞。

　　　　　　　　　　　　　　（《栖霞岭》,1922年4月1日）

清明日,

　我沉沉地到街上去跑;

　插在门上的柳枝下,

　仿佛地看见簪豆花的小妹妹底影子。

　　　　　　　　　　　　　　（《清明日》,1922,清明日）

　　与三位诗友明丽欢快成为对照的是,潘漠华时刻不能忘情于自家身世,无事不能引起悲哀。在伴应修人等三位诗友游紫云洞时,他关注的是辛苦劳力的轿夫:

　倦乏了的轿夫,

　呆呆地坐在我底身边,

　俯首凝视着石凳子上纷披的乱草与零落的黄叶。

　……

　他只从纷披的乱草里,

　看出他妻底憔悴的面庞;

　他只在零落的黄叶里,

　看出他女儿底乌黑的眼睛。

　　　　　　　　　　　　　　（《轿夫》,1922年4月1日）

桃红柳绿的西湖美景,引发的还是他悲怆的身世之感:

　我再三想起,

　在红花缤纷的桃树下想起,

　在绿草纷披的沙堤岸想起:

　今天湖畔归来,

　经过楚妃巷口,

197

多年的粉垩剥蚀的墙脚，

立着一个和我爸爸相似的乞者，

向我伸出两手来。

(《乞者》,1922年4月3日)

看到路边的乞丐,就联想起死去已一年多的父亲,真是伤心人别有怀抱。在与应修人别后4天寄给应修人的明信片上,他描绘了一个超乎现实、心向神往的宇宙:

那时,那时我是住在别一个宇宙里,

那儿有听不着的呢喃的鸟语,幽妙的歌声,

那儿有嗅不到的醉人的奇香,

那儿是汪洋浩渺的大海,

那儿是四面看不见边涯的森林,

那儿是草长花飞的山野。

……

那时我是住在别一个宇宙里,

我忘记了日夜令我暗泣的人间。

(《别一个宇宙里》,1922年4月10日)

向往"别一个宇宙",是由于现实世界给他的只有悲愤和哀伤。摩肩而过的"破衣褴服的兄弟们",使他想起同他自己的父母兄姐一样辗转于辛苦中的下层人民,而"披着轻纱的袅娜女子"又时时触动他心头恋爱悲剧的创伤。这两个意念是他在现实世界中主观感受最深刻、情感体验最强烈的,它们正是他的诗的两个主要"母题"(恋情与亲情)的合逻辑的延伸。想逃离荆天棘地的现实而逃离不了的悲哀,渗透在诗的字里行间;想摆脱这一切,于是求之于梦寐,但画过梦后,留下的仍只是

198

凄楚:

但五更的梆声飘过冷巷时,

美梦从耳后飘去,

我觉醒了,

摸摸枕边是泪湿。

静听寂寥的大地上,

仍是有如寒天的雪野,

只有松林底悲语,溪水的哀吟,

杜鹃呜呜啼了。

(《夜梦》,1922 年 4 月 11 日)

当两个"母题"同时出现于一首诗中时,他的心只能用"夜"来作比了:

我底心像个黑夜:

满天星在流陨,

一林柯叶微语,

秋神也曼吟而迟步。

我底心像个黑夜:

爱人枕腕在梦,

母亲卷起自己底袖,揩自己的泪;

还有一座白坟,

坟前溪水正在低流,

那就是我父亲底白坟。

(《夜》)

"人为痛苦和反抗痛苦而生"——"痛苦"是他生存状态的确切描述,"反抗痛苦"则是他的基本心态。但他又一时未能找

199

到正确的反抗道路,于是,"人间孤往的雁"就成了他自己的象征:

　　长年的流离,

终古的彷徨,

是人间孤往的雁!


　　眼角噙着苦泪,

胸头溜着哀情,

舍不去也流不尽,

只任渠心儿悲鸣!

(《长年的流离》,1922年12月1日)

　　可以说,在整个湖畔时期,即他找到全新的人生观与社会理想、成为共产党员之前,潘漠华始终是这么一个人,诗始终是这样的诗。把两个母题复合起来,他以这样的诗表现着这么一个人:一个被"五四"大潮惊醒却陷入无法消除的情感矛盾中的执拗而无望的爱恋者,一个反抗着现实苦难、内疚地眷恋亲情又无所归依的心灵流浪者。这个写着"沉着、幽咽"的诗的"沉默而幽怨"的诗人,在"五四"时代年轻的觉醒者中似乎是个畸零人,他没有汪静之式的代表那一代人朝气的"活泼乐生"气象,却以反对旧的伦理道德、反对人间的苦难不平的倔强的孤独者的精神形象引起人们的同情和共鸣。他的诗主要抒发一身一家的苦难困厄,但以其愤慨激切破坏着旧世界的乐观主义;因此,外表的感伤虚无之下,有着一种寻找新的精神家园的潜在倾向——这些都在他以后走上革命道路时转化成了置个人安危于度外的积极因素。

　　"愤怒出诗人",悲哀也出诗人。以气质言,潘漠华是典型的诗人,但就诗论诗,他的诗情调未免过于低沉,色调未免过于单一,这又不能不说是个缺陷。早在1922年6月,即湖畔结社后的两个月,应修人就看到这一点,并委婉地提出了批评:

> "你那具有热爱、深情的衷怀,我是深致爱慕而敬仰的;你对于自家一家底回环悲切,我微微有些嫌你太过分了些,虽是我未尝经过你样的奇痛和后悔。我应该要希求你卷起些——最好能遣散些——你一己的悲怀,或去领略些人生底乐趣,或去分尝些人家底哀怨……如今,我觉得应该要这样希求于你了。你往前的作品为你底热爱深情的芬馥所笼掩,还不致十分显明地露出你情思底单调来,恐防同情思的作品再多些,你那可珍的芬馥是要稀淡的呵,为着遍罩再多的作品上!我望你能扩大——也就是扩散——你底悲思。呵,你是多情的,我实在也不敢一定望你采纳这浅情的我底建议呵!"

这段批评固然与应修人本人当时的审美趣味有关,但不能不说是中肯之谈。作为诗人,潘漠华已定格于湖畔时期。他的诗,一方面由于真诚而无矫饰,成了后世"了解当时这样的青年的思想感情状况的资料",非常珍贵;另一方面,由于他未能跳出个人的感情世界,扩大视野去感受更广阔的生活和更多样的思想感情,而限制了他的成就。这些色调、情调都较单一的诗,零星地点缀在"五四"后的诗坛上,当人们一首一首地去读时,确能给人以别具一格的新鲜感,因为"歌笑"中间杂着"歌哭",能调节读者情绪;而把它们集中到一起读,面对这许多"泪"和"悲"字,就会产生一种雷同重复的单调感。湖畔时期之后,他几乎没有再写诗,看不到他的诗有应修人入党后那样的诗风转变,我们不免为此深感遗憾。

# 六

潘漠华的诗不以艺术技巧著称,而以感情充沛见长。难得的是,他创作新诗时新诗才短短几年的历史,而他却以别人绝难重复的声音宣告了自己不容忽视的存在:他的悲情震撼着读者的心。湖畔时代可供艺术借鉴的作品(包括新诗和翻译过来的外国诗)还非常少。在艺术营养极端不足的情况下,他只能以生活(特别是生活中的悲苦)来营养自己的诗,这就是捕捉生活中饱含着苦情、自己的感情体验又最深的琐事来实情实写。我们不妨以他写母爱为例。

"慈母手中线,游子身上衣。临行密密缝,意恐迟迟归。谁言寸草心,报得三春晖。"这首唐诗人们都很熟悉,几乎成了歌颂母爱的绝唱。孟郊当年以"临行密密缝,意恐迟迟归"写出母子骨肉相依之情,这里母亲的细针密缝,感情深笃,但似并不以表现悲喜为务,而到潘漠华笔下,一针一线都充满表情性:难得的拟想中欢乐场面,"都缕缕抽出欢乐的丝来,/穿在母亲缝衣底针上";回归到现实的凄苦愁惨时,"滚成明莹的圆珠(泪),/穿在那缝衣妇人底线上"(《游子》)。写诗时潘漠华可能没有考虑过艺术技巧,但"破落的茅舍里,/母亲坐在柴堆上缝衣"这一形象对他是太熟悉和亲切了,饱含着情感体验,所以信手拈来就有诗味。快乐既可以抽出丝来,自然可以作丝线穿在针上;泪既可以滚成圆珠,自然可以用线穿上。我们不会感觉到他在有意运用"关合"的技巧,悲苦自从针线中透出。至于离家时,

"我底衫袖破了,/我母亲坐着替我补缀。/伊针针引着纱线,/却将伊底悲苦也缝了进去,"到客地思乡时,竟有"母亲底悲苦从衣缝里出来"(《离家》),细加咀嚼,就能感悟到这种情感体验是他艰辛困苦的生活赋予的。不同的生活环境,使不同的生命个体感受着情味不同的母爱。如果拿《离家》《游子》与擅长表现母爱的冰心对照,我们会感到这两个同时代人简直生活在完全不同的情感世界里。且看冰心:

　　小小的花,

　　也想抬起头来,

　　感谢春光的厚爱——

　　然而深厚的恩慈,

　　反使她终于沉默。

　　母亲呵!

　　你是那春光么?

(《繁星·一〇二》)

　　这诗的情感是真实的,从中透出的是和乐甜美(丝毫没有菲薄冰心的意思,但不能不说这是"谁言寸草心,报得三春晖"两句的稀释了的现代白话版:寸草转换成小花;"沉默"对应着"谁言")。潘漠华未尝没有类似的感受,但他不会以这种方式去表现感受。比如:同在母亲跟前,冰心是——

　　母亲呵,

　　我的头发,

　　披在你的膝上,

　　这就是你付与我的万缕柔丝。

(《繁星·八〇》)

203

而潘漠华却这样"归家"去见母亲——

　　我想戴着假面具，

　　匆匆地跑到母亲面前；

　　我不妨流我底泪在里面，

　　伊可以看见而暂时地大笑了。

（《归家》）

　　同是对母亲的安慰，一是依依膝下，柔情万种，一是设想奇特，苦情难言。冰心似乎是长不大的女儿，总认为母亲与她构成了一个自足的世界；而潘漠华饱经忧患，对现实的不满使他想逃回无忧无虑的婴孩时代。试对读——

　　母亲呵！

　　撇开你的忧愁，

　　容我沉酣在你的怀里，

　　只有你是我灵魂的安顿。

（冰心《繁星·三二》）

　　请你不要搅扰我，拍我底肩，

　　当我默坐闭眼沉思的时候。

　　在那时，我是睡在母亲底怀中，

　　嫩白的小手抚弄着温柔的乳头。

　　在那时，我是无忧，我是无恐惧，

　　我只轻妙地感着深远的喜悦。

（潘漠华《请你不要搅扰我》）

　　潘漠华这首是他为数很少的色调明朗的诗，却仍深蕴着想逃离这世界的悲哀；而冰心这首虽然出现"忧愁"字样，却无论如何引不起读者的悲情愁思（研究者们往往喜欢在诗句中找出

204

潘漠华的"天真",其实正如应修人所说,他早显得"沉默""幽怨"又"老成"了)。实情实写的潘漠华由其对生活的独特体验从写母爱中表现着自己,他与冰心的区别不仅在"女性的"与"男性的"、喜乐的与悲苦的,他的情感有更大的深度、烈度,因而他实情实写的上乘之作,往往表现出强烈的震撼力和鲜明的抒情个性,令人久久难忘。也喜欢实情实写的叶圣陶称赞潘漠华的诗"很结实",应修人在上海的朋友们"也有十分之九强说漠华的最好",我以为都是从这点上着眼的。实情实写看似无关乎艺术技巧,其实可以是更高层次的技巧,因为它之所以能动人,背后总是有着对生活的新的审美侧面的发现,新的情感内容的把握。

如果说实情实写还是早期新诗人们共有的特点(只是潘漠华写得更真切些),那么他诗中大量运用的移情手法,则在"五四"后的新诗中就显得颇为独特了。他笔下出现的一系列客观性形象,几乎都是同诗人自身"情感同构"的:那"穿件褴褛的布袍阖着眼","任淡茫茫的路灯底灯光,曳出他瘦长而颓丧的影子"的"立在街头吹箫的浪子"(《立在街头吹箫的浪子》),那"眼光里流漾着阴沉的郁积","微歌低迷的凄婉的野语山讴"的邂逅于江上的同路客(《虚无》),那"唱出落日的情调"但"伤心事不敢从头说"的卖艺女人(《卖艺的女人》),甚至上文已有论及、引发诗人"同是天涯沦落人,相逢何必曾相识"之慨的烟花女子——当诗人感知这些陌路相逢者的悲情愁绪时,就设身处地的把自己想象成对方,并从体认对方感情中进一步咀嚼自身的悲情愁绪,于是有了情感上的人我合一。这种移情好像是纯粹的"艺术技巧",其实更须对现实生活深厚的情感体验——同是湖畔诗人、生活较优裕的汪静之就缺乏这种体验。潘漠华看到乞丐时联想到自己的父亲，而汪静之则会不恰当地去美化乞丐的生活（《向乞丐哀求》）；一个能感同身受地体验对方生活的艰辛，一个连同情也同情不到点子上。生活——情感体验是诗人的"铁门限"，跨不过就是跨不过的（可惜后来的新诗人太"自觉地"运用了这"艺术技巧"，直至主体无情可移时也作"移情"状，于是假诗滥调混杂甚至淹没实情实写的真诗，虚浮藻饰之作反被认为高于《湖畔》一类的真朴之作了）。

与此稍有不同的是，在有些人物身上，我们看到有更多的作者主体情感的投射，甚至可看作是外化了的主体。像"肩上挂着麻袋，扬长走过街道""数着寂寞的夜梆"的漂泊者（《漂泊者》），在迷离的暮霭里横笛而吹、在夜半泷中唱着爱的悲歌的歌者（《七里泷的歌者》），他们几乎都成了对象化了的主体精神的寄殖者。当读到——

　　也许他拂动衣角时，

　　会觉得母亲底心跟了他来；

　　也许他落泪时，

　　会记起曾替他揩过泪的女人。

我们恍如看到从他许多作品中已经熟悉了的母亲和"妹妹"，重逢沉浮于爱情和亲情这两个生活漩涡间，不断地演绎着这两个"母题"的诗人，分不清这情感究竟是诗人自己的还是那位歌者的了。移情手法在后来的新诗中得到相当广泛的应用，从新诗艺术技巧的发展历程看，潘漠华不愧是出色地采用这一手法的先行者之一。

湖畔诗人中，汪静之和潘漠华都擅长情感外化，不同的是汪静之在《蕙的风》时代总是把情感外化为乐境,而潘漠华则极少例外地把情感外化为苦境。同样看到红叶,汪静之会幻想——

> 琴声恋着红叶,
>
> 亲了个永久甜蜜的嘴。
>
> 他俩心心相许,
>
> 情愿做终身伴侣。

(《蕙的风·恋爱的甜蜜》)

而在潘漠华笔下——

> 我愿望我底心,
>
> 是睡在深山的红叶,
>
> 听听风雨咿唔过枝头,
>
> 看看女郎采樵泪乱流。

(《小诗两首·一》)

同样的雪景,在汪静之眼里是——

> "光明之海呀!
>
> 波着银的地球呀!
>
> 开着笑靥花的世界呀!
>
> 哦哦!雪神呀!
>
> 你要把一切万有化成光明的银波的笑靥花么?"

(《蕙的风·雪》)

而潘漠华面对大雪则触景生情,愁绪万端——

> "雪玉落满我底衣裳,恋人!
>
> 我现在感到无路的悲哀。
>
> 你本是我生命上,在白蒙蒙的雪天里,

207

一座指示我的明耀的星宿。

如今我四野远望,全宇宙都朦胧欲睡呀!

却看不到你那明耀的星座了!"

(潘漠华《在北方雪光里》)

"一切景语皆情语也。"中国的诗歌作者读者,对这一传统诗学的浅近道理都知之熟矣,但在运用与理解上则有一个是否恰到好处的问题。我们把握了潘漠华诗的感兴方式,当读到他的"冬天下灰色的斑鸠,/循着石铺的白道,/在绿荫荫的树下哭过去了"时,就感受到在他眼里是无物不悲,鸠哭其实是人哭(《小诗两首·二》)。当我们读到——

"江水,莫入夜犹呜咽吧!

夜迷离了近远的山野,

露华落上我衣衫斑斑了,"

循着他的情感逻辑,就会觉得下边只能是——

"我徘徊在江岸呀无处归,

我已在你难卒听的夜吟里,

翻翻地,淘尽我底悲哀。"

(《琴酒和江边》)

当然,中国诗歌里也不乏"以乐景写哀"的,而潘漠华几乎不学而能运用得相当娴熟。现存最早的潘漠华诗《春歌》,口吻虽很幼稚,可是表现的那种在良辰美景反衬下的孤苦无告之情,颇能拨动人的心弦:

春来了,

桃花也开起朵朵红了,

桃叶也抽起叶叶青了,

208

黄莺儿也成群地翩翩飞鸣了——

只是我底爸爸已死了!


……

黄的菜花黄得似黄金样,

白的梨花白得似白银样,

青青的青草正在那儿玩笑——

我底爸爸已死了!

如果以早期白话诗作参照,我们就感到当时那些"写景类"
"写情类"诗感情之稀薄了。试看:

桃花红;

梨花落。

有人向着桃花笑;

我们却对桃花哭。

从前白旗底下看梨花,

一白如雪万人家;

如今不见梨花面——

只见桃花含媚向朝霞。

一阵雨,一阵风,

桃花落地便无踪。

"五月一日"天气好,

来看榴花血样红。

(《玄庐:三色花》)

这首诗被《分类白话诗选》(许德邻编)编入"写情类",其实
理性于情;梨花、桃花、榴花容或各有所指,但此处对桃花而哭,

显然是有违"修辞立其诚"的。而对美好的春景，想到再也不能与父亲共赏，悲不自胜，潘漠华的情绪应该说比悟到"花无三日红"的理更富诗意。沈玄庐诗中"五月一日"也许隐含某种社会意义的指向性，这样理解，就更不协调了。调动外部世界的景来渲染或反衬感情，比借外在的景推演某种理念更合乎诗的本质属性——潘漠华在新诗还很少可供借鉴之时，就能明白这个道理并付诸创作实践（虽未必充分自觉），实在难能可贵——在推进新诗由说理到抒情的历史性进步中，我们似亦不能忘记他的贡献。

《湖畔》作为第五本新诗集，出版后引起广泛的注意。当时在美国的闻一多就认为潘漠华诗如《隐痛》《归家》均属佳作，在致梁实秋的信中称：虽"《草儿》《冬夜》即《女神》中亦不可得此也"；"更有一层，湖畔诗人，犹之冰心，有平庸之作而无恶劣之品"（而他认为《女神》中的《三个泛神论者》即属"恶劣之品"）。潘漠华确也有些较为平庸的作品，如《黄昏后》——

悲哀轻烟似地来了！

红云泛上面颊，
用手掠过蓬茸的额发。

悲哀轻烟似地去了！

红云泛上面颊，
用手掠过蓬茸的额发。

（《1922年3月4日》）

这诗试图以外在形象记录瞬间的情绪波动，但是表现得较浅，无甚深味。几天后所写的《回望》，就不同了——

倚着桥栏望望来时路，

210

那草舍底门前，

满田菜花黄的田塍上，

秃桑绿竹的路旁，

许多不相识的人们，

在我过来的足迹上，

又加上错乱的新的履痕了。

（1922年3月12日）

一个人留下的足迹，终究要被踏灭在众人的足迹中；实录这么一件别人未必会注意的小事，却隐含着对人事倥偬转瞬代谢的深沉感慨，情味就相当隽永。还不满20岁的青年，对生活竟感受得如此之深，这就不仅是"艺术技巧"的问题了——从气质上说，潘漠华是十足的诗人，只可惜他的感受总偏于悲苦一面，跳不出自己划定的圈子。待到他跳出这个圈子、成了无畏的革命家后又没有留下诗篇，我们就无从领略他最后10年的诗心与诗艺了。

## 七

潘漠华以湖畔诗人闻名时，同时进行小说创作，后来被茅盾认为属于文学研究会的小说家之列。茅盾编选的《中国新文学大系·小说一集》选编潘漠华（潘训）小说3篇《心野杂记》《晚上》《乡心》，篇数仅次于文学研究会最重要的小说家叶绍钧、冰心（各5篇）和王统照（4篇），而多于许地山（落花生）、许杰、彭家煌（各2篇），足见茅盾对作为小说家的潘漠华的重视。1929年，他写的全部小说，经程度不同的修改，结集为《雨点集》，以田言署名，由上海亚东图书馆出版。

虽然作者把收入《雨点集》中的9篇作品统称为小说,其实《苦狱》《心野杂记》不容置疑是自叙传性质的散文(前文已有较详细的论证,此处不赘)。《牧生和他的笛》同样有着浓重的自叙性质,只是潘漠华在这里化身为叙述人并把自己的身世经历略作一番"小说化"的改造:"我"托名牧生,"妹妹"托名芬姑,自己父死母在,变作牧生的父存(远在哈尔滨)母亡,近年发生的事被作为"许多年前"的故事讲述,而故事的背景已被移置到"距故乡百卅里的杨庄"而已;但芬姑的衣服还是《若迦夜歌》中"妹妹"常穿的那件白衫,她的卧室仍在诗中多次写到"西窗"内,牧生"以为应当得芬姑这么一个女人,作她生命之舟上把舵的人",乃是潘漠华心底的愿望……所有这些,读过《夜歌》的人都非常熟悉。以上三篇都可以看作潘漠华的爱情诗(特别是《夜歌》)的"本事";而许多完全相同的情节、细节乃至特定的语词(如"上弦月""南野"等)之所以重复出现,更表明这些都是作者在爱情悲剧中情感体验最深的,不如此写出不足以达到宣泄的目的。在这里,潘漠华还是一个遣散悲情苦情的主观的抒情诗人。

潘漠华虽被认为是文学研究会作家,但他"最欣赏的是郁达夫的作品。他说郁达夫的小说的特点是,感情真挚热烈,对于封建道德教条,表现出极大的蔑视";恐怕还应补充一句,他爱郁达夫式的真诚坦率的"夫子自道"——这些都是潘漠华与郁达夫思想感情上的共鸣处,也是他对郁达夫艺术形式上的借鉴处。在《雨点集·自序》中,他说:

> 前三篇是以某人的恋爱事件为题材。两个恋人,白昼分开,夜里却携手到山野去漫游;本身是图画似

的故事,留在这里却是现实的悲哀。两人终于不能结合,男的娶了亲,却仍过着独身的生活;女的嫁了人,已是两个女儿的母亲——昨日得信,两个女儿不幸都夭亡了!

这最后一句话特别值得注意,因为这句话明白无误地道出了这些作品的纪实性,同时又"走漏"了一个消息——所谓某人,正是不便明言的作者自己——岂有小说中的虚构人物给作者写信、报告女儿夭亡等近况的呢(由于潘漠华与堂姐潘翠菊的联系一直未断,如前所述,潘翠菊才有可能保存她的大量遗物,如信件、手稿、译稿、长命锁和手钏等)。

如果说上述3篇中我们看到的是类似抒情诗的主人公形象(和外化了的抒情主人公形象——牧生),那么在其余诸篇中,作者主要是个叙事人了。《雨点集·自序》说:

> 《晚上》等四篇,都以作者的故乡的农人为题材。我的故乡的生活,是一味朴素的生活。在物质生活的鞭迫下,被"命生定的"一句格言所卖,单独地艰苦地挣扎着。这四篇小说中,便都是这种人物。

《乡心》中的阿贵、《晚上》中的高令、《人间》中的火吒司等被物质生活所鞭迫,在命定论的麻醉下苦苦挣扎的农民,是新文学中第一批出现的同时代农民的形象。茅盾说:

> 那时候(1922年7月),描写农民生活的小说还是很少,《乡心》的出现,是应得特书的。这一篇小说虽然并没有写到正面的农村生活,可是它喊出了农村衰败的第一声悲叹。主人公阿贵是抱着"黄金的梦"从农村跑到都市去的第一批的代表。阿贵是好胜的青

年木匠,他的离开农村到都市,虽然一方面由于"好胜",但他和"千里做官只为钱"的投机者的心理是不同的;隐藏在他的好胜心背后的是债务的压迫……然而到了都市的阿贵也仅仅能够生活;"出乡来,也总如此住住,究竟有什么好呢"崛(倔)强好胜的阿贵也终于这样悲叹。我们从这青年农村木匠的故事,看到了近年农民从农村破产下逃到都市而仍不免于饿肚子的大悲剧的前奏曲。

从整个社会趋势中去把握人物的典型意义,这是茅盾的看法的高明处。贵生一类农民从家乡出走到城市,是中国近现代之交农村急剧破产"鞭迫"的结果,有书中主角自身意识不到的深刻的社会原因。贵生虽与命运苦苦抗争,但究竟能否在都市混下去,前途未卜。与贵生情况不同的是《晚上》中的高令。当地方"把从前租他种的田改给别人后",他就无以为生,改行抬轿,又遭不幸,生路断绝的烦闷终于使他沦为终日以酒浇愁的酒鬼,甚至荒唐到"以他现今住的屋,日后抵还他的酒账"。可以设想他一家不久后将是上无片瓦遮蔽风雨、下无立锥之地的;这就是"在三年前,可算是全村一位最勤俭的青年人"的悲惨下场。而曾经是那么善良的染坊雇工火吒司的遭遇更令人同情:失掉染坊的饭碗后,他与家人避居深山,过着极为艰苦的生活;天寒地冻,全家无衣无食,不得不顶风冒雪去远处掘来山粉果腹。但即使这样的生活,他并没有什么抱怨,认命了。进城谋生找不到出路的贵生,留在农村求生无路的高令,退进深山贫乏不能自存的火吒司,不论他们曾是如何好胜倔强、勤劳能干、善良耐苦,都被生活逼迫到无以为生,这就是潘漠华早在

20年代初期展示给读者的农村社会实况。作者对"命生定"的论者火吒司固然哀其不幸，又以生活的固有逻辑写出了对"命"抗争着的贵生的悲哀无望。此时的潘漠华未必有多高的理论素养，却凭自己的生活积累把握到敏感的时代主题。在这里，潘漠华成了批判现实的客观的叙事诗人了。

中国农民历来安土重迁，非万不得已，不肯离乡背井。贵生在全家"欠账欠到满项颈"的情况下远走杭州，打工为活，一面固然反映了农村经济凋蔽，另一方面反映的是近现代之交中国固有的宗法制家庭结构的崩坏。阿贵不愿承担父亲分给他的一半债账，这种抗命出走预示着中国农村已酝酿着前所未有的社会大变动。茅盾认为《乡心》喊出了"农村衰败的第一声悲叹"，在我看来第一声悲叹有着社会经济层面和伦理道德层面的双重意义，可以说是"一声两歌"的。茅盾认为："《乡心》之所以比《人间》等三篇更为杰出，就为的《乡心》写了农村人物的两种典型：'命生定'论者的阿贵的父母，以及对'生定'的'命'挣扎的阿贵。"就小说反映社会变动趋势而言，这分析固然不错；但若就人物的典型意义而言，《人间》里火吒司这个完全处于"自在"状态的"命生定"论者，至少也不比还未上升到"自为"状态的阿贵稍差。苦熬苦撑，蝼蚁一样求活，经历了万般苦恼，仍"努力去追寻人间爱"的火吒司，他的生平遭际昭示着改变他一类人的命运社会变革已刻不容缓，而正是他这样的人，又很少可能投身变革社会的斗争。

湖畔时期潘漠华的小说有明显的纪实风格，这不但表现在小说所叙之事多为他所亲历，且他写小说时自己的种种感触总会情不自禁地流露出来。比如《人间》中的施火吒（火吒司），不但实有其人,而且做过潘漠华家开的染坊的工人;潘漠华4岁时失足坠井,就是由他救起的——小说所写与《潘漠华年谱》(韩劲风编,潘讷校订)所载分毫不差。潘翠菊记得潘漠华遗物中有"未完成的手稿《深山雪》一篇,用十行纸写了二十张,是记述那次回乡赈灾和施火吒重逢的一段回忆",证实了后来题作《人间》的《深山雪》,完全是纪实性的。《人间》中两次写到"我父亲就开始赌博,逐渐卖去田地,三年前,父亲且死去了","他死时就留下一大笔债,给我们还",与冯雪峰《秋夜怀若迦》中"子女们底受耻辱,债主们底无情,因而你父亲便营颓废的生活了,便又死了",两个说法完全一致,连父亲死于1920年,也可据以精确推算出来。以亲身经历作小说材料,是"五四"时期初学写作的青年中习见的,但纪实程度这么高的,还不多见。《乡心》写的是向命运抗争的阿贵,但小说却如此结尾:

> 戴着黄卵金丝镶边的毡帽的几年前的阿贵,在故乡流着泪的我亲爱的母亲,荒凉草满的死父底墓地,低头缝衣的阿姊,隐约模糊的故乡底影子,尽活泼地明鲜地涌上在我底回忆里……呵!缠绵的乡心!

读到这里,我们简直无法分清"深沉的怆凉的缠绵着乡愁的",究竟是被叙述人还是叙述人,甚至也分不清这浓浓的乡愁,究竟是"我"外射给阿贵的,还是"我"受了阿贵的外射。就在这点上,主观的抒情诗人与客观的叙事文学作者叠合为一了。小说纪实性强的好处在于能把自己深切体验过的东西真实地表现出来,感染力强;弱点是拘束于自身经验,反映面窄。潘漠华在北大就读时说"几篇已经发表的小说,因为生活经验太狭隘,又缺乏魄力,无论在内容思想上和写作技巧上,都是很幼稚的",虽属谦虚,若以更高的标准要求,还是合乎实情的。

《雨点集》中写于北京的两篇恰恰代表潘漠华小说的两种不同倾向。《在我们这巷里》以南方学生的眼光看北京胡同生活,是一篇市井风物画,又是一篇客地索居者的内心独白。旧北京胡同深处的小贩叫卖声被写得形神俱到,历历如闻,与游子客地思亲的愁绪融合无间。潘漠华写到他在孤独寂寞中的幻觉,幻觉又离不开已经成了别人妻的"妹妹"——这中间的凄凉痛楚,又回归于《若迦夜歌》了——只是多了点痛定思痛的冷静;作品还是抒情加冥想的格局,表现的还是真材实料的潘漠华自己。而《雨点》则纯乎是小说了,因为所写的北京"私门头"生活,纯粹是外在于自身的。如果说诗篇《生命上深刻的一痕》中烟花女子还只是各种生活不幸的箭垛,那么《雨点》中的金铃已是个性特征鲜明的"这一个"。操皮肉生涯被公认是贱业,殊不知她相与相接的狎客更要下贱卑劣十倍!表面上周旋于饭局赌局酒绿灯红,内心里对下贱男人的憎厌如湿云酿雨,随时可倾泻而下。《雨点》标志着潘漠华已完成了从主观体验到客观体察的转移(这是每个真正的小说家必须具备的能力),小说艺术上已臻成熟;只可惜这是他湖畔时期的最后一篇小说——他南下武汉投身于北伐战争,势头已经很好的小说创作随即中断了。

《冷泉岩》是潘漠华成为共产党员后唯一的小说作品。1927年潘漠华第一次被捕,经保释出狱,"返归故乡宣平,积极发展党员,建立中共宣平县委,酝酿发动农民起义。同时,假名养病,避居深山灵泉岩僻刹月余。小说《冷泉岩》即取材于此。"托名养病的潘漠华以旁观者的冷静,谛视并反映了穷乡僻壤中辗转于社会最底层的赤贫农民在乡村封建势力苛剥重压下极端困乏痛苦的生存状态、精神奴役下麻木苟且的精神状态和超常高压激起的反抗小花;小说中作者的倾向性是隐蔽的,却让人看出他已具有鲜明的阶级意识,用阶级观点分析农村社会了。不知道潘漠华当时是否在考虑:在大革命已经失败、反动统治正在强化之际,发动这种精神状态下的农民在浙江中部举行起义会有多大困难? 要从哪里着手? 前途会是如何? 但我相信,如果潘漠华后来不是走职业革命家的道路,以他当时的阅历(对中国农民的了解)、理论能力(对中国社会的理论分析)和情感倾向(对贫苦农民的深厚同情),他应该成为中国农民代言的最深刻、最优秀的小说家之一——只是历史不承认假定,潘漠华只能定格于湖畔诗人和刚刚脱离学徒期的小说作者了。

## 八

根据现存有限的传记资料,我们无法按运算程序一步一步都合逻辑地表述出潘漠华从湖畔诗人到无产阶级革命家的心路历程。同时,一个血气方刚的青年处于社会剧变时代,他的思想发展往往可以是跳跃式的,也未必一定遵循常规。但如果我们利用现存的片段资料,通过潘漠华的处世接物即联接和适应环境的行为方式,从气质和心理机制上去靠近(还谈不上"把握")他,多少有可能理解他的转变。

如前所述,亲情(家庭的不幸、亲人的苦难)与爱情(爱不能婚、婚非所爱)都浸染着悲哀,成了他的作品的主要母题;而他把人生意义概括为"痛苦与反抗痛苦",就主要来自从上述两方面的切身感受。为摆脱和反抗痛苦,他寻求宣泄——我们不必讳言这是他开始文艺创作的主要动机。一篇似乎不大为研究者注意的散文《白鸥的哀声》(1925 年 1 月写于北京)真实无伪地表现了他自己,我以为可以看作是他悲苦抑郁的湖畔时期的一个总结。且看他在文中引用的一句话(很有可能是他自己写的):

> 人本来有不得不鸣的时候。在一种沉郁的思想堆结在胸中的时候,看得天地都仄了,四周寂寞的气氛围住你;一种想远方飞去的情焰,一种想追挽落日的悲怀,谁能抑制住你不悲鸣呢? 人总想冲出这生的窒息的境地呀!

这段话基本上与韩愈《送孟东野序》中所说"物不得其平则鸣"同一意思。"百无聊赖以诗鸣",他想以悲鸣消除心胸的积郁和四周的寂寞,借此冲出令人窒息的境地。但又觉得——

> 也许鸣的作用,原不能清明下一个纷乱魂灵的心绪,也许不能振作一个颓唐灵魂使向虚无缥缈的前途再呐喊地前去,也许缠绵的哀鸣反使一个灵魂越狂乱起来,用他自己的鸣声再有了一重虚无悲感的陶醉;但在那种窒息的境地,自己一个人困缚在那种灰茫色的氛围里,他不能不冲出去,他不能不挣扎着呐喊着,他不能不飞起来在冬日的远空里徘徊地飞翔,他不能不蛮长地哀嘶。

这里他与白鸥是物我合一的,白鸥的悲鸣就是他的悲鸣。他要——

> 在一种凄悲绝望的境地里,不歇地挣扎着,继续地喘呼着,竭力想要重创造我自己,使我有意义地走

尽这无意义的人生之原。我知道这种努力是虚无的，
人生只是虚无地向虚无里辗转地前进！

如果我们不把这位笃实的诗人的心声看作无病呻吟，就可
能得到进入他的心灵世界的钥匙。像这样一个真诚的人，他可
以曾经悲观绝望，但一旦认清了从悲苦中解救中国也解救自己
的道路，并不虚无而是实有，不但实有且是具体的，他会奋不顾
身赴汤蹈火，于是他投身于革命。

写《白鸥的哀声》后才 10 个月，北京学生爆发了冲击、包围
段祺瑞、章士钊住宅的斗争。请看一位亲历这一行动的同学的
回忆：

> 当时有大队的徒手士兵，手臂钩住手臂，形成一
> 道人墙，拦住学生群众进入段宅。学生一步步向前
> 冲，士兵一步步后退。从中午起直至黄昏，学生群众
> 才从胡同口攻到铁门边。我远远看到铁门上爬着一
> 个人，居然是诗人潘漠华。漠华平时那么斯文，现在
> 却如狮子般的勇猛。我十分钦佩，知道他是个真正的
> 革命家。
>
> 正在夜色迷蒙时，群众中突然有人高呼：
> "到魏家胡同 13 号，砸烂章老虎！"
> 学生们开始狂奔到魏家胡同，一进 13 号，便当真
> 乱砸起来。
> ……我就一直跟着漠华，他镇定地东奔西跑地指
> 挥着同学们的行动。
> 我突然想到：诗人和革命家原来是同一气质、两
> 种表现。我们的湖畔诗人漠华就是如此。

这是一个大的跨越，诗人关注的不再是自身的哀乐悲欢，把自己融入社会解放斗争了。再看看他的同学对潘漠华1927年第一次被捕时的回忆：

漠华在浙江省政府秘书处当办事员没有多久，有一天突然被捕。先拘押在杭州的一个警察分所里……一天上午，我和天翼去警察分所探望，适值漠华在门房里，由警察押着在上手铐，准备转解到杭州警察厅的拘留所去。我们相对默默望着，在临走时，他朝我们点点头，傲然地微微一笑。

一个人只有确信自己在从事崇高的事业，为此值得付出任何代价，才能置个人安危于度外，临危不惧，傲然而笑。下边是王冶秋对潘漠华第二次被捕时"过堂"时的回忆：

第二个就轮到他（潘漠华）。进去没多大一会儿，就听到里面"惊堂木"拍得乒乓响，大声叫着"扒衣服"！打了一阵鞭子以后，就看见刽子手"陆大爷"出来拿洋铁壶，我晓得要灌辣椒水了。我实在替他着急。果然听到咕噜两声以后，又是喷嚏又是咳嗽，过了一会儿，便什么声音也听不见了……又过了很长时间，我看见那只恶狗拖着老潘的两只脚从法庭里拉出来。老潘像溺水浮尸一样，肚子大得可怕，恶狗把他担在一只长板凳上"控水"，他鼻子、嘴里，都冒出血样的水来；又把他翻在地下，用一根擀面杖在肚子上擀，从他鼻子、嘴里往外喷射着血样的水。老潘就是这样熬过了他第二次入狱的。

我们不必一一引用侯外庐对潘漠华第三次被捕的回忆，陈竹君对他第四次被捕的回忆——总之是,为了中国革命的胜利,他是"虽九死其犹未悔"的。这里,他的沉着、朴实、忠诚(侯外庐对他的评论)又比诗人气质更提升了一步。这个在敌人严刑拷打下毫无惧色的中共天津市委宣传部部长,这位在敌人的监狱中组织绝食斗争的无畏战士,同曾是那样凄苦地歌哭在西湖的青年,曾想以"一位青年长眠于此。他曾吃过喝过,他曾恋爱过,他现在带着忧伤埋于此。呜呼!"为墓铭的诗人,本来就是同一个人。他的诗人气质在社会革命论指引下升华成人格的光辉了。批评他的诗"情调低沉"是很容易的,做到他那一份无我的真诚却难上加难。

我们现在读到的潘漠华的文学作品绝大多数写于他成为共产党员之前,唯一的译著《沙宁》也是如此。可以与上文引述过的潘漠华同冯雪峰就《沙宁》一书引起的争论相对照,他的北大同学周颂棣回忆道:

> 就是漠华对于阿尔志跋绥夫的《沙宁》的翻译,也可以反映出他成为共产党员之前的一些彷徨苦闷的思想情况。记得他在翻译这部作品将要完成的时候,曾经对我说过,他很后悔花了很大的气力翻译了这样一部小资产阶级个人主义的、颓废主义的作品。后来在1929年前后主要是由于经济上的原因,他还是把这个译本整理出版了,但在卷首"序言"中指出了这部作品的严重的思想上的问题(按:《潘漠华年谱》载:"陆续整理译稿《沙宁》,送光华书局,预支稿酬,悉数作宣平逃亡在沪同志的生活费用。")。

这就是真实的潘漠华。当他认为《沙宁》有助于打倒中国的封建伦理时,对反对他译书的多年好友冯雪峰也要愤愤然发脾气;而一旦认识到这本书确有消极作用时就后悔不已;出版《沙宁》是为了逃亡在沪的同志能维持生活,保存革命力量;出版时加序是为了尽量减少该书的消极影响,以免贻误读者。当我们把他的诗的抒情主人公同历史人物的潘漠华整合起来时,能不被他的赤子之心所感动吗?

潘漠华的文学活动不限于创作。他是北方左联的主要组织者。在生命的最后几年,作为党的活动家,他虽屡遭追捕,但革命意志越战越强,终于在敌人的监狱中因领导绝食斗争被灌以滚烫的开水,英勇牺牲。

潘漠华烈士原名恺尧,学名潘训。漠华是他发表作品时的笔名,取人间像一片沙漠,他立志要在沙漠里开花之意。他像沙漠里的仙人球,在贫瘠的土地上艰难地生长,终于开出了硕大的红花,令后人钦敬不已。

## 作者简介

贺圣谟,宁波师范学院中文系主任,教授、著名学者。1998年出版论著《论湖畔诗社》。

# 潘漠华纪念文集（下）

中共武义县委组织部
中共武义县委党史研究室 编
武义县坦洪乡党委政府
邹伟平

团结出版社

# 论潘漠华的小说创作

## 杨剑龙

作为湖畔诗人的潘漠华,以他风格独具的新诗创作为中国新诗发展作出了贡献。他的诗作大多抒写个人的悲欢与忧怨,在短篇小说的创作中,他却"在一定程度上突破了狭窄的个人悲欢圈子"①。他一生共创作了九个短篇小说,后自编为《雨点集》出版。如何评价他在新文学的园地里洒下的这几颗小雨点呢? 钱杏邨在《现代十六家小品序》中曾说:"实际上,对于一个作家价值的估定,应该是从'质'的方面看,即使作者只发表过很少的作品,但这少数的作品,是代表了作者,而在整个文艺运动上,有着重大的意义,那么,这个作家是存在的,甚至可以说是重要的。"这是颇有见地的。以此论之,那么我们可以说潘漠华不仅在中国现代诗歌史上有其地位,在中国现代小说史上,也有其不容忽视的成就。

纵观潘漠华短暂一生的小说创作,我认为可分为三个时期(1922—1923、1924—1926、1926—1929),他在小说创作道路上的探索追求,各时期呈现出不同的创作风貌。

## 一

漠华初期的小说创作有《乡心》《晚上》《人间》,这些作品

"都以作者故乡的农人为题材"②,写出在物质生活的鞭迫下,人们的痛苦与挣扎,隐现出作者一颗缠绵的乡心。《乡心》通过对"我"和阿贵前后几次见面的记叙,反映了农村衰败中农人们的悲惨遭遇。勤劳好强的年轻木匠阿贵为摆脱农村生活的贫困、债务的压迫,携妻跑到杭州苦苦奋斗,但生活只是"勉强可以支糊得过去",心头"深沉的怆凉的缠绵着乡愁"。如果说从阿贵的性格中看到对不幸命运的抗争的话(虽然这种抗争的姿态"不是坚定的,挺起胸膛朝前面看的,而是盲目的、悲哀的、低头着、忍住了眼泪苦笑的"③),那么,从《晚上》中的高令和《人间》里的火吃司的性格中,看到的则是"被'命生定的'一句格言所卖"④,对苦难现状的忍受屈服。《晚上》以较严谨的结构,截取人物一个晚上的生活片断,描述了高令在黑暗社会压迫下走向堕落的经过。高令"在三年前,他可算是全村一位最勤俭的青年人",他的地被富翁收回后,他当轿夫失脚跌倒了陈家主人,再没人坐他的轿了,他成了酒鬼游棍,甚至打骂供他衣食的老婆。对这种遭遇,他"是只怪天公不好,或者怪自己不留心"。《人间》里的火吃司原是"我"家的染工,善良淳朴,曾奋不顾身救起落井的孩子,因刺破窗纸满面春心地窥视"我"的小姨梳头被解雇。10多年后,"我"在深山坞与"老瘦而满面胡髭"的火吃司邂逅,见到他破烂不堪的茅屋和衣不蔽体的妻儿,他却心平气和地忍受着生活的煎熬。

漠华初期的小说创作,努力采用写实的手法,以他故乡的环境和农人的生活为模本,以简朴自然的笔描写故乡的山村、酒店、染房,描写故乡的木匠、轿夫、染工,"用'再现'的手法,给我们看一页真切的活的人生图画"⑤,努力从人物不幸的遭遇中揭示中国农村的日益衰败和黑暗。《乡心》中阿贵父子仁都是有高妙手艺的木匠,居然不能维持家里吃用;《人间》指出了"现今是何处无苦厄,现今是何处不遭劫"的黑暗社会现状;《晚上》里的高令如不是租地被收回,他仍是一个有英雄本色的勤俭农民。潘漠华塑造的人物形象具有一定的典型意义。木匠阿贵无望的挣扎奋斗、轿夫高令无路可走后的颓唐堕落、染工火吒司对苦难生活的默默忍受,不正是对当时社会中被压迫者几种生活道路的典型写照吗? 在"五四"要求个性解放争取自由平等"滚滚的新潮"中,潘漠华以民主主义和人道主义思想"乃本他诗人底天职,来写出他们底痛苦,使大众觉悟到这人间是怎样阴森"⑥。

鲁迅是中国现代乡土小说的开拓者,此时期漠华的小说创作主要师承鲁迅。他当时十分喜欢鲁迅的小说,对鲁迅的小说有深刻的理解,甚至能十分透彻地分析《阿Q正传》等作品⑦。鲁迅小说浓郁的乡土气息和写实手法对他初期的小说创作有重要的影响。我们从《晚上》方泰酒店里的高令可想到《孔乙己》咸亨酒店里的孔乙己,他们都是经常赊账的酒店常客,都是被黑暗社会挤得无路可走的受压迫者。不同的是高令是四处拖欠的短衣帮,孔乙己则是从不拖欠的长衫客;高令原来是全村一位最勤俭的青年人,剥削者的压迫使他变成了酒鬼游棍,孔乙己有好吃懒做的坏脾气,罪恶的科举制度致使他失去了生活的能力。火吒司和阿Q都是受雇于人的劳动者,都渴望得到正当的生存和恋爱的权利,阿Q向吴妈求爱导致了恋爱大悲剧,火吒司窥视小姨梳头被赶出染房;面对生活中的不幸,阿Q怡然地以精神胜利法迎之,火吒司则苦笑着取"做做一天,过去

227

就过去了"的逆来顺受的处世态度,他虽不象阿Q最后被绑上断头台,但他在深山坞忍饥受冻的生活又比阿Q的结局强多少呢!漠华的小说不象鲁迅执着于对人物内在精神世界的开掘,执着于对国民灵魂的探索,他只是用他一颗热烈仁爱的心,写出人间的罪恶和悲哀,缺乏鲁迅作品的深度和力度。

## 二

潘漠华并不满足于初期小说创作获得的成功,他试图作另一种探索与追求。1924年考入北大预科后,两年间他创作了《苦狱》《牧生和他的笛》《心野杂记》《在我们这巷里》和《雨点》五篇小说,呈现出与他初期小说创作迥异的风格。本时期他以描写爱情的思恋失意为主,并勾勒北京下层市民的悲惨生活。五篇作品中"前三篇,是以某人的恋爱事件为题材"⑧。《苦狱》描写伊君在远离家乡的月夜,想起月下与恋人洒泪吻别的情景和别后被囚在爱的苦狱中的折磨。《牧生和他的笛》叙述了一个悲凉的故事:母亲去世后,父亲离家远行,将11岁的牧生寄养在姑母家中,牧生在笛声里寄托思母之情。后来他与村女芬姑相爱,为北上寻父,他垂泪吹起与恋人的别离曲。《心野杂记》则以诗样的语言,以回忆、梦境、心理的剖露写出主人公与恋人苦痛的别离及别后难以排遣的相思。三篇作品描写别离的凄凉、相思的痛苦,情深意挚,言短意长。《在我们这巷里》以散文的构思和笔调,勾勒了一条卑劣穷愁小巷里小贩、乞丐等各种下层市民的身影,反映他们在黑暗社会中的悲惨生活。《雨点》刻划了一个懂感情有个性的妓女金铃形象。她搬到C公寓后,邻居李先生等人邀她打牌,当金铃意识到他们拿她当玩物时,她愤然地还了赌账,但她终究摆脱不了被轻视被玩弄的地位。

本时期漠华小说风格从初期写实转为抒情,不侧重故事的叙述、人物的刻划,而注重感情的抒发,具有浓郁的感伤忧郁的情韵。写恋情的作品充溢着"徘徊于昏黄的暮色中,唱着落日的挽歌"的悲凉情调;《在我们这巷里》则托出作者自己——一个清苦寂寞的知识分子"无有悲戚,无有快乐,只有种虚无的情调"的"沉郁的灵魂";《雨点》中金铃被当作玩物的气忿和送走相好后孤单心境的描写,也沁出浓郁的伤感色彩。在这些小说中,漠华以他诗人的气质,试图追求一种诗的意境,在注重抒发情感的同时,刻意于景物氛围的描画,努力将情和景、人和事十分和谐地糅合在一起,形成诗的意境。《苦狱》中触景生情、睹物思人的构思、恋人吻别月下的描写,《牧生和他的笛》里飘荡在月下原野山林中深沉缠绵的笛声和怀念母亲告别情侣的描述,都富有诗意。《在我们这巷里》则将风霾阴寒天气中冷寂幽静小巷里人们身影的勾勒和作者寂寞伤感、怅惘空虚的情绪融为一体,具有诗的意境。

作者谈到这些小说时说,它们"本身是图画似的故事,留在这里的却是现实的悲哀"⑨。作品中感伤忧郁的抒情格调与当时的社会现实和作者的生活思想息息相关。"五四"退潮后,新文化运动统一战线逐渐分化,北京处在反动军阀统治的中心,此时来到北京的潘漠华和许多一度激动过的青年一样,陷入了无路可走的寂寞苦恼中,"到'五卅'的前夜为止,苦闷彷徨的空气支配了整个文坛"⑩,加上漠华"性孤寡,复是一个富于忧郁性者"⑪的个性气质、远离家园的怀乡之情,和1923年日本作家有岛武郎殉情缢死对他精神上刺激产生的虚无思想,使他本时期的小说呈现出感伤忧郁的抒情格调。

本时期对他小说创作有直接影响的是郁达夫。对当时各派的文学作品,他"最欣赏的是郁达夫的作品。他说,郁达夫小说的特点是感情真挚热烈,对于封建教条,表现出极大的蔑视,同情下层社会被压迫和被侮辱的人们"[12]。郁达夫的小说对漠华此时期的创作具有十分明显的影响。《苦狱》的结构和郁达夫的《银灰色的死》相似,前者中主人公月下与恋人别离的描写也与后者中主人公回忆与妻子月下吻别的描写相似。从《雨点》中对妓女金铃的描写,我们会想到郁达夫描写妓女生活的《茫茫夜》《秋柳》《寒宵》等小说。漠华的爱情小说着重在回忆中抒发爱的失意与思恋之情,人物大多没结局,郁达夫前期小说则通过性的苦闷描写反映留日学生的不幸遭遇,人物大多以死作结。漠华对妓女的描写不似郁达夫充满着狎妓和怜妓、堕落消沉和道德自省的心理矛盾,漠华小说虽有感伤虚无的情调,却没有郁达夫作品中大胆的性描写和颓废色彩,感情的抒发不似郁达夫那种郁积情感不可遏止的倾泻,而是较为温婉和含蓄,他比郁达夫更注重意境的创造和结构的严谨完整。漠华小说勾勒的形象、抒发的情感,缺乏郁达夫小说中"时代病者""零余者"形象体现的典型意义,缺乏郁达夫小说夺人心魄的感人魅力,在文学史上的影响和价值都不如后者。

## 三

1926年后潘漠华加入了中国共产党,将全部精力投入革命斗争中,几乎停止了文学创作,至1929年他才以被捕获释避居故乡灵泉岩的生活为素材,创作了此时期唯一的、也是他最后一篇小说《冷泉岩》，从这篇作品我们可窥见他此时期小说创作的倾向。

潘漠华此时的小说创作从中期描写都市生活又回归乡土，并试图以阶级的观点剖析社会现状。他此时对黑暗社会中人压迫人的现象，不再是单纯的同情、愤恨，也不是一味的忧郁感伤。《冷泉岩》通过对"我"在冷泉岩僻刹"养病"时生活的描述，写出荒村古庙中善良的人性、淳朴的爱情和阶级压迫、封建礼教、物质生活对它们的摧残扼杀。小说对原始古朴的遗风、善良淳朴的人性描写，不同废名一味以浓郁的诗笔写出淳朴善良的人性和静谧秀美环境的融洽意境，不似沈从文着意对原始古老的风俗、慓悍质朴人性的讴歌，而是着力写出这种淳朴善良的人性和黑暗社会环境的矛盾。作品中写道："这个沉默到死了的大地，冷酷地负着人类，阶级分化了，对峙了，争斗了；几番的更迭，直到最后的阶级对峙的现代；现时在我面前被解剖着。"不仅写出了被压迫者苦难的缘由，而且昭示着一个推翻压迫阶级的革命兴起的必然，作品中对陈富翁和拐手夫妇的矛盾描写，形象地体现了这种阶级的对立。

梅英和拐手的妻是《冷泉岩》中着力刻划的两个形象。漂亮的梅英"是一只落了劫的凤凰"，因受尽没有土地的苦，父亲将她嫁给住深山僻刹有两三亩祀田的哑巴，她将丈夫当奴隶对待，却公开与别的男人往来，成了轻浮刻薄的女性。如果说梅英身上反映了封建婚姻压迫下人性异化的话，那么在拐手的妻身上则主要反映了阶级压迫中善良淳朴人性的抗争。她是一个性子执拗的女人，被迫嫁给"一个完全无用"的泥水匠后，和人私奔至冷泉岩，那人却与梅英相好了，男的做贼被赶出山后，她又同一个垦山男人度日。在贫穷生活逼迫下,这男的以三十二元聘金将她转嫁给陈富翁,她逃回来后,陈家上门打断了男的手臂,她被赶出山。两个月后她带着原配丈夫的典妻文契回山,一心跟拐手的男人度日,"在生活的压迫下挣扎着相爱"。小说以质朴简洁的笔触,在对人物间错综的爱憎关系平实客观的描叙中,塑造了富有个性的人物形象,初步形成他小说平朴真淳的写实风格。

潘漠华在论及白居易的乐府诗时写道:"他用很热烈的仁爱的心,对于一切人间里所现出的罪恶,这些罪恶使人们受了痛苦,他很微细地攒入他们每一个底细胞里,用普通的辞句既没有什么神秘的气味,也没有什么虚伪的态度,恳挚地写出他们底悲哀来。"⑬虽然漠华小说创作各时期呈现出不同的风格,但我认为这段话可看作他对自己小说创作的大致概括,他用热烈仁爱的心,以普通的辞句,写出人间的罪恶和悲哀,意在否定黑暗的旧世界,盼望着光明的社会的到来。

## 四

评断一个作家和他作品的价值,须将其置于文学史的坐标系上进行考察,才能真正窥见其存在的意义和价值。二十年代初,在鲁迅的影响下,中国文坛涌现出一批致力于描写自己故乡农村小城镇生活的小说作者,改变了"五四"初期小说创作热衷于知识分子恋爱题材、疏远农村劳动者生活的情况,改变了创作中"几乎看不到全般的社会现象而只有个人生活的小小的一角"⑭和概念化的倾向,汇成了乡土文学创作的热潮。潘漠华是较早开始乡土小说创作的作家。茅盾说:"那时候,描写农民生活的小说还是很少,《乡心》的出现是应该特书的。"⑮漠华的小说创作一落笔就以故乡农民生活为题材,描写农人们坎坷悲惨的遭遇,"能于平常的事里,捉到极强的情感"⑯,使他的小说具有较浓的乡土气息,他是继鲁迅之后乡土文学的开拓者之一。

茅盾谈到《乡心》时说:"这一篇小说显然并没写到正面的农村生活,可是它喊出了农村衰败的第一声悲叹。"⑰还说:"我们从这青年木匠的故事看到了近年来农民从农村破产下遇到都市仍不免于饿肚子的大悲剧的前奏曲。"⑱道出了漠华小说主题在文学史上的意义。以后王统照的《沉船》描写因农村衰败,农夫刘二曾闯关东、全家在超载的外国船上沉于大海的故事;王鲁彦的《李妈》描写因农村经济破产而来到都市的李妈的坎坷遭遇;丁玲的《奔》描写农民在农村衰败中被迫离乡挤入都市、最后被都市挤出的悲惨经历。漠华的小说拉开了这出悲剧的帷幕。他的《晚上》《人间》和《冷泉岩》也通过不同人物命运的描述,写出农民的不幸遭遇和农村的衰败。《冷泉岩》试图以清醒的阶级意识描写农民的生活,隐约透露出推翻这黑暗社会的必要,在当时也有重要的意义。

在小说艺术的探索中,潘漠华不仅以其小说充实了20年代乡土文学创作,以他简朴的笔投入了写实主义主流,而且以纯熟的诗笔进行了抒情小说创作的尝试,以他小说严谨的构思、深邃的意境和典丽凝炼的语言,丰富了新文学自郁达夫以来的抒情小说的创作。

潘漠华1934年遭反动派逮捕后被害,终年32岁。他一生除了丰富的诗作外,只留下了《雨点集》中的九篇小说,这寥寥的几滴雨点，虽不能聚成一方湖泊、汇成一川小溪，但它曾滋润着新文学这块觉醒了的土地，它的成就是勿容置疑的。冯雪峰说："这些作品大部分都写在他们成为共产党员之前，但都可以作为了解当时这样的青年的思想感情状况的资料看，同时，作为'五四'以后新文学总的成绩中的点滴的成绩也将是不可磨灭的。""我个人还认为，如漠华的短篇小说《人间》和《冷泉岩》等，也显然是读者不会忘记的、属于'五四'以后短篇小说杰作中的作品。"[19]潘漠华的生命和创作是永存的。

**注：**

①唐弢主编《中国现代文学史)第一册，211页。

②④⑧⑨⑥潘漠华：《雨点集·自序》。

③⑤⑩⑭⑮⑰⑱茅盾：《中国新文学大系小说一集·导言》。

⑥⑬潘漠华：《白居易底"新乐府"》。

⑦⑫周颂棣：《忆漠华》，《新文学史料)1985年第一期。

⑪潘漠华：《致潘详》，《漠华集》295页，浙江文艺出版社1984年9月版。

⑯潘漠华：《致周作人》，同上，283页。

⑲冯雪峰：《应修人潘漠华选集·序言》

## 作者简介

杨剑龙，1952年出生，上海师范大学人文与传播学院博士、教授、博导，中国作家协会会员，上海市作家协会理事，中国现代文学研究会理事。著有《旷野的呼声》《放逐与回归》《现实悲歌》等著作。

# 永远的"乡心"

## ——论潘漠华诗歌的乡土情结

陈文兵

潘漠华在 1922 年创作的小说《乡心》,主要写了青年农民阿贵的故事。阿贵是个木匠,曾在"我"家打过工,有点野蛮鲁莽。因生活所迫,后来只好带着老婆到杭州闯荡,饱尝着生活的艰辛,备受着思乡的煎熬。他不甘于贫穷,努力想改变生活后衣锦还乡,他的身上带有一丝亮色,体现了农民的追求和理想。在小说结尾,作者这样抒写着对家乡的思念:"戴着黄卵金丝镶边的毡帽的几年前的阿贵,在故乡流着泪的我亲爱的母亲,荒凉草满的死父底墓地,低头缝衣的阿姊,隐约模糊的故乡底影子,尽活泼地明鲜地涌上在我底回忆里……呵!缠绵的乡心。"

潘漠华的诗歌收入《湖畔》一共 16 首,收入《春的歌集》中的一共 52 首。综观潘漠华的诗歌,可以发现他的恋人的影子,可以看到他的父亲、母亲、哥哥、姐姐等亲人的影子,能够感受到他对故乡的浓浓情感。潘漠华的诗歌洋溢着永远的"缠绵的乡心"。

一

亲情(家庭的不幸,亲人的苦难)与爱情(爱不能婚,婚非所爱)都浸染着悲哀,是潘漠华作品的主要母题。对故乡的深情,首先表现在潘漠华诗作的故乡人物系列上,主要有"妹妹"、父亲、母亲、姊姊、哥哥等。

潘漠华把对故乡的深情首先寄托在"妹妹"的身上。我们可以从他许多作品中看到已经熟悉的"妹妹",重逢沉浮于爱情的漩涡间。而他把人生意义概括为"痛苦与反抗痛苦",想逃离荆棘满地的现实而逃离不了的悲哀渗透在字里行间。湖畔诗人是新诗运动的先锋,也是现代爱情诗的先锋群。现代文学史专家王瑶就曾评他们"以健康的爱情为诗的题材,在当时就含有反封建的意义。"①"湖畔"吟爱是潘漠华新诗的主基调。潘漠华的爱情诗至少有40余首,占总诗的十分之四。比如前《杂诗之三》、后《杂诗之一、二》《雨后的蚯蚓》《想念》《隐痛》《黄昏后》《月夜》《祈祷》《将别》等等。1923年是潘漠华的诗歌创作年,量最多、味最浓,共有52首诗。这一年是他爱情旺盛期,也是情诗喷发期,现存《若迦夜歌》可当作他的情诗集,共有23首诗,这23首诗可谓句句含情、句句滴血。那么他爱情诗为何以凄苦的"悲恋"为主调呢? 潘漠华诗里的"妹妹"其实是她的堂姐潘翠菊,他们俩从小感情很好,后来相爱了。如果不了解诗人与恋人因为礼法所不容的爱情这一事实,就难以理解潘漠华的爱情诗何以竟有如此"不胜掩抑之致"的凄苦基调。例如《祈祷》这首诗中的几句:

> 在你门前来回地走着,
>
> 今夜是第七夜了,
>
> 这回是今夜的第九回了,
>
> 他望不得你出来,
>
> 他将会走到天明,

明夜也仍将会走到天明,

他将会永远的每夜都走到天明。

你痴心可怜的情人!

这种如痴如迷的恋爱,是令人十分感动的。"他"为了能见到心上人,只能在"她"门前苦苦徘徊。我们现在细细分析体味推测其中缘由,完全能理解其理智与感情的矛盾,即意识到这场恋爱在其现实性上只能以悲剧告终,又无法从刻骨铭心的恋情中挣脱。这种感觉时时在他心头循环往复,于是我们看到了贯穿于他诗创作全过程的灵魂的挣扎。潘漠华的诗以其悲情独树一帜。

潘漠华诗作中还有对家人的深切思念,不论悼念父亲(如《春歌》《呵》《晚上》等),还是思念母亲和姊妹(如《请你不要搅扰我》《月白的夜》《呈母亲前》《念姊妹》《回栏下》等)。他的诗都笼罩在悲凉的雾中,感受的现实生活是如此凄惨,他无法装出一副笑脸去面对生活。于是我们看到他思念亲人的诗几乎都透出一种愤世嫉俗的悲凉。

《呵》中是这样思念父母的:

我想念我底死父,

他呀,卧在一堆黄土中

——青草长者的下底;

我的母亲,扼心愁苦在房里吧?

一回想念已故人,一回想念远游的儿子!

即使回忆全家团聚的场面,眼眶也含着泪。

### 《游子》

破落的茅舍里，
母亲坐在柴堆上缝衣——
哥哥摔荡摔荡的手，
弟弟沿着桌圈儿跑的脚，
父亲看顾着的微笑：
都缕缕抽出快乐的丝来了，
穿在母亲缝衣底针上。

　浮浪无定的游子，
在门前草地上息息力，
徐徐起身抹着眼泪走过去：
父亲干枯的眼睛，
母亲没奈何的空安慰，
兄弟姊妹底对哭，
那人儿底湿遍泪的青衫袖：
一切，一切在迷漠的记忆里，
葬着的悲哀的影，
都在他深沉而冰冷的心坎里，
滚成明莹的圆珠，
穿在那缝衣妇人底线上。

　　家人团聚，游子归来，刚抽出的"缕缕""快乐的丝"，很快就"滚成明莹的圆珠"。全家团聚的场面，眼眶也含着泪。

## 二

　　除了上述爱情诗与亲情诗，潘漠华的诗中也有一部分反映自然风光和劳动人民,透露出悠悠的乡土情怀。乡土是人的物质家园,也是精神家园。每个人的内心都有一份乡土,这是任何人都摆脱不了的乡土情结,是人类永远的情怀。

"五四"新文化运动是中国文化的一次重要的现代转化运动,包括马克思主义在内的西方近、现代进步思想文化财富,作为一种异质于封建文化的新文化,最先在中国发达的都市传播。而远离现在文明的乡村,因为其闭塞却继续保持着小农宗法的封建文化。这样,正是处于杭州、北京这一新的文化环境,作为觉醒的现代知识者,潘漠华用冷静的眼光去审视他生活过的乡村时,种种落后闭塞的景象以及家乡人民的命运,带给他的是焦灼、忧思和悲苦。这种复杂的心态使他的诗歌与其他湖畔诗人相比,如汪静之、应修人笔下的山石树草、斜阳小径,构成了一幅幅精美的图轴,在这些画面上编织着富有资韵的美好的乡土情怀。而在潘漠华的诗歌中,已不再是单纯地歌咏自然,而是以自然为衬托注入了自己的情思,表达人间的苦与爱。如《春歌》中,以春桃红花、自在白云、金黄菜花来映衬"我底爸爸死了",原本灿烂的春光于是染上了悲情的苦调。

同样游美丽的西湖,由于自身情感经历的不同,当汪静之看见路上有一个小孩,产生天真的《路情》:"可爱的孩儿,来了几些花草,手捏一只,头上戴一朵。小圆脸儿烂漫地微笑着,和花儿一样地微笑着。围着我溶化了我的柔和的微笑呵?"而天真无邪的冯雪峰更是无拘无束地唱起《栖霞岭》:"栖霞岭上底大树,虽没有红的白的花儿飞,却也萧萧地脱了几张叶儿破破寂寞。"与他们的欢快明丽成为对照的是,潘漠华时刻不能忘记自身家世,无事不引起悲哀。在伴应修人等诗友游紫云洞时,他关注的是辛苦劳力的轿夫："倦乏了的轿夫……看出他女儿底乌黑的眼睛。"

桃红柳绿的西湖美景，引发的还是他那悲怆的身世之感。如在1922年4月的《乞者》，看到路边的乞丐，就联想到死去一年多的父亲，真是伤心人别有怀抱。

除了《轿夫》《野草》这些写世态的，还有《塔下》《孤寂》《回望》这些记下人情形的，不能不说是他对家乡劳苦人民和生活的关注，这种带有纪实风格的诗歌，大大丰富了潘漠华诗歌的情感世界。

《金华府南一个草湖内》就是一首以金华的自然风光为题材、抒发自己内心情感的诗歌，写得诗情画意、乡土气息浓郁。

### 《金华府南一个草湖内》

让我走过这个草湖——
脱下草履当作两头牛牵在背后，
用牧童的步伐，安舒地、无牵无挂地，
让我走过这个草湖。

白云来掩覆我，
让我在白云下葬吧！
拾黄草编成个摇篮，安舒地、无牵无挂地，
妹哟！我们来做个金黄的梦呀！

牛儿——我的草履，
你安安地吃草吧，莫要含情顾盼！
湖尽头处的行人哟！

我们是否是盘古以前的生民？

妹哟！我现在陶醉我自己，
以白云，以茫茫平原的风色；
我现在若是长眠了，那你莫泣，
那就是一个牧童死了。

让我在这草湖内沉沉地长眠去——
草履，我牛儿，你静静地吃草吧！
用牧童的心想，自在地，无牵无挂地，
让我在这草湖内沉沉地长眠去！

潘漠华的诗歌的"乡心"还可从他的诗题中看出，如《归家》《离家》《游子》《长年的流离》《漂泊者》《将归故里》等，都鲜明地表现了诗人漂泊异乡、倍感寂寞孤独、对故乡难舍难分的情思。《灵魂底飞越一》《灵魂底飞越二》飞往的是故乡，"去吧，飞往故乡去来。绕爱人底屋前屋后，回顾他向西的窗户，告诉伊，我在杭州是病呀！""随着笛声飞去，随着荒凉的胡歌飞去，裹我一大袋辗转床席的泪，横虚飞向故乡去呀！"对故乡感受深刻的，注定只能是那些永远不能回故乡的人。人生的悖论，注定只有那些永远在路上漫游的浪子，才能真正体会家的温暖。故乡与母亲是浪子全部的世界：没有谁比母亲更美丽，没有谁比父亲更高大，没有什么地方比故乡更美丽。王富仁教授在《中国文化的守夜人——鲁迅》这本书的序言里讲了这样的一种体验："记得小时候和母亲住在农村一座黑糊糊的土屋中，睡梦中醒来，见母亲还坐在我的身边，心里就感到很踏实、很安全。若是发现身边没有一个醒着的人,心里马上就恐怖起来。对故乡的思念很多时候就是对母亲的思念。母亲既是现实中的母亲,同时又是心灵的归宿与栖息地。"

"露从今夜白,月是故乡明。"杜甫的这联诗,道出了人们思念故乡、思念亲人的深沉执著而又殷切之情。"举头望明月,低头思故乡。"这句千古名言,更让流浪的人在月明星稀的晚上,独自一个人坐在高处,遥望着故乡的方向,思念家乡的亲人,回忆过去那美好的月光下留下的快乐幸福。思念,也是一种忧愁,因为不能回到家乡,体味那种温馨的芳香。故乡永远是最宁静的港湾,守候每一个游子的归航;故乡永远是最坚实的臂膀,宽广温柔的怀抱,慰藉每一个游子的沧桑;故乡是灵魂最后的归宿,是游子心中永远的母亲。

## 三

在湖畔诗人中,潘漠华的诗较少,但影响较大。当《湖畔》诗集问世后,就上海读者意见看,"也有十分之九强说潘漠华的诗好。"一首诗可以引起无论何种肤色的人底感兴,这就有永久的价值了。

潘漠华诗歌中的"乡心",首先是通过大胆的真情实感的告白表露出来的。20世纪的诗歌反映的是真实的情感燃烧。"所谓真实,并不单是非虚伪,还须有切迫的情思才行,否则只是谈话而非诗歌了……譬如一颗火球须燃烧至某一程度才能发出火焰,人的青丝也须燃烧至某一程度才能变成诗料……所谓某一程度,即是平凡的特殊化。现代小说家康拉德所说的"人生比现实的受到一种铭感,将他艺术地表现出来,这便是诗。"写诗本来就是为了抒发心中的真情实感,以表现自己的心理状态和精神面貌。没有真感情就不能称其为抒情诗。比起郭沫若、余光中等的诗歌,潘漠华的诗歌表现的爱情生活有欢愉但更多的是哀伤,但不论怎样,他都袒露了自己纯真的心灵。朱自清说:"中国缺少情诗,有的只是'忆内''寄内',或曲喻隐指之作;坦率的告白恋爱者绝少,为爱情而歌咏爱情的更是没有",但潘漠华做到了,他的情诗,有时曼声轻唱,有时如诉如泣,有时情流狂涌,其中有感于环境险恶的忧愤和悲伤,也有满怀恋情的蜜语,细品情味甜中带苦。诗人袒露胸怀,不加修饰,"连我一切写不出的情爱都放上悲哀色彩。"他敢于冲破封建礼教和传统习惯束缚的勇气,写出了"五四"青年在爱情上的觉醒,对自由和恋爱与婚姻的热烈向往与追求。

潘漠华的诗"最是稳练、缜密",潘漠华诗歌中的"乡心"还通过鲜明的意象来表现。意象是诗歌的基本元素,即"意中之象",也即渗透了作者主观情意的物象。潘漠华在意象和意境的创造上,直接借鉴古典诗词的经典意象。如《游子》中"都缕缕抽出快乐的丝来了……穿在母亲缝衣底针上。"就是来自传统文化里定型化了的"慈母手中线,游子身上衣""临行密密缝"的意象,真挚地抒发出了对母亲的爱。潘漠华的诗叙说舒缓而亲切,运用写实手法,又以白描见长,着墨不多,意象生动具体而凸现,栩栩如生,全诗浑然一体。如《晚上》"天竹散在墙角,万年青栽在石架上的土杯里。母亲坐在藤椅中,弟弟伏在母亲的膝头;姊姊和哥哥们零落坐在矮凳上。月亮上山了,照过每个人底面颊。他们面面相窥着,各用眼光追寻了;四周望转交,望不见爸爸了! 于是那六只干枯的眼睛里,淌下十二行晶晶的泪来。最后,他们低头抹去泪,各自低头凄凉的散开;待各自睡上床去时,用被头蒙着头而哭了!"

潘漠华的永远的"乡心"还体现在他的鲜明独特的诗语上。潘漠华的诗歌语言直白、感情充沛,尽管在格律化倾向上,没有其他湖畔诗人那么突出,一般仅表现在每节的句数较固定,多为四句或五句,章法渐趋整齐。格律很严的不多见,仅有《三月五晨》,但他诗中的浓浓的乡情震撼着读者的心,如《月白的夜》:"前夜梦境回来,仿佛是在故乡,我就披衣下床,想走去听我母亲——那每夜的长叹息。但匆匆走到庭前时,望得月夜是白的,知道我是留在客地,'故乡! 故乡是在六百里外!'颓然地泫泪了。含泪向微曦的天星,诉说我心头一般的话"。这样的语言,贴切而充分地渲染了深沉的思乡之情,弥补了格律上的不足。再如基调最凄苦的组诗《夜歌》由23首短诗组合而成为一个艺术品,全诗的感情深厚,凄苦缠绵,这些浸透了悲哀或酸楚的带着血与泪的恋歌,表达了对恋人的爱慕,深深地触动人心,使他的诗歌能以别人绝难重复的声音而宣告自己不容忽视的存在。

潘漠华,这个英勇的革命烈士,虽然在成为共产党员之后没有留下更多的篇章,但他那"哭泣在湖畔"的诗歌却是永恒的,表达了永远的"乡心"。

注释:
①王瑶,《中国新文学史稿》,上海文艺出版社出版。

## 作者简介

陈文兵,1967年生,浙江东阳人。金华教育学院人文分院副院长,教授,文学硕士。

# 应修人、潘漠华烈士和《支那二月》

丁景唐

　　应修人烈士(1900—1933)和潘漠华烈士(1902—1934),先后在 1933 年和 1934 年为中国革命事业献出了宝贵的生命。应修人烈士是在 1933 年 5 月 14 日被国民党特务从四层高楼的窗口推下而牺牲的,当时是中国共产党江苏省委宣传部部长。潘漠华烈士是 1933 年 12 月在天津担任中国共产党天津市委宣传部部长时被敌人逮捕,在 1934 年 12 月于牢狱中和同志们一起进行绝食斗争时牺牲的。他们在"五四"运动后开始文学活动,从事新诗的创作,在当时曾发生过相当影响。"五四"运动后,他们投身革命的实际工作,以后很少创作。

　　应修人、潘漠华烈士主持的《支那二月》,今存四期,为我国二十年代初期新文学期刊中的珍品之一。

　　该刊编排格式颇具创造性。刊名《支那二月》列于左上方,用二号铅字排印,四周以横纹花边镶框,报头右角标明"文学月刊"字样及卷期等,有一种新颖、简朴的美感。每期为 16 开本8-12 页,用两栏横排,约一万字。各期页码是连续的,第一卷一期、三期、四期都为 8 页,第一卷二期为 12 页,四期共 36 页。创刊日期署"1925 年雨水节",第二期署"1925 年 3 月春分日",第三期署"1925 年 4 月谷雨日",第四期署"1925 年 5 月",也很别致。

《支那二月》,编辑者署名"湖畔诗社",因创刊于1925年2月,即以《支那二月》为刊名,这和朱自清等编印《我们的六月》《我们的七月》命意相似。"湖畔诗社"并无严密的组织和规章,实则是应修人和潘漠华等几位爱好文学的青年的一个文学结社。他们早在1922—1923年间先后编印过湖畔诗集两册,即1922年4月出版的《湖畔》和1923年底出版的《春的歌集》。《支那二月》是继两册湖畔诗丛后的一种文学刊物,更确切地说是以诗歌为主体的诗和散文的专刊。在《支那二月》上写稿的,也就是湖畔诗社的几个主要成员,即潘漠华、应修人、冯雪峰、谢旦如①、魏金枝②、汪静之、楼建南(适夷)等。在作品的数量上和成就上也以潘漠华、应修人两位为最。

《支那二月》上发表的作品,每期大致为诗十几首,散文三、五篇,作品多是抒写青年恋情和个人不幸的遭遇,间或也有控诉对社会封建婚姻不自由的反抗的呼声。朱自清在其编选《新文学大系·诗集》③的导言中,曾对湖畔诗社几位青年诗人的诗有一段评语:"湖畔的四个年轻人,他们那时候差不多可以说生活在诗里。潘漠华氏最是凄苦,不胜掩抑之致;冯雪峰氏则明快多了,笑中可也有泪;汪静之氏一味天真的稚气;应修人氏却嫌味儿淡些。"这段评语自然只就湖畔诗社的几位青年诗人在抒情方面各自的特色而言,还不能概括湖畔诗社的全义。要理解应修人、潘漠华的诗的含义及其历史的成绩,我觉得,人民文学出版社编印的《应修人潘漠华选集》④的《前言》中的评价是恰当的:"这本选集中所收他们两人的作品,大部分都选在他们成为共产党员之前,但都可以作为了解当时这样的青年的思想感情状况的资料看,同时作为'五四'以后新文学总的成就中的最初的成绩来看,也是有其价值的。他们两人都以写诗为主,在当时曾发生过相当影响。这些诗篇,可以看出作者努力的痕迹:他们怎样从旧的束缚中解放出来,怎样学习新的语言,更重要的是他们怎样寻找新的世界和追求新的生活——虽然还带有一些朦胧的色彩;而在诗的形式格律方面,也显示出我国传统诗歌的优美精炼的长处和人民口头创作的新鲜活泼的特色。他们大胆地写出了当时青年人的恋爱心情,突破旧礼教的束缚,在反封建方面有其积极意义。"用这一评价来看《支那二月》上两位烈士的作品,是适当的。现在,试将两位烈士刊载在《支那二月》上的作品综合作一介绍。

应修人烈士发表在《支那二月》上的作品,计有9篇,其中诗6篇(首)、散文诗1篇、散文2篇,分别用了修人Siujen的署名。现将这些作品的署名题目和发表的刊期列表如下:

修人:《灰黑的手帕》(诗),刊第1卷第1期。

修人:《那时候》(诗),刊第1卷第1期。

修人:《殒星》(诗)文末署"1924的秋",刊第1卷第1期。

《致读者》文末署"本社同人",刊第1卷第1期。

修人:《雪夜》(诗)文末署"1925年1月",刊第1卷第2期。

修人:《茶时候》(诗)文末署"1924",刊第1卷第2期。

修人:《三月十二夜》(散文)文末署"孙先生死后一日⑤记",刊第1卷第2期。

修人:《黄浦江边》(诗)文末署"春里",刊第1卷第4期。

Siujen:《不留名字的爱我者》(散文诗)文末署"Siujen旧作(1924)",刊第1卷第4期。

潘漠华烈士发表在《支那二月》上的作品,共11篇,其中诗8篇(首)、散文3篇,分别用了若迦、漠华、田言、训、潘训的署名。这些作品的题目和发表的刊期列表如下:

若迦:《虚无》(诗)文末署"括苍山中",刊第1卷第1期。

若迦:《一段难堪的归程》(诗),刊第1卷第1期。

若迦:《金华府南一个草棚内》(诗)文末署"1923夏,金华",刊第1卷第1期。

漠华:《归后》(诗)文末署"一月十四日"⑥,刊第1券第1期。

田言:《白鸥的哀声》(散文)文末署"一九二五年一月十八日北京",刊第1卷第1期。

训:《除夕通信》(散文)文末署"旧历除夕",刊第1卷第1期。

若迦:《志梦》(诗),刊第1卷第2期。

若迦:《遗坟》(诗),刊第1卷第2期。

若迦:《逝事》(诗)文末署"1923秋",刊第1卷第2期。

漠华:《湖上的夜》(诗),刊第1卷第2期。

潘训:《在我们这巷里》(散文)文末署"1925、北京",刊第1卷第3期。

应修人烈士发表在《支那二月》上的诗6首:《那时候》《茶时候》《灰黑的手帕》《殒星》《雪夜》《黄浦江边》,还有散文1篇《不留名字的爱我者》,都已收入《应修人潘漠华选集》中,尚有《致读者》《三月十二夜》两篇散文未收。

在这6首诗中,诗人从前那种低徊歌唱爱情的声调已逐渐减弱,而同情不幸的穷苦的妇人、被压迫的女性的歌声逐渐增强。在《灰黑的手帕》中,诗人为"用灰黑的手帕揩眼泪"的穷困

的少妇,描绘了一幅速写像:

"你却敲下你片片的青春,

熔成了早夜的操劳,

反买来个孤零、凄苦。"


"你棉袄绽出了棉花,你手帕

不曾洗净,你手上是有冻疮……

再穷再苦,于你有什么呢!

你剪破了的欢乐,难以缝好;

你带血的心灵,洗了又红。"

诗人显然是和这位不幸的穷困的少妇站在一边,对这位"被冷谈、被忘记的姊姊"寄于无限的同情。

而《雪夜》和《黄浦江边》中,诗人的歌声变得高昂起来,诗的倾向性和社会意识的觉醒加浓起来。这两首诗是诗人的成熟之作,也是诗人和诗歌的告别之作,这以后,应修人烈士几乎不再写诗了⑦。这两首诗标志着诗人的创作达到了一个新的高度,充分地反映了作者在"五卅"反帝爱国运动爆发的前夜,在负责革命的文化工作中,思想上有了很大的提高,因之,他的诗的内容也有了新的跃进。

在《雪夜》中,应修人以前所未有的气魄,引吭高歌推翻旧世界的强音。诗人在霰雪横飞的深夜,迎着风雪,走向街头,以高昂的激情歌唱了群众企求打碎旧世界的革命要求:

躺在夜空的尸云,好象道学面孔,

没奈何他后辈们满地喧闹癫疯……

愈急愈奔腾愈浙潮汹涌,

呵,你们冻饿的群众!狂喊狂冲,

万岁呀万岁呀一幕悲壮的"世界暴动"!

诗人又对着在穷巷的"雪压的屋檐下"歌唱起来,他深情而关切地询问道"这里面,有没有些呢工人模样",在"破桌边,慷慨演讲"?诗人接着劝告深夜盼望儿子归来的母亲,收藏起"连环的慈母软绳",让"风雪的天地"供凌云壮志的战士们驰骋。诗人向狂风致意:"我请求你,风哟! 你再着力狂吹!"在"五卅"的前夜,诗人预告了——

灰茫茫的,呵,你这铅白世界!

几个受你覆盖的,是真壮健丰美?

我把你这银发的冬树猛推,

呵! ——人世的衣冠呀,万朵齐坠!

诗人迎着漫天飞扬的白雪世界,为推翻白色统治的旧制度——"冬树",走向战斗的明天!

在《黄浦江边》一诗中,诗人改换了在《雪夜》中所运用过的含蕴的抒情手法,而直接地揭发了帝国主义吸血鬼对于殖民地上海的罪恶统治。诗人在"春风峭厉的铁阑杆旁"控诉了黄浦江边帝国主义的猖狂:

江上有万色的旗帜飞扬,

兵舰跟商船,这样济济跄跄,

……

我看江上,江上蛇舌样的旌旗吞吐,

我看岸上,岸上狰狞着洋房巍峨……

这洋房,一石一瓦,岂不就是嶙嶙白骨?

你滔滔的黄浦江呀! 你流的是谁底血肉?

　　诗人创作这两首充满革命激情的诗篇,时候正当1925年的春天,这不是偶然的巧合,这是诗人思想发展的必然趋向。帝国主义的压迫,必然要激起被压迫人民的反抗。人们在诗人激越的歌声中已隐隐地听到了"五卅"反帝运动的春雷的到来!

　　潘漠华烈士发表在《支那二月》上的11篇作品,只有《湖上的夜》和《归后》®两诗收入《应修人潘漠华选集》中,余9篇都未收入。和应修人发表在《支那二月》的诗比较起来,潘漠华的诗仍保留着湖畔诗集中那种压抑悲切的情绪,艺术技巧上有所增进,但在思想上,作者仍未摆脱小资产阶级知识分子那种受到旧社会压迫而又找不到出路的忧悒心境。如《归后》中,诗人借酒浇愁,归后依然如故,忧伤不已。这首诗相当能代表作者当时的心境:

　　　　灼耀灼耀的街灯里,

　　　　我茫茫地去了;

　　　　灼耀灼耀的街灯里,

　　　　我茫茫地归了!……

　　这类消极情绪,不仅显露在诗中,而且也流露在散文中。《白鸥的哀声》中描写这种心境就很显露。作者说:"在近日我的怀里,自己虽还年轻,但一种太早来的中年人的凄悲常袭住我,时常有些生活的虚无悲感。"为什么作者会有这种消极的思想呢? 如果知道了作者的身世经历之后也就不难理解。

　　当我们读过了诗人的一组连续性短诗《若迦夜歌》和《春的歌集》中《秋夜怀若迦》之后,就能容易理解作者的心情。《秋夜怀若迦》中提供的资料比《若迦夜歌》更明白些。原来,诗人"却是饱尝了人情世态的辛苦人",被封建礼教紧紧束缚,没有恋爱自由,父亲因子女受辱、被债主逼迫而死,哥哥姊姊也被旧礼教所侮辱、所吞噬。诗人曾企图"披棘斩荆"开辟新天地⑨,挣脱旧礼教的运命,"尽我们光明的血汗,去日夜创造我们底宇宙"⑩,但是作者当时从浙西远奔北国到北京大学求学,受到的是资产阶级的教育,尚未寻求到革命道路和革命战士的引导,因此对旧社会的压迫虽有不满,要想反抗,却没有解决的办法,陷于苦闷彷徨忧郁烦恼之中。《在我们这巷里》,作者从北京一个小巷的日日夜夜,接触了错综复杂的社会生活的一角。作者一方面仍有着消极的情绪,一方面也对肩挑生活重担的劳动人民的子女和冬夜在街头叫卖的小贩表示了深厚的同情,对军阀混战感到愤慨。但作者正如许多未找到党的正确领导之前的小资产阶级知识分子一样,充满了对于那个可诅咒的旧时代的苦闷彷徨情绪。而当他一旦对旧社会的不满和劳动人民群众的求解放的斗争结合起来,他的眼睛就明亮起来,有了斗争的目标和方向,有了向旧世界宣战的勇气。

1925年5月30日,上海爆发了轰轰烈烈的"五卅"反帝爱国运动,应修人、潘漠华烈士分别在上海和北京投身于伟大的反帝斗争行列,《支那二月》遂废刊。而他们也在反帝斗争的高潮中结束了"树林里有晓阳,村野里有姑娘"的"湖畔"诗篇,而展开了用壮烈的生命抒写伟大革命诗史的新的一页。他们后来都参加了第一次国内革命战争的实际工作。在1933年5月和1934年12月先后为中国革命献出了自己的生命,用生命和鲜血写下了灿烂的诗篇。《支那二月》遂成为他们早期文学活动的一点鸿爪了。从湖畔诗人起步,最终把自己的生命献给了伟大的解放事业,应修人、潘漠华烈士的道路,是中国革命知识分子追求马克思主义、追求真理的艰难历程:道路上洒满革命烈士、志士仁人的鲜血,耀映着我国无产阶级文学的前进之路。

1963 年 1—3 月

**注释:**

①②在《支那二月》第二期(1925 年 3 月)上有湖畔诗集的广告一则,除《湖畔》《春的歌集》已出的一、二集外,尚有第三集《过客》(魏金枝的诗)和第四集《苜蓿花》的出版预告。不久,谢旦如《苜蓿花》(三行诗 35 首)于 1925 年 3 月即出,而《过客》以后迄未出版。

③《新文学大系·诗集》,1935 年 10 月上海良友图书印刷公司出版。

④《应修人潘漠华作品》,1959 年 3 月人民史学出版社出版。

⑤指 1925 年 3 月 12 日孙中山病逝。

⑥即 1925 年 1 月 14 日。

⑦在《应修人潘漠华选集》中虽然还留存《海参卫的海》(1927 年)和《在莫斯科》(1928 年)两首八行一十二行组诗,但从创作上考察,那已是偶尔之作了。

⑧《应修人潘漠华选集》第 124 页上误将《归后》的写作年份错成 1934 年 1 月 14 日。按:《支那二月》第 1 卷第 1 期出版于 1925 年 2 月,《归后》应为 1924 年 1 月 14 日所作。

⑨《若迦夜歌·三月二十二夜杭州》,《春的歌集》第 3 卷第 22 页。

⑩《若迦夜歌·寻新生命去》,《春的歌集》第 3 卷第 50 页。

# 歌笑和歌哭:湖畔一百年

孙昌建

## 一、是哪里吹来这蕙花的风

一百年前的今天。

1922年3月31日,杭州城站火车站,一列上海开来的火车进站了,一学生模样的小个子男人,手里拿着一张照片,正四处打量出站的人。那个年代,城站火车站是杭州最热闹的地方之一,来自全国各地的观光客,特别是上海人最喜欢来杭州西湖旅游了。

这个学生模样的人,就是浙江一师的学生汪静之,他要接的人,就是来自上海的银行职员应修人。此前,应修人特意去翻印了一张照片寄给了汪静之,以便汪静之辨认。

几天之后,著名的湖畔诗社就在杭州西湖边"诞生"。从此,几位写新诗的年轻人歌笑在湖畔、歌哭在湖畔。写新诗的人,用今天的话来说,就是想搞搞新意思的人,如用一部电视剧的剧名来描述,他们都处在一个——觉醒年代。

很长一段时间里,汪静之成了湖畔诗社的形象代言人,因为当年的诗人同学有的英年早逝,有的一生坎坷,只有汪老尚可以在西子湖畔安度晚年。

汪静之的代表作叫《蕙的风》——

> 是哪里吹来这蕙花的风——
>
> 温馨的蕙花的风?
>
> 蕙花深锁在园里,
>
> 伊满怀着幽怨。
>
> 伊底幽香潜出园外,
>
> 去招伊所爱的蝶儿。
>
> ……

汪静之是1920年的秋天到浙江一师上学的。据说当时汪静之的数学、常识和英语皆考了零分,但作文甚佳,那不是一般的好,而是要让老师摘下眼镜连看几遍拍案击掌的好,后来是国文老师的力争,浙江一师才破格录取他,从此也成全了一位爱情诗人,杭州和中国才有了湖畔诗社。汪静之此前读过八年私塾,从未接触过理科和英语,而诗文功底却相当深厚,如安徽绩溪的根底。

数学考零分还能入学,这在今天看来是匪夷所思的。当时一师风潮已经结束,虽然走了经亨颐校长和"四大金刚"陈望道、刘大白、夏丏尊和李次九,却又来了一批诗人作家,如后来影响到汪静之等湖畔诗人们的朱自清、叶圣陶、刘延陵和王琪等,这四人被称为"后四大金刚",他们在一师的时间虽然也不长,却影响了这一批诗人的成长,除了汪静之之外,还有潘漠华、冯雪峰、魏金枝、柔石等。

1922年8月,《蕙的风》出版问世,这是汪静之们最好的时期。

当时浙江一师的新诗写作者中,与汪静之同龄又是同班同

255

学的，还有来自浙江武义的潘漠华。漠华一名的意思，据说是要在沙漠中开出鲜花来。一师的风气我们也知道，虽经风潮，但新文化的种子还在，不仅开出花来还结出了果实，何况新任校长姜琦也基本继承了前任经校长的衣钵，对学校和学生的开放度上，可以说较两年前是更为宽松了。正是在这样的风气下，诞生了著名的湖畔诗社。而早于湖畔诗社的晨光社，也就是在那样的氛围中诞生的。

据董校昌先生的研究和考证（新文学史料1985/3），晨光社是由潘漠华发起组织成立的。潘和汪是同班同学，当时学生中写作新诗，一开始都是悄悄的，何况诗作的内容多半是爱情诗，是只有"她"才能看得到的。在班级和学校里，最早出名的就是汪静之，因为他于1920年9月就已经在《新潮》杂志上发表了两首诗作，这个杂志在当时的影响力是仅次于《新青年》的，如此一来汪诗人在全校都出名了，说从此没有人再叫他名字而直呼其为"诗人"了。

晨光社除了潘漠华和汪静之，还有就是赵平福和魏金枝，赵平福就是后来的柔石，柔石也是跟汪、潘同年龄的，但他在1917年就到一师就读了，也是经历了风潮的人，他也是直到1923才毕业离校的。柔石毕业之后参与了印刷工人办的报纸，后就参加了工人运动。

晨光社还有章程，"宗旨"是"研究文学"；而"社员"是"有志于文学之男女青年，由本社社员二人以上之介绍，经全体社员半数以上之同意者，得为本社社员。"

"经费"规定：入社费小洋2角，常年费和临时费，临时酌收。

晨光社的影响力还是相当大的，一方面它是浙江的第一个新文学社团。当时的《小说月报》主编沈雁冰先生为了解各地的文学社团活动,曾向在杭州的原一中学生查猛济了解情况,查遂向沈汇报了晨光社的情况,于是《小说月报》也刊登了晨光社的消息,晨光社由此也成为全国最早的文学社团之一。

也有的人因为参加了晨光社,从此走上了职业文学的道路,比如说后来的柔石,据说原先的理想是当教育家,后来就变成当文学家了。

必须要说明的一点是,晨光社是后来湖畔诗社的基础,湖畔诗社的四位成员中,有三位就是晨光社的骨干,他们是潘漠华、汪静之和冯雪峰。

一个不争的事实是,浙江一师既出革命家、理论家和艺术家,也出文学家,这正是一师的伟大之处。

**二、我们歌笑在湖畔,我们歌哭在湖畔**

上海银行职员、浙江慈溪人应修人,住进了湖滨清华旅馆11号房。

应修人到杭州来,要会一会比他小两岁的汪静之。对此,应修人在日记中写道:"静之,十分可爱的静之,已在迎我了。"

如果说晨光社仅仅是校内的社团,那么后来的湖畔诗社就是跨界的社团,是学生跟社会上的人组合成一个文学小社团了。当时的汪静之已经在外发表诗作,这便引起了应修人的注意。他那时正在上海苦习新诗,一开始还写过旧体诗,他看到汪静之的诗,便开始与他通信,通着通着,他决定来杭州会会这位小诗友,顺便春游一下杭州的西湖。

修人来了,静之自然要陪同游湖。修人是14岁就做学徒了,校园生活过得少,所以他便要静之介绍几位同学认识一下。当时应修人的身份是中国棉业银行出纳股的主任,应该说他已经谋得了一个很好的职位,基本过上了衣食无忧的生活,但是诗歌仍是他最为钟爱的。

静之介绍了潘漠华和冯雪峰一同游湖,这也有应修人的日记为证:"四月一日,从柳浪闻莺、雷峰塔到花港观鱼、苏堤,乘船。登栖霞岭,过紫云洞,登葛岭,初阳台,宝石山,保俶塔,回。"

第二天在灵隐方向,第三天在吴山一带,第四天往六和塔方向了。

有一种未经证实的说法,因为当时他们所坐的西湖上的小船只是四人座的,所以这一"形式"便决定了"内容",决定了湖畔诗社实际上只有四个人,这也可能解释为什么柔石和魏金枝不属于湖畔诗社,这不能不说是一个遗憾。

事实上,湖畔是一个没有界限的诗社,因为它没有纲领、没有宣言,这跟此前的晨光社反而有所不同,它只是一个同人兼朋友的松散型组织,包括以湖畔诗丛名义出版的谢旦如的诗集,所以有时也把谢旦如算作是湖畔诗社的成员。

这里有一点要注意,应修人来杭州,等于是给自己放了一个春假,他是在银行请了一个星期的假,所以这次游玩不是那种匆匆的形式,而浙江一师的这三位同学,虽然不能说是全程陪同,但由此看得出他们学习的功课任务也不是很重,当时的一师提倡"自学",所以有的是时间,这有汪静之平时星期天必去游玩可以佐证,而与潘漠华堂兄同在宗文中学读书的周颂棣,也撰文回忆潘漠华一到星期天都要找他们玩,可见一师的学习氛围是相当宽松的。后来应修人的夫人曾岚也写过他们当时的生活——在白堤上散步,桃树下写诗,雷峰塔旁吟诗,诗文唱和,快乐无穷……

这一次杭州之行,应修人一共花费了46元,来杭时坐二等车,回沪时坐三等车。

作为这一次聚会的纪念,他们很快便编定了四人诗集《湖畔》。一开始还只有应、潘和冯的三人,因为汪静之已经编好了他的个人单行本《蕙的风》,后来应修人觉得有所不妥,于是又从汪静之编定的诗集中抽了6首,这样四个人的诗便都有了,四人座的小船便就满员了。

一百年之后的今天,我们来看这四位诗人那几天相聚时的诗作,也是相当有意思的,这虽然不是同题诗,但在暗中却也还是有着比试的,那都是要交出佳作来的。

先看应修人的《心爱的》,虽有点应景,但"有心爱的诗集,终要读在心爱的湖山里的"一句,却也道出了诗人湖畔相聚的妙趣——

逛心爱的湖山,定要带着心爱的诗集的。
柳丝娇舞时我想读静之的诗了;
晴风乱飑时我想读雪峰的诗了;
花片纷飞时我想读漠华的诗了。

漠华的使我苦笑;
雪峰的使我心笑;
静之的使我微笑。
……

(1922年4月1日)

259

汪静之的《路情》则一如他以往的风格,颇有点情人眼里出西施的味道——

　　可爱的小孩儿;

　　采了几些花草,

　　手里捏一枝,

　　头上戴一朵。

　　小圆脸儿烂漫地微笑着,

　　和花儿一样地微笑着。

　　围着我溶化了我的柔和的微笑呵!

(1922年4月2日)

再来看冯雪峰的《栖霞岭》,这感觉完全跟应和汪的不一样,他的诗总有一种苦味,或者叫人间况味吧——

　　栖霞岭上底大树,

　　虽然没有红的白的花儿飞,

　　却也萧萧地脱了几张叶儿破破寂寞。

(1922年4月1日)

那么潘漠华的呢,他在那几天也写了好几首诗,我们且看他的《乞者》——

　　我再三想起,

　　在红花缤纷的桃树下想起,

　　在绿草纷披的沙堤岸想起:

　　今天湖畔归来,

　　经过楚妃巷口,

　　多年的粉垩剥蚀的墙脚,

　　立着一个和我爸爸相似的乞者,

260

向我伸出两手来。

（1922年4月3日）

这就是歌笑在湖畔、歌哭在湖畔，这也就是春的歌集。

然而当时新诗的出版是一件极难的事情，没有机构愿意出，于是应修人便在上海自作主张，自己出资195元，印了3000册。3000册的诗集即使在今天有14亿人口的中国看来，也是一个颇为可观的数字了，何况是在1922年。修人自己出资印诗集的举动当然令三位同学十分感动。他们的老师朱自清也在《文学旬刊》上（1922/5/18）撰文，充分肯定了这本诗集，朱老师说："《湖畔》里的作品都带着些清新和缠绵的风格；少年的气分充满在这些作品里。这因作者都是二十上下的少年，都还剩着些浪漫的童心；他们住在世界里，正如住在晨光来时的薄雾里。他们究竟不曾和现实相肉搏，所以还不至十分颓唐，还能保留着多少清新的意态……"

朱老师的观点，大致也是为《湖畔》，包括为后面汪静之的《蕙的风》是定了基调的，这也确实是这些青年诗人的风格基调。

《湖畔》是1922年4月出版的，到了8月份，汪静之的个人诗集《蕙的风》出版了，后来相关的评论便集中在这一部汪著上了。不过有一点要注意，在中国新文学种类的新诗集出版中，《湖畔》是名列前茅的。十多年之后的1936年，朱自清在编辑《中国新文学大系·诗集导言》中说——真正专心致志做情诗的，是"湖畔"的四个年轻人。他们那时差不多可以说生活在诗里。潘漠华氏最凄苦，不胜掩抑之致；冯雪峰氏明快多了，笑中可也有泪；汪静之氏一味天真的稚气；应修人氏却嫌味儿淡些。

因为应修人不能算是朱老师的学生,所以对其评价也颇为苛刻了一些,其他三位倒基本说到点子上了。可以说湖畔诗社是中国新文学的成果之一,也是杭州在一百年前对新文学的贡献。

### 三、湖畔不是风流地

想了解一百年前的杭州,可以看外国传教士拍的照片,也可以看这批湖畔诗人的诗作。

我们先来看湖畔诗人笔下的西湖和杭州。

冯雪峰有一首《灵隐道上》——

> 在到灵隐去的那条路上,
> 我们碰着许多轿子;
> 但我只留眼过一把。
> 轿夫底脸还没有洗,
> 可见他们底早餐也不曾用过了;
> 但这时太阳已经很高了。
> 轿内是个一个年青的妇人,
> 伊坐得很端正,
> 却睨着眼儿看着我们;
> 伊虽打扮得很美丽,
> 却遮不了满心的悲苦。
> ——于是我们知道
> 苦痛的种子已散遍人间了。

冯诗的风格明显有别于汪静之式的爱情诗。这首诗的特点用一个词来形容的话,那就是"苦痛"。

而在另一首只有两行诗句的《一只》中,诗人的感情却是凝炼到了极点——

一只牝鸡被一只雄的强奸了,

伊底被践踏的呼喊底悲愤呵!

应修人是四位诗人中资历最老的,人也显得相对老成持重,年龄也比其他三位长两三岁,如果仅仅从生活的角度来说,银行中层的修人已经很好了,且能出资自费出诗集,但是他的心灵仍然被诗神所吸引和召唤,他写西湖的诗无疑是精品中的精品,像这几句完全是一种移动中的镜头,如果用电视人的术语说起来,那是需要大摇臂才能拍得出来的美景——

从堤边,水面

远近的杨柳的掩映里

我认识西湖了!

应修人的这三句西湖,解决了一个岸与湖之间的关系,正如苏东坡的那一首名诗,解决了西子和西湖、晴和雨的关系。

应修人当然也不全是这样的作品,他也有慷慨激昂之作的,其中最为人称道的代表作便是《听玄仁槿女士奏伽耶琴》。玄女士当时是一名流亡在上海的朝鲜乐手,诗里那种民族和世界的沉痛跃然纸上,而且味儿一点也不淡。

应修人也还呼应过冯雪峰的“践踏”,他写出了“蹂躏”——

田塍上受过蹂躏的青菜,静静地睡着,

还是绕些远路走呢,还是践伊而过呢?

而要说起潘漠华,他对湖畔最大的贡献莫过于两点:第一,他贡献了这两句话——我们歌笑在湖畔/我们歌哭在湖畔;第二,他发起组织了晨光社。具体就潘漠华的诗来说,朱老师说得还是在理的,他是"最凄苦,不胜掩抑之致"。为何会最为凄苦呢? 就因为他有苦恋的情事,他苦恋的对象便是他的堂姐,即诗中一直是被称为"妹妹"的,就因为这样的恋爱被人认为是不道德的,所以诗人是有深深的自责的,他就自称四个诗人中他是品格占第四位的。这样的情感反映在诗歌中,最有代表性的便是他写于1921年的《隐痛》——

> 我心底深处,
>
> 开着一朵罪恶的花,
>
> 从来没有给人看见过,
>
> 我日日用忏悔的泪洒伊。
>
> 月光满了田野,
>
> 我四看寂寥无人,
>
> 我捧出那朵花,轻轻地
>
> 给伊沐在月底凄清的光里。

如果从湖畔诗人在浙江一师求学的那几年来看,这可能也是20世纪中国最好的那几年,汪静之1922年出版《蕙的风》之后迅即遭到道学家们的谴责,但是鲁迅、周作人、胡适、朱自清、刘延陵等一批文化名家全是挺汪的,他们为汪静之的"一步一回头地瞟我意中人"来保驾护航,这又是何等的阵势啊。而几年之后,也就是在歌笑歌哭之后,青年诗人们也都被时代大潮裹挟着冲向了更为汹涌的大江大河,而非只是在西子湖畔了。

1926年,时已成为中共党员的应修人"敲掉"了银行职员的铁饭碗,被党派去广州黄埔军校工作;也是1926年,也是中共党员的潘漠华中止了在北大英语系的学习生活,南下武汉参加了北伐先遣部队;还是在1926年,汪静之辞去了教职,由郭沫若介绍去武汉的国民革命军政治部宣传科工作了;对了,汪静之一度和郭沫若、郁达夫等创造社的诗人作家们走得很近,特别是跟郁达夫,所以晚年的回忆录会有爆料。

1927年6月,冯雪峰加入了中国共产党。

湖畔诗人们后来的命运也可歌可叹。

应修人1927年被党派往莫斯科中山大学学习,第二年女生曾岚也去该校学习,他们就这样结为了夫妻。1930年回国后夫妻俩曾在周恩来领导下的中央油印科工作,后来应修人参加了左联的工作,参与左联机关刊物《前哨》创刊号装订与发刊工作。1932年组织派他担任江苏省委宣传部部长,1933年,他不知丁玲已被叛徒出卖而被捕,在去丁玲寓所时被特务发现,在与特务搏斗时不幸坠楼牺牲。

潘漠华早年参加过北伐先遣部队,也曾领导宣平(武义)农民起义。后来他又到开封、沧州、北平等地以教书为掩护,从事党的秘密工作,后担任天津市委宣传部部长,1934年12月被捕并进行绝食斗争,后被狱警在喉咙里灌开水烫死,其情其境是可以想见的惨烈。

冯雪峰的命运我们也大约已经知道了。他晚一年毕业。1923年,浙江一师爆发了骇人听闻的一师毒案,冯雪峰也中毒倒下了。应修人听说此事后还特意从上海赶到杭州来探望。好在冯雪峰躲过了一劫。新中国成立之初,冯雪峰曾任中国作协副主席和党组书记、人民文学出版社社长兼总编辑、《文艺报》主编等,1976年1月,冯雪峰离开了人世。对了,他是义乌人,他的老师陈望道也是义乌人。

汪静之没有走上职业革命家的道路,1949年之后,他不可能再歌笑和歌哭了。后来他被人民文学出版社莫名地解了职，好在当时还有中国作协，他便在那里领了一份闲工资，退休之后回到杭州，在望江街道居住。晚年的汪静之为设湖畔诗社纪念馆而奔走。1993年，老人写了一份小传，上面说到"我在解放前，都靠不谈政治，明哲保身，苟全性命，一世平安，没有受过政治上的灾祸"。1996年，汪静之与世长辞。

回到文章的开头，1922年3月31日，距今已经一百年过去了。只是说在杭州这座城市里，诗歌以另一种形式存在着，它有时就是湖光山色，有时变成一杯西湖龙井，有时又变成一幅山水，一段唯美的视频，当然更多的时候，诗歌也仍然以诗歌的形式存在着。

……

从二十世纪八十年代开始，在前辈汪静之的创设下，杭州仍有叫湖畔诗社的。

而距今四十年过去之后，杭州又出现了一个诗歌社团叫"新湖畔"，这个社团的组成人员跟当年的湖畔诗社有着某些相似之处，即是由新杭州人创办的，其中创办者之一的青年诗人卢山，虽然眼下援疆去了遥远的阿拉尔，但只要翻看他主编的五本"新湖畔诗选"，就可以知道汪静之他们当年的歌笑和歌哭，依旧适合于今天的时代。另一位创始人许春夏早年来自于浙江东阳，他一直有一个想法，要拍一部关于湖畔诗社的电影。是的，关于那个年代作家的电影，值得一说的也只有一部许鞍华执导、汤唯主演（扮演萧红）的《黄金时代》，而西湖和诗歌的黄金时代是永远需要有人记录和书写的。

对了，在潘漠华的老家浙江武义，诗人鄢子和也主编出版了《新湖畔诗选》。

在杭州,还有一位叫泉子的诗人,从2001年秋天开始,二十年如一日,每周必有一到两个下午在西湖边读书写作,最早是在南山路与雷峰塔正对的一家茶馆,一直到这家茶馆经营不下去改做珍珠馆之后,诗人就去了断桥边的两岸咖啡,再然后就是左岸咖啡,2020年疫情之后直到现在,是在宝石山上的纯真年代书吧了。

泉子在一篇文章中曾经这样写到西湖与写作的关系,他说西子湖畔,树木任意地生长都是好看的。二十多年来,我沐浴着它的风,而它为我拂去的心灵深处厚厚的尘垢之后,与二十多年前那颗年轻的心是相等的。

年轻的心就应该属于湖畔,属于下一个一百年的湖畔。

### 作者简介

孙昌建,文学创作一级,中国作家协会会员,浙江省作家协会诗歌专委会主任,杭州市作家协会副主席。

# 他以诗"活着"

### ——纪念湖畔诗人潘漠华烈士100周年诞辰

王文政

潘漠华在1925年4月2日写给兄弟的信中说:"'忠实地活着!'此语是我的格言。"2002年12月,是他100周年诞辰,惨死于反动派狱中68周年之际。潘漠华,原名恺尧,学名潘训,漠华是他的笔名和流传较广的别名,1902年12月出生于武义县坦洪乡上坦村。他是20世纪20年代"晨光社""湖畔诗社"创始人和30年代北方"左联"发起人、领导人之一,先后当过小学、中学和大学的教师,是新文化运动的先锋、抗日救亡运动的先驱,是原宣平县(今武义县)中共地下党的创始人,从北京大学停学后参加过北伐军,参加过察哈尔抗日同盟军,在担任中共天津市委宣传部部长时被捕、被害,是忠诚而卓越的共产主义战士。他短短的一生,不同凡响地逐步跨越了三大境界。如今他不但作为革命烈士"活着",而且也作为现代诗人永远"活着"。他的诗永远像"晨光"一样鲜活着。

## 蒙屈诗人

如果说徐志摩诗是以轻逸灵秀夺人,那么潘漠华诗则以沉郁悲悯感人;如果说徐志摩是现代白话诗先锋、新诗技巧专家,那么潘漠华则更是现代白话诗先锋,也是新诗技巧能手。徐是1931年飞机失事遇难,终年35岁,新诗创作只有10个年头,留下了4个集子,是个性情中人;潘是1934年12月为革命被国民党反动派灌以开水残害,死在狱中,年仅33岁,新诗创作大概只有6个年头(1920—1925),留下了目前能看到的110余首诗,也是性情中人。

1922年青春成熟期的徐志摩从英国回来后创作了《志摩的诗》,1925年出版;而1920年青春憧憬期的潘漠华已开始写新诗,1925年底则基本不见写诗了。两人的诗在1949年以前都曾风靡一时,新中国成立后也曾几度被文学史专家所肯定,但又都曾被长期冷置一边。直至恢复高考后,1978年9月北大等九院校中国现代文学史编写组编写出版的《中国现代文学史》大学教科书,只字未提"湖畔诗社"及其主要诗人潘漠华,只有半段话提到并评论了"新月社"及其代表诗人徐志摩,却是作为文学潮流的对立面来阐述的。前者是暗贬,后者是明贬。因为两者的诗都是表现个人性情的,写自然,写苦闷,写感伤,写爱情,总之写缺乏政治性的"风花雪月"。

1979年6月出版唐弢主编的《中国现代文学史》三卷本大学教科书,才用一句话提到"湖畔诗社"及其潘漠华等四位诗人。1986年12月王锦泉主编的浙江文艺出版社版《中国现代文学专题史》大学教科书中,在诗歌专题中,不但把评介"徐志摩的诗"立了专节,而且把"'湖畔诗人'及冯至爱情诗"评介也立了专节,还分别作为中国现代诗歌史30余年十五大流派中的一派。"如果撇开当时的名声地位、社会影响不谈,单是就诗论诗,冰心的小诗,冯至与湖畔诗人的爱情诗,和早期的白话诗派、文学研究会诗人群的作品相比较,前两者的艺术成就无疑更高一些。"湖畔诗人的诗歌艺术地位直线回升。这是解放思想、实事求是的结果,是大众喜欢的结果。但是在一代又一代新诗爱好者心目中,尤其社会上对潘漠华等湖畔诗人的诗的热度始终温汤水一般,而徐志摩则扶摇直上,这是有好些遗憾的。

究其原因,大约有如下情形。

徐比潘诗龄长,终生以诗人的面目出世;徐比潘诗量多;徐私情变故多而明显,社会关注多,而潘虽不乏私情却难言于众;徐是以一个学者、诗人立身,有一定的社会地位,并需要诗人桂冠;潘也是一个学者,也可以学者立身,但他最终以诗人革命家立身,当时的社会地位是"地下"的,其革命生涯几乎掩盖了诗人生涯。也许徐当时的思想迷惘状况反映出迷惘的诗情,也代表了时代特点,倒增添了社会广泛的共鸣;而潘的诗不是太悲郁,就是早早理想定向,冷淡了一腔诗情,似有江郎才尽之嫌,倒减少了社会的共鸣与热情。徐有陆小曼及其崇拜者的宣扬,当时时代也允许宣传他这样的诗人,评介者多,出版诗集也多;而潘则相对无人宣扬一些,当时白色恐怖下也不可能允许宣扬他这位投身革命的诗人,评介者极少,出版诗集更少。新中国成立后,除初期《应修人潘漠华选集》外,只有1984年9月浙江文艺出版社出版了潘之弟应人编的《漠华集》,他家乡武义县于1985年6月编出了《潘漠华纪念文集》,都是为了纪念潘漠华牺牲50周年而出的。20世纪末,他的家乡武义县坦洪乡又兴建了"潘漠华烈士纪念馆",2002年底武义县委宣传部编了《永远的晨光》一书。最后还可能与出生地有关等。徐如此当然名副其实,潘如此则实在有点委屈。

## 悲悯诗人

即使像《晨光》这首代表诗作,充满了希望与开朗,潘漠华也渗透着悲悯。

从久愁着的枯湿的脸上,

涌出欣悦的有希望的笑的花了!

而1922年的《冬夜下》则行行流悲了:

读着朋友的诗,

看着亘古的画,

饮着红葡的酒,

读一句,翻一幅,饮一杯,

泪也一滴一滴的流。

读完朋友的诗,

翻完亘古的画,

喝完红葡的酒,

葬悲哀在诗的末句,

葬悲哀在画的末幅,

葬悲哀在酒的末滴。

他在1925年4月2日给兄弟的信中说过:"觉得生活无意义,一天只是吃着白开水的滋味,心里无有热烈的爱,也没有热烈的憎。"这反衬了他具有一种爱憎分明的情感,是他思想与情感受煎熬的写照。这一年,煎熬的结果是信仰马列主义,加入了中国共产党,成为一名真正的革命者,而他的诗作基本上是在这之前创作的。此后由于全身心投入艰难危险的斗争生涯,诗心暂时关闭,剑胆大放光华。其实他的革命情绪早就已经渗透在他的诗作中。

在他现存的 110 余首白话新诗中,有 30 多首是同情弱小者,关怜穷苦人,反映社会不平,怜忆亲人及死者,等等,这不能不说是他接受新生的中国共产党救国救民言行的思想基础,甘当共产党马前卒的情感前提。悲悯定位了,憎恶自然就明确了。爱憎的相对感在最后的 9 年里,促使这个悲悯诗人终于成为一个职业革命家,他的其余活动包括文学活动,也几乎都是围绕革命附带的。

我认为他这位悲悯诗人的代表作是《离家》《撒却》《游子》等。其他主要有《杂诗》《呵》《小诗六首》《忘情》《新坟》《长途的倦客》《孤寂》《回栏下》《轿夫》《乞者》《别一个宇宙里》《罪徒》《立在街头吹箫的浪子》《晚上》《飘泊者》《七里泷的歌者》《夜》《长年的流离》《西门外墓地》《念姊姊》《逃亡的弱者》《他们》《生命上深刻的一痕》《卖艺的女人》《虚无》《一只麋鹿》等。光看这些诗题,即可看出潘漠华对弱者、穷人的无限悲悯关怜之情怀。

作为湖畔诗人,主要的题材总是风花雪月。在潘漠华身上,"悲悯"已经成为湖畔行吟的"次基调"了,突破了湖畔诗人和徐志摩等人的低吟浅唱。那个年代的文化人,大都不是穷出身,而潘则是小康出身穷生活,故潘富有同情心和悲悯情怀。生活情感经历决定了他是一个"富忧郁性者","富忧郁性"又决定了他的诗的"悲悯性"。他的诗歌总数虽不算多,但他的悲悯诗,对于一个诗龄如此之短的青年诗人来讲不算少,与其他诗人相比更不算少,他用现代语言来表现一个痛苦的青年的人生思考与悲悯的诗句是不少的。这是相当可贵的。他的悲悯诗虽然没有如杜甫"三吏""三别"等的现实主义艺术成就,但他的悲悯的诗情发展与人生延伸的意义却远胜于杜甫,当然更远胜于武义籍历史上任何一位诗人了。

上述悲悯诗,当然主要是抒写他"悲他悯(怜悯)人"的情感经历。其实他的其他许多抒情诗也是以"悲悯"为主基调的,不过不是"悲他悯人",而是"自悲自悯(忧愁)",如《雨后的蚯蚓》《草野》《黄昏后》《塔下》《将别》《夜梦》《泪》《诗一首》《冬夜下》《夜梆》《小诗两首》《月白的夜》《清明底思念》《琴酒和江边》《夜的悲哀诗》《无题》《灵魂的飞越一》《灵魂的飞越二》《雨夜》《病中得朋友赠杜鹃》《湖上的夜》《秋末之夜》《毁灭》《秋山》《将归故里》《我的泪灼耀着在》《一段难堪的归程》《归后》。他的大部分爱情诗也是"自悲""自悯""自悔"等情绪的反映,如《隐痛》《月夜》《月光》等。

## 爱情诗人

湖畔诗人是新诗运动的先锋,也是现代爱情诗的先锋。现代文学史专家王瑶就曾评他们"以健康的爱情诗为题材,在当时就含有反封建的意义"。

潘漠华不仅是1922年3月成立的"湖畔诗社"中的好手,而且是1921年10月10日成立的"晨光社"的发起人。而"湖畔诗社"一开始就成为"晨光社"的核心。"湖畔诗社"是中国最早的新诗社之一。潘当然是新诗运动的主将,更是湖畔诗人中最为看好的爱情诗人之一,可谓现代爱情诗元老。"湖畔诗社"也成为中国历史上第一个爱情诗社。

"湖畔"吟爱是潘漠华新诗的主基调。潘的爱情诗至少有40首,占总诗的十分之四。比如前《杂诗》之三,后《杂诗》之一、

二,以及《雨后的蚯蚓》《想念》《隐痛》《黄昏后》《月夜》《祈祷》
《月光》《将别》《怅惘》《假使》《夜下相思诗》《湖畔底寂寞》《金华
府南一个草湖内》《问美丽的姑娘》《逝了》《在北方雪光里》《志
梦》《遗坟》等,都是显性情诗。最后两首情诗是潘目前尚存的
最后写作的两首诗,也是 1925 年的仅有两首诗,写得无比凄
婉。《志梦》也许是他与情人最后的约定或诀别,而《遗坟》可能
是他爱情的葬歌,以后再无见新诗,只有小说、散文等。也许他
再也没志写诗,也当然再没趣写情诗:诗是他情感的归宿,既然
爱情埋葬了,写不写诗也就无所谓了。这一年他在北大加入了
中国共产党,有志于"化悲痛为力量"了。此后他的革命生涯还
有 9 年,诗才犹在,为什么没诗,这永远是一个谜! 但愿上述假
设如实。

不过,1923 年是潘漠华诗歌创作年,量最多、味最浓,共有
52 首诗。这一年是他爱情旺盛期,也是情诗喷发期,现存《若迦
夜歌》可当作他的情诗集,共有 23 首,其中三分之二又是在三
月里写的(此外如上述还写有 6 首以上显性的情诗)。这 23 首
情诗与上述 20 首一样,可谓字字含情、句句滴血。他的情诗
中,"妹"字是他爱的诗魂,"有佳人不得亲近,有情不得恋"的
"缺陷之爱"(见《三月六晨》)是他永远的痛,无奈的哀伤是他诗
的基调。

其实,如前所述,他的大多数"自悯"诗,细究起来,我想也
是含蓄的情诗,这从他的整个心境而析知。如果他的悲悯诗是
以"悯人"为主调,那么他的爱情诗则是凄苦的"悲恋"为主调
了。潘漠华情诗的代表作,有《祈祷》《月光》《若迦夜歌·三月八
晚途中》和《若迦夜歌·三月二十七朝》等。现选短一点的 1923

年《若迦夜歌·三月八晚途中》以飨读者：

> 上午浓雾漫天，
>
> 我梦想故乡在雾中，
>
> 梦想我母亲在雾中，
>
> 梦想我情人在雾中。
>
> 下午细雨微微，
>
> 我梦想我故乡在雨里；
>
> 雨的故乡里，是住着
>
> 我母亲和我情人。
>
> 明天呵，我愿光明的天宇下，
>
> 故乡的乡南，乔仰着一株
>
> 苍老的高松——那是我母亲；
>
> 在那高松底荫阴下，开放着
>
> 我那羞怯的花蕾——那是我底妹妹。

在这么多情诗中，他用来表达爱情的诗艺是娴熟的、丰富的，包含着他大多数精美的诗歌表达方式，可谓是一个年轻的情诗技巧能手。他虽然无法与徐志摩这位新诗技巧专家并立，但如果算作"徐志摩第二""徐志摩第三"也不是不可以的（限于篇幅，此不细述）。

一个人的人生，长和短、多和少的意义，从潘漠华身上已略知大半了吧。

（原载《潘漠华年谱》）

275

# 从诗人到革命家

## ——湖畔诗人潘漠华与冯雪峰的殊途同归

### 姜燕飞

同样来自金华的潘漠华与冯雪峰,两人年纪相仿,早期经历也有着惊人的相似之处——从最初享誉文坛的湖畔诗人到后来先后加入中国共产党成为无产阶级革命家;潘漠华曾是北方左翼作家联盟(简称"北方左联")的组织者和领导者,冯雪峰则是中国左翼作家联盟(简称"左联")的组织者和领导者;两人对自己选择的共产主义道路都无怨无悔,一个为此献出了年轻的生命,另一个在历经千般磨难和考验后,仍然初衷不改。

但是在从诗人到革命家的心路历程上,两人是截然不同的。

## 参加革命,不盼长命

"参加革命,不盼长命"①从这八个字中人们可以想像出潘漠华投身革命时的豪情壮志,但人们也许很难将这位献身革命的烈士与曾经想以"一位青年长眠于此。他曾吃过喝过,他曾恋爱过,他现在带着忧伤埋于此"为墓志铭的忧郁诗人联系起来。

潘漠华原名训,1902年出生于今浙江武义县坦洪乡上坦村,漠华是他的笔名。潘漠华少年时期就热爱文学,1921年10月,他在浙江省立第一师范读书时就组织同学冯雪峰、柔石、汪静之、魏金枝等成立了杭州第一个新文学团体"晨光社",聘请朱自清、叶圣陶等老师为顾问,以《新浙江报》的"晨光"副刊为阵地,经常发表体现新文化、新思想的文学作品,对推进当时杭州的新文学运动,具有很大影响。1922年4月,潘漠华、冯雪峰、应修人、汪静之四位年轻人组织了"湖畔诗社",当年出版诗集《湖畔》,次年出版《春的歌集》。四位少年诗人因此脱颖而出,被文坛誉为"湖畔诗人",得到文艺界前辈鲁迅、胡适、朱自清等人的高度评价,尤其是朱自清把他们的诗编入《中国新文艺大系·诗集》,并肯定他们是爱情诗的开拓者及他们在现代文学史上的地位。湖畔诗也受到了当时进步青年的热烈欢迎,不少青年把《湖畔》和《春的歌集》作为课余读物,当时还是学生的胡风后来认为《湖畔》:"教给了我被'五四'运动唤醒了'自我'的年轻人底感觉,救出了我被周围的生活围困了的心情。"②"使我真正接近了文学也接近了人生。"③

朱自清曾对四位少年诗人的风格进行比较,他说:"潘漠华氏最凄苦,不胜掩抑之致;冯雪峰氏明快多了,笑中可也有泪;汪静之氏一味的天真稚气;应修人氏却嫌味儿淡些。"④《湖畔》的扉页上有两行字:"我们歌笑在湖畔,我们歌哭在湖畔。"然而从他们各自的诗歌当中人们可以发现,四人当中,歌笑得最欢畅的是汪静之,歌哭得最凄苦的是潘漠华,似乎他从未有过欢容。

少年潘漠华把人生意义概括为"痛苦与反抗痛苦",他有一首叫《雨后的蚯蚓》的诗:"我不愿筑新坟在自己的心头。雨后蚯蚓般的蠕动,是我生的调子。我底寂默!寂默是无边,悲哀是无边……"潘漠华以雨后的蚯蚓为例,全诗充溢着悲观绝望的气氛。这或许缘于他不幸的亲情与爱情遭遇。潘漠华的家庭是近现代中国社会转型期由小康陷入困顿的典型。他祖上是闻名乡里的儒医,一度家业兴旺,但潘漠华出生后家道已中落,他15岁时就要靠教书所得的微薄薪水养家糊口;在他考进省立第一师范不到半年时间里,父亲病死,家中又迭遭变故。冯雪峰曾在《秋夜怀若迦》中记叙了潘漠华一家的不幸。潘漠华的哥哥"只因和情妇说了几句话,便被恶徒们绑到戏台上去示众,受到莫大的耻辱",他愤怒之下,出外求学,在途中遇盗,不久死去。潘漠华的姐姐"被夫家拒拆,因而归忍娘家,受尽了种种侮辱遗弃轻视"。潘漠华的母亲痛遭家破人亡的变故,在泪水中度着悲哀贫困的生活。饱尝了人世艰辛的潘漠华却又因"爱上一个礼教和世俗都不许他爱的女郎",更是雪上加霜,苦恼万分。因此,在亲情与爱情的双重压力下,潘漠华时而发出沉痛的呼号"脚下的小草啊,你请恕我吧!你被我蹂躏只一时,我被人蹂躏是永久呵!"[5];时而诅咒自己"诅恨我是弱者!鄙弃我是弱者"[6];时而神往别的宇宙"那时我是住在别一个宇宙里,我忘记了日夜令我暗泣的人间"[7]。

潘漠华后来对俄国作家阿尔志跋绥夫《沙宁》的翻译,也可反映出他当时彷徨苦闷的思想状况。《沙宁》一书中有主人公兄妹恋情的描写,而现实中的潘漠华囿于伦理道德不能与心爱的"妹妹"结合,双双陷入"爱不能婚,婚非所爱"的尴尬境地。据知情人回忆,潘漠华翻译《沙宁》的初衷正是欲借他人之酒杯浇自己心中的块垒。但随着思想上的变化,后来潘漠华认识到

《沙宁》确有消极作用则又后悔不已。

1924年8月,潘漠华考取北京大学预科班。一些旧友如柔石、冯雪峰等也都陆续来到了这块"五四"运动的发源地,他们聚在一起,或写作、或翻译,相互支持,潘漠华则是这个小圈子的中心人物。潘漠华在北大读书的那两年,中国社会可谓是风雷激荡。1924年上半年,中国国民党召开第一次全国代表大会,国共两党第一次合作。同年下半年,江浙发生战争,军阀孙传芳从福建入据浙江,随后北方爆发第二次直奉战争,京津一带成为奉系军阀张作霖的势力范围。段祺瑞窃取了"中华民国临时政府执政"的称号。同时,在中国共产党领导下,反对帝国主义和封建军阀的群众运动如火如荼。上海、青岛等地日本纱厂的工人先后举行罢工,都遭到日本帝国主义和当地军阀的镇压。1925年,上海发生震动全国的"五卅"惨案,几十万工人、学生和工商界人士,进行规模空前的罢工、罢课和罢市,全国各大城市纷纷响应,揭开了大革命高潮的序幕。在大事变连续不断、革命高潮迅速到来的情势下,正像当事人回忆的:"我们这个小圈子里的人,都有了不同程度的觉悟,不再像过去那样,由于找不到出路而消极悲观,埋头课业,或阅读各种当时流行的外国文学著作,空谈什么象征主义、印象主义、恶魔派、世纪末等等。漠华是带头的当然不会例外,他坚决地站立了起来,走上革命的道路。"⑧

1925年2、3月间,潘漠华和应修人共同编辑出版《支那二月》,出至第4期停刊。冯雪峰回忆当时停刊的原因是:"却不仅因为经费关系,并且也因为'五卅'运动的震动,各人的思想情绪都起了变化,逐步被社会运动所牵引去了。从此以后,我们各人之间的友谊是仍然不变的,但已经不是青年文学爱好者的那种关系为基础了。"⑨

1925年11月,北京学生爆发了冲击、包围段祺瑞、章士钊住宅的斗争。一位亲历者回忆道:"……我远远看到铁门上爬着一个人,居然是诗人潘漠华。漠华平时那么斯文,现在却如狮子般勇猛。我十分钦佩,知道他是个真正的革命家……我就一直跟着漠华,他镇定地东奔西跑地指挥着同学们的行动。我突然想到:诗人和革命家原来是同一气质、两种表现。我们的湖畔诗人潘漠华就是如此。"

在1926年"三·一八"反帝斗争以后,潘漠华光荣地加入了中国共产党⑩。他在幼时佩戴的银锁上亲手刻上"参加革命,不盼长命"八个字,交于曾经的恋人保管。他不再关注自身的哀乐悲欢,而是把自己融入社会解放斗争了。投身革命的潘漠华,担任过北伐军的政工干部,一手培育、建立起中共宣平独支,他是中国左联的成员,同时也是北方左联的组织者和领导者;他曾先后四次被捕入狱,经受了敌人的种种酷刑仍然坚贞不屈,1934年2月,他在担任中共天津市委宣传部部长时被捕,最终因在敌人的狱中领导绝食运动而牺牲,轰轰烈烈地走完了他短暂却不平凡的一生。

潘漠华参加革命后没有留下诗篇,他所留下的诗作仅限于湖畔时期。在整个湖畔时期,即潘漠华找到全新人生观与社会理想之前,他始终处于彷徨苦闷状态,始终纠缠于自己不幸的家庭和爱情际遇之中。潘漠华在那时所写的诗主要抒发一身一家的苦难困厄,但以其愤慨激切破坏着旧世界的乐观主义,"因此,在他外表的感伤虚无之下,有着一种寻找新的精神家园的潜在倾向——这些都在他以后走上革命道路时转化成了置个人安危于度外的积极因素。"⑪

由于潘漠华的英年早逝,人们无法从有限的资料中极其符合逻辑地推算出潘漠华从湖畔诗人到无产阶级革命家的心路历程。但是:"一个血气方刚的青年处于社会剧变时代,他的思想发展往往可以是跳跃式的,也未必一定遵循常规。"⑫

在写于1925年1月的《白鸥的哀声》里,潘漠华曾说道:"在一种凄悲绝望的境地里,不歇地挣扎着,继续地喘呼着,竭力想要重创我自己,使我有意义的走尽这无意义的人生之原。我知道这种努力是虚无的,人生只是虚无地向虚无里辗转地前进!"因此,似乎可以这么认为:我们的湖畔诗人潘漠华虽然一度沉浮于爱情亲情这两个生活漩涡间,苦苦挣扎,悲观绝望,但最终他认清了从悲苦中解救中国也解救自己的道路,并非虚无而是实有,不但实有且是具体的,他便奋不顾身地赴汤蹈火。

同为湖畔诗人的汪静之,曾在《潘漠华烈士赞》中这样写道:"你说人间像一片沙漠,立志要在沙漠里开花。你决心要把沙漠美化,取一个名字叫'漠华'。你发现只有共产主义,能把人世的沙漠变乐园。为了实现你的志愿,你要把全部生命贡献……"这或许可以看作是潘漠华从一位忧郁愁苦的湖畔诗人成长为勇敢无畏的革命家的生动写照。

## 我们耻以文人相向,应诗人而兼革命家

与潘漠华不同的是,早在少年时代,冯雪峰就在给应修人的信中明确了自己的人生理想:"我们耻以文人相向,应诗人而兼革命家。"⑬

　　冯雪峰,原名福春,1903 年出生于浙江省义乌市赤岸镇神坛村,雪峰是其笔名。在湖畔诗社的四位诗人中,冯雪峰的早期处境和潘漠华最为相似。冯雪峰的童年并不比潘漠华幸福:粗暴专横且有了情人的父亲经常毒打和摧残冯雪峰的母亲,对儿子也鲜有父亲的温情;性情乖戾的祖母作主替冯雪峰领来一个童养媳,这个童养媳后来因为行为不检被遣回娘家,这件事给少年冯雪峰带来不小的打击。可以说,潘漠华在人生之初所尝到的不幸,冯雪峰也都一一遭遇过。然而与潘漠华不同的是,在艰苦环境中成长的冯雪峰却始终保持着坚韧、乐观的精神,这也许要归功于他的曾祖母和祖父,同时母亲的悲苦也在他幼小的心灵里埋下了同情弱小、反抗强暴的种子。在少年冯雪峰的成长过程中,他的曾祖母和祖父都对他产生过巨大的影响。冯雪峰的曾祖母是一位淳厚、善良的老人,她用自己的言传身教,让初来人世的冯雪峰懂得了做人的道理。冯雪峰的祖父秉承了良好的家风,是一位勤奋耐劳、乐观善良的老人。冯雪峰热爱自己的祖父,最佩服祖父坚韧倔强的个性。他曾自叙祖父靠勤俭起家,平时留心拣一些废弃的砖头、木段等。经年累月积到够数,就用这些材料挣起了全村第一份家业。祖父对他影响最深的一件事莫过于:祖父积聚了 60 年准备造房子的三四百根大木材,全被日本人烧毁后,祖父心痛地像昏迷似地睡了三天,然后重新振作精神说道:"重新来过!"俨然忘记他说这话时已经是七十几岁了。"显然,老农民的这种孜孜不倦的坚韧的气质,也传留在我们诗人的血管里,使他后来在残酷的革命斗争中得到更高的冶炼。"⑭

　　冯雪峰 16 岁时凭着过人的胆识和智慧⑮考入浙江第七师

范,后因带头驱逐学监而被开除。他没有因此屈服,带着同学们资助的 17 元钱,只身前往杭州投考浙江省立第一师范。"五四"时期的省立第一师范是新文化运动的南方主要阵地。在这里,冯雪峰和潘漠华等爱好文学的一师同学一起成立了晨光社,接着又建立了湖畔诗社。《湖畔》诗集的出版,使冯雪峰成为一名世人瞩目的诗人。他以后用不同的文学形式创作了 200 多万字的著作,诗人气质贯穿于他所有的作品中,也贯穿在他一生的战斗生涯中。

作为湖畔诗人,冯雪峰的诗明朗、清新。他的早期诗作里也有一首《雨后的蚯蚓》:"雨止了,操场上只剩有细沙。蚯蚓们穿着沙衣不息地动着。不能进退前后,也不能转移左右。但总不息地动呵!"与潘漠华同名诗作完全不同的是,他歌颂身陷困境却顽强拚搏的小蚯蚓。作者在诗中特别赞美蚯蚓的奋斗精神,而这可以看作是他人生态度的写照。纵观冯雪峰的全部诗作,可以明显地感到他这种执着真理、顽强奋斗的精神始终贯穿其中。

1923 年冬,冯雪峰因经济困难辍学,从此结束了他的湖畔诗。之后,他当过事务员,做过代课老师,在动荡的现实社会里,冯雪峰经常食不果腹,但更觉得精神上的饥渴。因为好友潘漠华、柔石等都在北京大学,1925 年初,冯雪峰也辗转来到北京,一边打工,一边借潘漠华的听课证在北大旁听。他在大学图书馆、阅览室及别人暂时空出的铺盖里随遇而安,过着贫困而充实的生活。

1925 年上海爆发的"五卅"运动引起了全国性的罢工、罢课和罢市斗争。1926 年北京的"三·一八"惨案使社会震动,这一系列血的事实,使冯雪峰等湖畔诗人不再仅仅思考出版诗集和刊物,而是更多地思考祖国的命运和前途。这时的湖畔诗人应修人、潘漠华都已相继投笔从戎,参加了革命,冯雪峰的内心同样被局势所牵引着。

冯雪峰当初从浙江千里迢迢追赴"五四"运动的发源地北京,就是为了追随革命的大潮。经过几年的生活实践,他身处风起云涌的革命热潮中,对革命的认识越来越明确。他自学日文后,很快就着手翻译苏俄文学,翻译了《新俄文学的曙光期》《新俄的无产阶级》等,因为他热爱苏俄文学中所反映的十月革命后的新世界观、无产阶级理想和新的革命生活。同时他反对潘漠华翻译个人主义色彩浓重的《沙宁》,以致激怒了多年的好友。雪峰看见漠华书桌上摆着《沙宁》的英文本和一些稿纸,他笑着问道:"还在翻译《沙宁》么?""还在翻译!"雪峰听了漠华的回答,不再马上说话,好像在过细地思索什么一样,过一会再说:"翻译《沙宁》到底有什么意思?""我倒不是沙宁的崇拜者,但是,个性解放者的沙宁,却正是冲击中国封建社会极端顽固的伦理的好榜样。""沙宁是虚无主义者!""我们的封建伦理必须打倒!"漠华有点愤然了……[16]

冯雪峰当时最崇敬的人是李大钊。他读李大钊宣传马克思主义的著作,听关于李大钊革命活动和为人处世的一些传说,认为"做这样的人才是我们青年的道路",因此"就开始读一些社会科学的书",他钦佩李大钊是真正革命的、理想的人,以李大钊为前进楷模。

冯雪峰在1927年3月发表的散文《结论》,反映了他当时的思想。他从一个小学教师的内心思考提出了人如何对待生命的问题,他赞美生命,但更赞美把自己的生命献给了革命的"真正的时代人"。他清醒地意识到参加革命所存在的危险,但是他不怕危险,仰慕不惜生命的革命者。"我想起那些被牺牲了的生命,即在绞架上,在群众的队伍中消灭了个人存在的生命,如陨星一般,划了最后一道迅速静默的光以后就永远不能在星海中找到他们自己的存在了,我感到无限的沉痛。但是我仿佛我必须过他们的那种生活去,就是我必须将自己的生命当作膏油去涂抹时代这部机器的手足去,我才能感到满足。"⑰以文言志,从中可以看出冯雪峰已经准备做一个献身革命的共产党人了。

1927年4月12日,蒋介石发动政变,大批共产党人和进步青年牺牲。白色恐怖中,备受冯雪峰崇敬的李大钊被奉系军阀张作霖杀害。冯雪峰得知这一噩耗后,"我的脑子曾经有一两分钟好像失去了感觉,有两三天我好像失去了魂魄似地没有一点主意。这个刺激,对我有最大的影响,我永远都不会忘记。"⑱他从烈士的鲜血中领悟了人生的真谛,他决心踏着烈士的足迹,担起革命的重任,完成先烈未竟的事业,在这革命最困难的时刻,他决定把自己的一生像李大钊那样献给无产阶级解放事业,他毅然加入了中国共产党。他说:"我是受了李大钊同志的殉难的刺激,才加入共产党的。"⑲李大钊同志就义两个月后,1927年6月,在北京中国大学,经张天翼介绍,冯雪峰加入了中国共产党。我们可以毫不夸张地说,冯雪峰是在革命处于低潮时,提着脑袋扑向革命的。

如果说冯雪峰少年时的抱负是"诗人而革命家",那他入党后,是"革命家兼诗人"。冯雪峰参加革命后,在白色恐怖遍布全国的情势下,几次失去了党的组织关系,但他并不气馁,一边颠沛流离地辗转逃命,一边为党的事业奔走呼号。1929年10月,再次逃亡到上海的冯雪峰恢复党籍后,奉命与定居上海的鲁迅联系,他是第一个受党委派与鲁迅商谈成立左联事宜的党员。之后,冯雪峰作为12个基本成员之一参加了左联的筹建工作,并与鲁迅等一起参加了左联成立大会。1931年2月,在左联五烈士[20]壮烈牺牲之后,他担任左联党团书记。当时正逢国民党的军事"围剿"和文化"围剿"来势凶猛:查禁进步书刊、封闭书店、屠杀进步作家。面对如此严峻的时局,冯雪峰毫不犹豫地勇挑重任,他主持左联工作后,充分发挥了鲁迅的主帅作用,争取到瞿秋白、茅盾等的支持;努力扩大文学阵地,创办刊物,组织起一大批进步作家队伍。冯雪峰亲手创立并主编左联的机关刊物《萌芽》,帮助丁玲创办进步刊物《北斗》,冒着生命危险主持出版了《前哨·纪念战死者专号》。当时的上海之所以能在党的领导下粉碎反革命文化"围剿",与左联有密切关系,而其中冯雪峰作了巨大贡献。这个时期的冯雪峰除了做左联工作外,还从事党交给他的其他工作,一次次从容出色地完成了任务,正如他自己所说的:"革命嘛,需要有人在厨房里烧火做饭,也需要有人在客厅里交际应对。好,让我们永远来做灶下婢吧!"[21]

1934年10月,红军开始了二万五千里长征。冯雪峰带着自己编织的草鞋参加了长征的全过程,他渡过一道道天险,翻过雪山草地,在饥寒交迫、浴血奋斗中经受了生死考验,锻炼了革命意志。

抗战时期,冯雪峰被国民党关在上饶集中营,遭受百般摧残,两年的时间里,不满40岁的冯雪峰被折磨成一个弯腰驼背、面容枯槁的"老人"。尽管此时冯雪峰早年的一些好友如柔石、应修人、潘漠华等都相继牺牲了,自己又身陷囹圄,受尽折磨,但革命意志仍然顽强,他还想办法掩护过瞿秋白烈士,秘密保存过方志敏烈士的《可爱的中国》原稿。在当时的恶劣环境中,冯雪峰只得以诗歌寄托自己的革命理想,后来他将在此间写的诗结集为《真实之歌》出版。毛泽东同志曾称赞过《真实之歌》,亲口对冯雪峰说:"好几年没有看到像《乡风与市风》《真实之歌》这样的好作品。"②冯雪峰在这个时期写的诗,旗帜鲜明地讴歌革命,表达对革命和共产主义理想毫不动摇的信念,如《短歌》:"哦,玄色的飞鸟,尽管飞罢,飞罢,飞越远,风越猛,你越不要改路罢。"可见,冯雪峰已由当年"歌笑在湖畔"的少年诗人成长为百炼成钢的无产阶级革命家了。

潘漠华和冯雪峰所经历的从诗人到革命家的成长过程,在当时的优秀知识分子中是非常典型的:面临激烈的社会变革,他们所代表的那一代热血青年一直在探索、寻找中国及自身的出路。在黑暗的现实社会中一再挣扎、碰壁后,他们一致认为,积贫积弱的旧中国要建立现代文明,人的个体要实现自由解放,无论是中国的封建传统还是当时的西方文明都指望不上,因此将眼光转向了第三条道路——共产主义,这是20世纪二三十年代中国许多优秀知识分子的共同选择。比如,同是湖畔诗人的应修人,以及与潘漠华一起创立晨光社的魏金枝、柔石等,都在"五卅"运动后先后加入中国共产党,甚至为了实现共产主义不惜抛头颅、洒热血,从中或许也可以窥探到20世纪初中国优秀知识分子与共产主义思潮的自发结合。

注：

①潘翠菊：《参加革命，不盼长命》。

②《胡风评论集》，人民文学出版社1984年3月版。

③《胡风评论集》，人民文学出版社1984年3月版。

④朱自清：《中国新文学大系·诗集导言》。

⑤潘漠华：《小诗六首·一》。

⑥潘漠华：《逃亡的弱者》。

⑦潘漠华：《别一个宇宙里》。

⑧周颂棣：《怀漠华》。

⑨冯雪峰：《应修人潘漠华选集》。

⑩关于潘漠华的入党时间，冯雪峰在《潘漠华小传》中以为是1927年初，周颂棣认为这个时间有误，他推断潘漠华的入党时间不会迟于1926年；另据李奇中回忆，潘漠华在1926年冬参加北伐战争时已是党员了。这里采用中共武义县委党史研究室的最终结论。

⑪贺圣谟：《论湖畔诗社·潘漠华》。

⑫贺圣谟：《论湖畔诗社·潘漠华》。

⑬《思念与研究》，上海鲁迅纪念馆1986年6月版。

⑭楼适夷：《诗人冯雪峰》。

⑮冯雪峰瞒着家人以第一名的成绩替同学考上了金华中学，以此赚得了赴考费用，然后他又以第二名的成绩考上了设在金华的省立第七师范。

⑯江天蔚：《我与雪峰往还二三事》。

⑰《雪峰文集》，人民文学出版社1981年5月版。

⑱《雪峰文集》，人民文学出版社1981年5月版。

⑲《雪峰文集》，人民文学出版社1981年5月版。

⑳1931年2月7日，李伟森、柔石、殷夫、冯铿、胡也频五位左联作

家被国民党杀害于上海龙华。

㉑楼适夷:《诗人冯雪峰》。

㉒《冯雪峰传略》,载《中国现代作家传略》四川人民出版社1981年5月版。

其它参考文献:

1.《回忆雪峰》,中国文史出版社1986年7月版。

2. 吴长华:《冯雪峰评传》,上海书店出版社1995年6月版。

3. 冯夏熊:《冯雪峰——一位坚韧不拔的作家》。

4. 江天蔚:《琐忆湖畔诗人潘漠华》。

5. 汪静之:《"湖畔诗社"的今昔》。

## 作者简介

姜燕飞,中共金华市委党史研究室宣教处处长,华东优秀党史期刊《春秋》副主编。

下编

永远的怀念

# 在潘漠华烈士牺牲五十周年
# 纪念会上的讲话

上海市人大常委会副主任　陈沂（根据录音整理）

（1984年12月21日）

　　同志们：今天我能够来参加潘漠华烈士牺牲五十周年的纪念会，我心里是有很多感受的。潘漠华同志同我是1931年在一起，我们在北京成立左翼作家联盟，我们都是当时的执行委员。现在剩下的不多了。杨刚死了，剩下的大概就是我，还有刘尊棋现在在上海住医院。想起来真不容易啊！50年以后还能开这个纪念会。今天武义县下雪，瑞雪兆丰年，可以说给我们武义县，给我们金华地区带来了工业、农业各方面发展的好兆头，完成党的十二大所给的任务。另一方面我觉得对漠华同志来讲，这一句话是好象讲天都在哭了。当然下雪同下雨不一样，雪也可以变成雨，那么就是说今天纪念潘漠华牺牲五十周年天下雨，天哭了。我就有这么一种感受。确确实实，如果没有我们共产党，没有象漠华同志和千千万万这样的烈士们的流血牺牲，也就没有今天我们的中国，也没有今天的武义县。从这个意义上说，纪念他牺牲五十周年是很有意义的。刚才县长、专员讲了很多好的话，讲了他们对于烈士的一些崇敬。我觉得应该感谢武义县委、县政府举行了这样重要的纪念会。我们纪念死者,更重要的是勉励我们生者。昨天我同专员也谈这个问题。武义县能够出这样的革命家(当然浙江是文人荟萃之地),不得了啊!鲁迅、茅盾好多都是浙江的嘛。但是,这些同志,他们也都过去了,就象漠华同志也都过去了。他们留给我们的东西,是非常值得我们来纪念的,非常值得我们学习的。

共产党人确实就是这样,视死如归,经受各种各样的磨难。这些东西都是我们后代的人要学习的。我们金华地区,在全国也是非常有名的地区。昨天我同专员交谈,我们希望没有别的,就是希望能够以漠华同志生前那样对家乡的热爱、对家乡人民的热爱,能够像在家乡发动农民运动这样一种精神,来建设我们的金华地区,建设我们武义县,这样一定会建设好的。另外,刚才听说我们这个地方现在还有文盲。文盲是旧社会带来的,但是要讲建设的话,就必需要在这些方面做些工作。我非常高兴哪!金华地区还有文联,你这个县里都有文联,这个不简单哪!这是非常非常重要的一件事情哪!据说有180来个会员哪,不少啊!一个县有180来个会员哪,什么曲协、影协各方面都有,县里面自己还能办电视台,这是很不容易啊!一方面来说还有点文盲,但是从县里的工作来看,这方面抓得非常之好。这样的工作抓好了,文盲也就慢慢地消灭了。是吗?刚才同志们讲,现在农民看到人家富就想跟着富,眼也红了。我说这是好事情,不碍!肚子都吃不饱,他哪儿想文化喔!他是不会想文化的,所以还是要先吃饱肚子,这方面我觉得还是很好的。我觉得以漠华的精神,来做这些方面的工作,我相信会做好的。潘漠华同志也在上海工作过,所以我今天来有两重身份,一方面代表我们上海市委、我们上海市作家协会来参加这个会;另一方面也代表我个人,作为一个老战友来参加这个会。谢谢武义县委同志们组织这个会,我自己非常感谢!

## 作者简介

陈沂(1912年1月—2002年7月),贵州遵义人。曾经任中共上海市委副书记、上海市第八届人大常委会副主任。1955年被授予少将军衔,荣获二级独立自由勋章、一级解放勋章。

# 在潘漠华烈士牺牲五十周年
# 纪念会上的讲话

应 人

（1984年12月21日）

各位领导、各位乡亲、各位同志：

我的四哥漠华同志为革命牺牲到今年已整整五十年了。他在1934年12月底牺牲在天津狱中时，年仅32岁！漠华无后，可五十年来党和人民并没有忘记他，家乡的乡亲们更是无时不怀念他，他的旧居得到了妥善地保护。今天，在他牺牲五十周年的时候，武义县委宣传部、党史征集办公室和县文联又联合举办漠华烈士纪念活动，并邀请烈士当年的老战友、老同志前来参加，我想如漠华有知必会感到欣慰的！

我今天代表所有漠华烈士的亲属，向家乡人民，向县委和县政府各位领导，向组织这次纪念会的各单位和各同志，特别要向远道而来参加烈士纪念会的各位漠华生前的老战友、老同志，表示衷心的感谢！同时，我们作为漠华烈士的亲属，更应该以他为榜样，学习他献身无产阶级革命事业的崇高精神，学习他"为革命，不盼长命"的大无畏英雄气概，学习他宁死不屈的高风亮节，继承他的遗志，为壮丽的无产阶级革命事业，为我们伟大祖国的四化建设事业而努力奋斗，贡献出我们各自的力量。

谢谢！

# 在潘漠华烈士牺牲五十周年
# 纪念会上的讲话

中共武义县委副书记、县长　李成昌

（1984年12月21日）

同志们：

今天，我们在这里隆重举行武义籍的我国早期革命家、现代文学家潘漠华烈士牺牲五十周年的纪念会，我代表中共武义县委、武义县人民政府和全县人民，谨向烈士的家属表示亲切的慰问！并向不辞辛劳远道而来参加纪念活动的烈士生前的好友和各位来宾，表示热烈欢迎和崇高的敬意！

潘漠华烈士是我县坦洪乡上坦村人，生于1902年。青少年时期，潘漠华就勤奋好学，追求真理，积极投身新文化运动。1925年，在"五卅"运动革命高潮中，他参加了中国共产党，积极从事党的地下工作。1926年冬，他又参加了北伐军。蒋介石、汪精卫相继背叛革命以后，潘漠华被迫离开军队，回到杭州，参加中共浙江省委的地下工作。后来受党组织派遣回到家乡，组建中共宣平县委，领导农民运动。1928年夏天，潘漠华离开家乡，先后在厦门、上海、开封、沧州、北平等地，以教学为掩护，从事党的秘密工作。"九·一八"事变前后，在北平组织抗日救亡运动。以后又受党的派遣，到张家口参加抗日同盟军的活动，任该军机关报《老百姓报》的编辑。1932年，潘漠华任中共天津市委宣传部部长,1934年2月第四次被捕入狱。在狱中,他英勇不屈,联合同志进行绝食斗争,受尽酷刑折磨,于12月24日英勇牺牲,为中国革命事业献出了壮丽的青春。

潘漠华同志不仅是我国早期的革命家,而且也是一位现代文学家。二十年代初,他就参加了新文学团体"晨光社",以后又与应修人、冯雪峰、汪静之一起,组织"湖畔诗社",进行新诗和小说的创作,是"五四"新文化运动中反映农村题材的少数作家之一。1930年3月,他到上海参加中国左翼作家联盟成立大会,以后又参加组建北方"左联""教联"等组织。

缅怀潘漠华同志光辉的一生,我们对烈士崇敬和景仰的感情油然而生。潘漠华烈士把自己的一生无私地献给了党和人民,他崇高的道德情操、优秀的革命品质,光照千秋,永垂青史。他对马克思主义的信仰和对中国革命事业的忠诚,他的勤奋好学和追求真理的精神,他大无畏的献身精神,永远是我们学习的楷模。作为中国人民的优秀儿子,潘漠华烈士将永远受到人民的崇敬和缅怀。我们为有潘漠华这样一位我国早期的革命家、现代文学家而感到自豪。

潘漠华烈士牺牲已经五十周年了,但是他的光辉一生,常常唤起我们故乡人民对他的深切怀念。这里是烈士的诞生之地;这里曾是烈士生前从事文学创作的重要源泉;这里曾留下了烈士献身于伟大革命事业的足迹。今天,我们纪念潘漠华烈士,就是要继承烈士的革命遗志,使烈士的革命精神发扬光大,完成烈士未竟的崇高事业。当前,我们要认真学习中国共产党十二届三中全会的决定,厉行体制改革,抓紧经济建设,为我县提前五年实现翻两番打好坚实的基础。

让我们在党的十二大路线的指引下,在烈士精神的鼓舞下,同心同德,为国家的繁荣昌盛和人民的富裕幸福,为实现社会主义现代化而努力奋斗。

潘漠华烈士永垂不朽!

## 作者简介

李成昌(1944年8月—2022年2月),浙江武义人,毕业于原浙江海洋学院,曾任武义县委副书记、县长、县委书记,永康县委书记,东阳市委书记,台州地委副书记、市政协筹备组组长,台州市委副书记、市政协主席,金华市委副书记(正厅级),市政协主席、党组书记等职。

# 最大的敬意　深切的悼念

## ——纪念潘漠华烈士牺牲五十周年

### 丁景唐

　　早两年,应人同志为编辑《浙江烈士文丛》中的《漠华集》,曾与我几次交谈过潘漠华烈士的革命事迹和作品的搜集问题。应人同志是漠华烈士的五弟。这次为武义县隆重纪念漠华烈士牺牲五十周年,他又陪同武义县三位同志前来邀同前往武义参加漠华烈士的纪念会。随后,他又送来一批老同志回忆漠华烈士光辉事迹的文章,读后使我深受教育。我怀着最大的敬意,深切悼念为中国人民的革命事业而英勇牺牲的漠华烈士,也向漠华烈士的故乡——武义县的人民和领导致以谢意。

　　1920年,当潘漠华同志在杭州浙江省立第一师范读书、开始新诗创作的时候,正是我出生的那一年。当1934年12月潘漠华同志牺牲在天津监狱中时,正是我在上海开始阅读左翼文艺作品的中学时代。从鲁迅到漠华烈士等的文艺作品,是促使我走上革命道路的桥梁。几十年来,我怀着对革命烈士的深厚感情,在业余时间致力于左翼文艺运动史料的搜集、整理和研究工作。瞿秋白、"左联"五烈士、潘漠华、应修人、洪灵菲等革命家兼文学家的生平事迹和作品,都给我以教育和鼓励。我曾为郑州大学学报写过《潘漠华、应修人烈士与〈支那二月〉》,为

《文物》杂志写过《鲁迅博物馆收藏的潘漠华烈士手迹》,在纪念"左联"五十周年时,我也在有关"左联"的文章中表达了我对漠华烈士的敬意。但我作为一个革命的后辈,对漠华烈士的生平知道得实在太少。直到最近,看了一批老同志回忆漠华烈士的文章和应人同志编的不久前出版的《漠华集》,才又重新看了潘漠华烈士的许多作品,更从漠华烈士的一些老战友的回忆文章中,更多地了解到烈士的光辉的战斗业绩,高贵的共产主义品德,坚贞不屈的革命意志和坚忍不拔的毅力。

过去,我只知道漠华烈士从"五四"新文学运动不久,就写新诗和小说,与柔石、冯雪峰、魏金枝等组织"晨光社",与应修人、冯雪峰、汪静之组织"湖畔诗社",出版《湖畔》和《春的歌集》两本新诗合集,与应修人合编过《支那二月》,用"田言"笔名出版过短篇小说集《雨点》,用"潘训"笔名出版过俄国作家阿尔志跋绥夫的长篇小说《沙宁》。此外,在茅盾编选的《中国新文学大系·小说一集》中,收入了他署名"潘训"的三篇小说《心野杂记》《晚上》和《乡心》,并得到了茅盾的好评。茅盾在《导言》中说:"潘训的《乡心》在《小说月报》十三卷七号(十一年七月)发表的时候,他大概还在浙江第一师范读书。那时候,描写农民生活的小说还是很少,《乡心》的出现,是应该特书的。"朱自清是潘漠华同志在浙江第一师范读书时的老师,他编的《中国新文学大系·诗集》中,收入了潘漠华的诗十一首。朱自清在《导言》中,对湖畔诗社的四位青年诗人作了评语,说:"潘漠华氏最是凄苦,不胜掩抑之致;冯雪峰氏明快多了,笑中可也有泪;汪静之氏一味的天真稚气;应修人氏却嫌味儿淡些。"可见,潘漠华同志在新文学运动史上的历史地位和影响。

关于潘漠华烈士的入党时间,过去冯雪峰同志在《潘漠华小传》中以为是1927年初在杭州入党,根据李奇中同志的回忆,漠华烈士在1926年冬参加北伐战争时已经是党员了,而《漠华集》中的《潘漠华年谱》则定为1925年入党。我想,武义县委党史办公室一定有明确的结论,希望告诉我们,这对研究潘漠华烈士的生平事迹和他的文学作品,无疑是一个重要的问题。

潘漠华同志入党以后,投身北伐战争中的部队政治工作。1927年"七·一五"汪精卫在武汉叛变革命,疯狂屠杀共产党人和革命群众,宁汉合流。漠华同志被迫潜离武汉回上海转道杭州,参加浙江省委的秘密工作。在杭州,他第一次被捕,经五弟潘讷(应人)、友人周颂棣、张天翼奔走营救,由马叙伦、许宝驹保释出狱。获释后,漠华同志秘密返回家乡宣平(今属武义县)积极发展党的组织,酝酿发动农民起义。根据潘渭同志《1928年农民起义失败前后宣平县地下党概况》回忆,他于1928年(秋)宣平县农民起义失败后出走上海;其时,漠华同志已先在上海。漠华同志介绍他认识了从台州逃亡来沪的郑光煜、王育和(1931年1月,柔石被捕后,从狱中带信给王育和转鲁迅,柔石牺牲后,王育和发动筹募款项帮助柔石家属)。潘漠华同志整理旧稿,筹划出版。《沙宁》的译稿就是由潘渭经手送王育和转交光华书局领取稿费八百多元。这在当时是一笔相当可观的经济来源,漠华同志将全部稿费供给逃亡来沪的宣平县委同志七八人的生活费用,以及分散时的川资。1929年,这些同志在漠华同志的指导下,向浙江省委写了一份《浙江宣平党务报告》(1929年4月21日)。这份珍贵的党史资料现在保存在浙江省档案馆。《报告》中提到宣平县1927年10月开始有党组织,可以印证漠华同志自杭州返回宣平建党的情况。

1929年秋,漠华同志离沪去厦门集美中学教书。翌年三月自厦门返沪,出席中国左翼作家联盟成立大会,以中国自由运动大同盟的代表身份致祝词。四月赴河南开封第一中学任教,不久被反动当局胁迫,到北平从事北方"左联""教联"等筹备工作,为北方"左联"发起人之一。1931年8月1日,在飞行集会中第二次被捕,受到残酷刑讯,后来释放。

"九·一八"后,北平地下党部分组织遭到破坏。翌年初,他转移到河北沧县二中教书,建立和发展党、团组织,领导学生教师开展抗日宣传活动。不久以后,又重返北平,从事党的秘密工作,任北方文化总同盟宣传工作,为"左联""教联""社联"刊物以及进步青年组织鏖尔读书会《鏖尔》(英文our的译音,意即"我们")等组稿,并用多个笔名写稿和译文,可惜现在已难以寻找。他的公开职业是中国大学讲师。是年十一月,鲁迅因母亲生病抵平,曾往前门车站欢迎。十二月,国民党反动派搜捕进步教授,他与马哲民、侯外庐、许德珩、台静农等先后被捕。这是第三次被捕,因未暴露政治身份,不日释放。年底,被调往天津组织机关。

1933年初,日军侵占山海关、热河,随后进攻长城各口,侵入关内,华北危急。在党的影响和吉鸿昌、方振武、宣侠父将军等协助下,冯玉祥于5月26日在张家口通电成立察哈尔民众抗日同盟军(按《潘漠华年谱》作"察绥抗日同盟军",有误)。当时,党动员不少党员和积极分子前往参加抗日同盟军工作,漠华同志也被派去张家口任该军机关报《民众日报》(后改《老百姓报)》工作。九月,抗日同盟军在国民党何应钦军队与日伪军联合围攻下,被迫解散。漠华同志随吉鸿昌部队突围,潜返北平,转唐山。是年秋,北平党组织遭到大破坏,党的重心移到天津。十一月初,漠华同志任天津市委常委兼宣传部部长。1934年底,漠华同志第四次被捕。在狱中坚持斗争,团结难友为抗议反动派的虐待,展开绝食斗争,于十二月底被敌人灌以滚烫的开水,惨遭杀害。

以上情况都是这次看了一些老战友的回忆后,参考《潘漠华年谱》编摘的。漠华烈士的一些重大历史情况,不仅是我以前所不知道的,而且连漠华烈士的老同学、老战友冯雪峰在《潘漠华小传》中也未提及。因此我觉得有必要把它介绍给大家,让从事党史、现代文学史研究工作的同志们知道,并以此对青年一代进行革命传统教育。

最后,我还要说一说收集、整理和展出烈士遗物的重要性。去年春天,我应象山县革命烈士纪念馆之邀,曾去象山瞻仰殷夫烈士的故居和烈士纪念馆。殷夫烈士是“左联”五烈士中年纪最轻的一位,他也是一位革命家和革命诗人,牺牲时仅二十一岁。我在象山烈士纪念馆里看到了殷夫烈士的遗照、手稿复印件,陆定一同志为殷夫烈士写的证明信,还有刊登过殷夫烈士许多作品的刊物,以及今人写的纪念文章和研究论文,给人以深刻的印象。这次,我有幸看到漠华同志的堂姐潘翠菊1981年10月写的回忆录文章,才知道我1963年10月在《文物》第十一期上写的《鲁迅博物馆收藏的潘漠华烈士手迹》中所说“潘漠华烈士留下的手迹很少。除早期的新诗有原稿外,后期的遗稿尚未发现”这个说法并不确切。潘翠菊同志在文章中说,她的家乡(现武义县柳城镇)曾保存有漠华烈士给她的亲笔信四封,给沈载熙的信六封,给二哥恺详的信三封,共十三封信;还有小说《冷泉岩》底稿一篇,未完成的《深山雪》手稿,书名记不清的译稿(童话故事)用十行纸七、八十张装订成册。可惜这些信稿都在"文革"中被抄毁殆尽。看到此处,令人哀叹不已。亟盼烈士的家乡领导机关早日把潘漠华烈士的遗稿遗物等搜集、保存起来。

五十年过去了,今天在烈士的家乡召开这样隆重的纪念大会,充分说明为革命抛头颅、洒热血的烈士是永远被尊敬的,永远活在人民的心坎,永垂不朽的。请允许我重复着这样的话,对漠华烈士致以最大的敬意和深切的悼念。让我们在振兴中华的伟大四化建设中,为实现烈士的革命理想而共同奋斗!最后,也趁此机会,再次向潘漠华烈士的家乡——武义县的人民和领导表示衷心的感谢。祝愿武义县在社会主义物质文明和精神文明的建设中取得更大的成绩。

1984 年 12 月 11 日于上海

# 潘漠华烈士牺牲五十周年
# 纪念活动的经过
## ——致陈竹君

应 人

竹君同志：

前由小丁转来的长信，早收，并即寄以致孙可中同志一函，另附数语，请付邮转人民文学出版社暂作复信。信发出后我便由我的大儿子江众和他爱人杨美仙(江众即鸭子，孙英生，现在他和他爱人都在上海从事教育工作)陪同下匆匆赶赴家乡浙江省金华地区武义县参加纪念漠华的活动，想也早已收到。读来信，惊悉文焕兄已于今年2月病故，不胜哀悼！您的身体又多病，漠华故乡纪念漠华，我们本来十分期望您能南来参加纪念，顺便看看漠华的故乡和故乡的人民，然终因病未果，是更令人惆怅无已！

今年(1984)12月24日是漠华牺牲五十周年纪念日，也是漠华诞生82周岁。上月中旬，我还跟机关里的几位老同志去绍兴、宁波、天台等地走了一圈，名义上是参观学习，在我其实是去游览的；本月初回到上海，中共武义县委介绍来了三位同志，后来得知一位张同志是县委宣传部副部长，一位曾同志是县委党史办的干部，另一位胡同志是县文联副主席，告诉我家乡人民决定值此机会为漠华举行纪念，特来听取我的意见，并希望我提供一些纪念资料,也希望通过我邀请一些今尚健在的曾与漠华一道战斗和生活过的老同志老朋友前往参加。漠华有知,他或许不同意,但想到今日之开会纪念者,不仅为纪念死难者,也为教育后人,作为烈士亲属唯有协助党组织做好此项工作的义务,也是我们的一项光荣的职责,我表示欢迎,同时表示了感谢,并答应他们要我做的事一定尽心做好。过去也有过老同志和老朋友向我提起为漠华搞个纪念活动,而我首先考虑的正是一个职业革命者的漠华的气质和个性,他是从来不喜欢突出自己的,我向他们解释:我之编辑出版《漠华集》,就是为纪念他,至于其他纪念活动还是让党组织去研究,看有否此必要;这次他们来找我,说实在的,我还多少有些被动啦!而您,则一直在惦记着漠华,总想用各种方式纪念漠华,我是很感佩的。然而不管怎样,这总是我们,自然也包括许多老同志和老朋友在内的大家的共同心愿。

纪念活动原定于12月24—25日举行,后获悉中国作家协会第四次会员代表大会也将于同月28日在北京召开,而各地要来参加纪念漠华的老同志,许多就是老作家,他们或者还得参加北京作协第四次代表大会,漠华纪念会乃经上级批准后改为提前三天举行,我也提前于12月19日回乡迎候同志们和朋友们。听说主办单位也曾给现住北京原在天津文学研究所工作的韩老劲风同志发去了请柬,但他大概因为身体不大好没有来,也没有接到他的回信,按韩老六十年代初专门整理研究过漠华的文学创作,我以为至少总也会给纪念会回封信的。本来,同漠华一道工作过和生活过的老同志老朋友现在还健在的也已经不多了,北京的叶老九十上年纪了,不能来,张天翼、王冶秋久患瘫疾,也不能来,是可以理解的;刘延陵远在国外新加坡,台静农还在海峡彼岸,是更不用说了;北京的李何林、李霁野走不开也走不动,也都来了信;上海李俊民,即55年前您在北平翊教女中求学时的老师李守章,他现在是上海古籍出版社名誉社长、上海市文联副主席,他和他的夫人汪洁之同志本来是可以参加的,但他也要去北京参加作协的会议,我看他偌大年纪了,也就不忍再要求他南征北战了;许志行一直在上海师范大学执教,不幸不久前去世,他是和漠华、静之(汪静之)同年的,也是漠华在杭州第一师范读书时的亲密同学,您可能也曾见过他,他几次向我提到您。吴文祺、陈虞孙也都在上海,80多岁了,前者是复旦大学教授,现为上海市政协副主席,后者现为上海市文史馆副馆长、中国大百科全书出版社上海分社总编辑,可也到底因为年龄大了,行动不便,他们不能来也是意料中的事;北京的丁玲、楼适夷也都因为作协会议的干系,没有能够来,而况丁也已经80岁了,楼差1岁也就80岁了;北京还有徐梅坤、李奇中都是国务院参事,年龄都已很大,我们没有再去惊动他们;吴砚农后来也是政协全国委员会委员,寄去请柬又退了回来,说已经去世;此外在北方的谢中峰、孙铁夫、王之平、郝冠英、王志之、侯外庐、马哲民、武月亭、扬钦、李伟、宋锐庭等,有的我认识,也有的我不认识,又向来没有联系,也不知道他(她)们的近况如何,无法通知他(她)们,他(她)们还不知道漠华家乡在纪念漠华呢! 孙席珍现在是杭州大学外文系教授,老李(俊民)希望他能就近参加,我们写信托汪静之的儿子汪飞白同志去看他,回信说孙因心脏病复发刚住进医院,不能来,他特向我们表示了歉意;特别需要提一提的是刘尊棋。他现在是中国大百科全书出版社总负责人之一,英文《中国日报》总编辑,现为《中国日报》顾问,工作较忙,但他和他现在的夫人何昕同志决定也要参加漠华的纪念活动。十二月中旬,他俩行色匆匆地从北京过上海去昆明,再转回上海,回到上海不几天,刘突然病倒了,医生诊断为由于胃出血,心脏缺氧,引起心肌梗塞,现在还由他夫人陪侍下住在上海华东医院里。他即使在病中,也曾口吟了四句忆念漠华的七言律诗,请人代写了交我带给纪念会。其他前来参加纪念的老同志和老朋友,我就不一一叙述了。现在,我把有关漠华烈士纪念活动的详细情形,遵嘱报告如下——

12月21日上午,纪念大会在县委大楼四楼会议大厅隆重开幕,会场空气是十分静肃的,加之连日来雨雪菲菲,窗外一片银灰色,也增添了哀悼的气氛。到会者除来自杭州、上海、北京的老同志和老朋友外,还有来自义乌、兰溪、临海、金华、杭州和上海等地的来宾(其中有专家、学者、研究工作者、出版社编辑人员),有省、地、县文联的负责人,有中共天津市委来的同志,有地、县、区(镇)、乡的党政领导同志、离休退休老干部和其他各人民团体的负责人或代表;有第二次国内革命战争初期与漠华在家乡共同领导农民暴动的当年中共宣平县委的委员、宣平县的老共产党员(宣平县制撤销,部分区乡并入武义县,是新中国成立以后的事);有社会上各方面的代表人物、知名人士和各界群众;有漠华烈士的亲属,漠华已故夫人邹秀女女士的今尚健在的弟妹和她的义子俞载祥(俞载祥是秀女女士的胞妹、已故邹秀珍的长子,从小在秀女女士身边长大的),以及我们的侄儿侄女和外甥;也有本县其他烈士的亲属;还有省、地、县报社的记者和省电视台、广播电台的记者以及县广播站的工作人员;有县委各部门各单位、县人民政府各部门各单位的工作人员等几百人。中共沧州(津南)地委、沧州市委和沧州第一中学(前河北省立第二中学)的同志们因迟到了一天,没有赶上参加纪念会而参加了其他纪念活动。

回上海后又见到了中国社会科学院文学研究院分派给辽宁社会科学院文学研究所负责收集整理作为"五四"时代有影响的诗人、作家潘漠华资料的研究工作者陈山同志和中共北京市委党史办的谢荫明同志的来信,他们有因请柬收到迟了或称没有接到请柬而未能前来参加纪念,表示遗憾。

纪念大会由中共武义县委副书记金辉祥同志主持,在雄壮的《国际歌》歌声中全体肃立,向漠华烈士画像默哀致敬后,主持人宣布由播音员宣读各地来电、来函、题词和挽诗。您给中共武义县委宣传部的信和给我的长信也都在大会上宣读了,大家知道您还随信汇来500元钱,都为您与漠华数十年如一日的深厚感情所感动。汪静之同志特此即席赋诗怀念漠华,也随即在大会上宣读了。会后,周颂棣同志又亲自递给了我一首纪念漠华的旧体诗,且附说明,我也已转给了大会。接着是中共武义县委副书记、县长李成昌同志热诚致词,他代表漠华烈士故乡的党委、政府和故乡的人民向前来参加纪念会的上级领导和有关单位的代表,特别是远道而来的各位老同志、各位来宾表示欢迎和感谢。然后主持人请各位同志和来宾讲话:金华专署副专员陈炫亮同志和浙江省文联书记处书记盛中健同志讲话后,上海市人大常委会副主任陈沂同志也讲了话。陈沂同志也是三十年代初北平左联组织的核心人员之一,漠华烈士的老战友,他于1979年来上海市工作,任中共上海市委副书记兼宣传部长,现任上海市人大常委会副主任。再就是上海文艺出版社社长兼总编辑丁景唐同志以研究中国左翼文艺运动史的学者身份,叫他女儿丁言昭同志朗诵了他特为漠华纪念会写的长篇文章,题为《最大的敬意,深切地怀念》。各位老同志和老朋友如汪静之、吴力生、江天蔚、周颂棣、杨纤如等同志也都讲了话。浙江文艺出版社编辑、《漠华集》责任编辑李均生同志也在大会上热情地讲了话,并代表浙江文艺出版社赠送大会布纹纸封面的《漠华集》20本作为纪念礼品。最后,主持人一定要我也说几句,我请江众代我代表全体漠华烈士的亲属谨向纪念大会表达了我们衷心的谢意和感激,并表示一定学习继承烈士的革命精神和坚定地为共产主义事业而献身的遗志,在各自的工作岗位上努力工作,在现阶段是为实现社会主义四化、为建设幸福富强的祖国而奋斗。纪念大会在亲切沉毅的掌声中结束。

下午,大家分乘汽车冒着雨雪到离城东南30公里的上坦村访问了漠华故居。这次活动我没有参加,我和陈沂同志应邀与地、县的领导同志座谈农村改革后的各种新情况和新问题以及今后的规划与远景等,陈且因有急事还要于次日凌晨零点由金华搭火车回上海,他也没有参加;江众夫妇和陈沂同志的秘书韩冰同志都参加了。

去了的同志回来告诉我们,他们一到那个约有六七百户人家的山乡(这里我们小时原来也不过百来户人家),只见沿着溪边大道站满了人群,乡中心小学的男女学生排在人群的最前列,他(她)们手持彩旗,个个脸蛋和双手都冻得通红,雪却越下越大,老同志们都很怜惜他(她)们,要他(她)们快回家暖热暖热去,却一个也不肯离开自己的队伍。人们走进我们的老屋"九间头",有的老同志在漠华旧居的墙上,发现挂在那里的受了潮的照片里有年轻时的自己和已零落的古旧时,竟忍不住眼角渗着热泪而又旁若无人地相互高声谈论着,据说这是最为群众所注目的一幕。整个下午,静静的山乡虽然被风雪包围着,但大家的心头,连同家乡人民的心头,都是热乎乎的,现场是热烈的、也是严肃的。

第二天,22日上午,我们参观了设在县文物博物陈列馆内的潘漠华烈士生平事迹陈列室。每件陈列品及其文字说明大家也都仔细地看了,也仔细地听了年轻的女讲解员的讲解。有的老同志还提出了关于陈列品的说明中和讲解员的讲解词上某些需要更正和补充的宝贵意见,主人立即作了补充和更正。

下午,又在县委大楼四楼会议大厅内开了茶话会,全体同志和来宾毫无拘束地围坐在排列成"回"字形的条桌两旁,啜着清茶,嗑着瓜子,或吃糖果和水果,互相自我介绍并交谈着各自的认识和感受,也有当众宣布自己今后的努力方向和工作计划或建议的。义乌县冯雪峰研究会的金允烈同志和王宏理同志且约我顺便到雪峰同志的家乡义乌县去看看,我当即高兴地接受了。

茶话会上,大家特别感兴趣的还是倾听县长李成昌同志畅谈武义县近年来农副业生产和商品生产发展情况以及人民生活、学习各方面的变化,也就是党的十一届三中全会后和党十二届全国代表大会以来武义县在两个文明建设中所取得的惊人的成就,使大家受到了一次很好的形势教育,也鼓舞并增强了我们对加速今后以城市为中心的城乡经济体制全面改革、促进四化工作、振兴中华的信心和决心。茶话会结束前,主人还请各位老同志和各位来宾在纪念会的签名册上一一签名留念。

这一天傍晚,中共武义县委书记毛华岳同志也从省城开完工作会议急急地赶回来了。他没有休息就来到我们中间,向大家致意道谢。吃晚饭的时候,又特地亲自向各位老同志和各位来宾敬酒。饭后,主办单位还向各位分赠了我们家乡的土特产和纪念文件,包括每人一本新出版的漠华烈士的遗著《漠华集》。至此,纪念活动乃告圆满完成。

12月23日晨,大家纷纷准备动身回去,临别依依,各位老同志忙着为宾馆工作人员签字、题词,有的且交换了通信地址。我伴随县党政领导同志和主办单位的负责人,分批先后送走了各地的老同志、老朋友和各地来宾。他们中大多已是80内外高龄的老人了,我自己也已是76岁了,当然总是小弟弟。故乡人民一见到他(她)们的到来,就感到非常激动,而受到故乡人民亲切地接待和无微不至地照料,又使老人们十分感奋。他(她)们原是怀着悼念烈士的心情而来的,现在则换上了满意的笑容平安离去,县里的同志们和我一样,不由得也都感到莫大的宽慰从而放下了心。

沧州来的两位女同志和一位男同志,她(他)们没有走,因为她(他)们听说我还要再带江众夫妇回上坦村去走一趟,很希望也一道去参观一下漠华烈士的故居。这一要求得到了县领导的支持,我当然也表示欢迎,于是决定翌日由县委副书记金辉祥同志和县委常委、原县委组织部部长、现为县政协主席王祖旺同志陪同,我们一同前往。

24日,天竟然出了太阳,大家很高兴。一路上,耀眼的阳光照着满山遍野银色的薄薄的积雪,家乡显得更加诱人了!因为路上已在化雪,泥泞不堪,车子走得比较缓慢,而这也正好让我们细细观赏两旁的景色。从武义县城到上坦村的这段公路建成通车后我还是第一次走。车过吴宅,即折向东侧岔道,驶过横跨背(北)向而流的溪水的大桥,徐徐向南的山谷里爬行,爬过了大小两座山梁,沿着山坡到了另一条顺(南)向而流的溪涧旁,我忽然认出了这已是我们村上坦村北的瓦窑头!我们父亲、母亲的墓地就在溪涧那边的瓦窑头田边坡地上。

　　进了村子,只见村头、溪边、山脚都新盖了许多间瓦房,也添修了许多条纵横的道路,我几乎认不得了。遇到的村民也都是初次见面的后生和娃娃,个别老年人还依稀认识我,彼此用颤抖的声音相互致意,却又总感到是隔着一层淡淡的薄膜,偶而背后传来几声"难得,真难得"的乡音,才提醒自己终于回到家乡了。当我们看过漠华的旧居,在故居的大门前和侄儿们合摄了几张照片后就一块儿到乡中心小学的一间屋子里休息。屋内早已升起了几盆火炽的炭盆,很暖和。这里原是"潘氏宗祠",祠堂里本来还有戏台,现已平掉重建过了,因而也觉陌生了。

　　吃午饭的时候,先我们来到这儿的县委党史办的曾谓文同志和村党支部书记潘昌森同志对我说,乡里已写了报告,申请将这所学校改名为"漠华中心小学",但还未见批复下来。金辉祥同志听了立刻接着说:报告县里收到的,县委和县府考虑到学校需要整顿,校舍也需要整修和护建,待一切都准备好后再改校名比较妥当。他认为改一下校名简单,全面整修和整顿一番则需要一些时间。他说,上坦是个出人才的村子,他告诉我们,现在上坦村就有11位副教授级的中年知识分子在祖国各地工作,这所学校以漠华烈士的名字命名,一定更能激发青少年们用功学习,更多出人才。乡亲们听了,不禁高兴地连连劝我们喝酒,劝大家喝酒。

江众夫妇和沧州的同志们兴致勃勃地还提出去爬山。这也难怪的,江众和沧州的同志一样,都是在河北省冀中平原长大的,美仙则生长在上海近郊长江口的农村,都从来未见过这样的山和这样的水!饭后,我让他(她)们到隔溪前山爬山去。前山的林木比我记忆中已见苍老,经过前"五年"和后"十年",也见稀疏了许多,但今天仍然那么郁郁葱葱、生机益然,自有一番野趣!我自己则由金辉祥同志和王祖旺同志等引导下,漫步到村南大殿后山新盖的初中部校舍去观光,那里正待再向南扩建。大殿固然早已经拆毁,附近的五谷神殿和紧靠溪边的夫人殿也都不见了(大殿五谷神殿、夫人殿都是我们村的小庙,过去是香火很盛的),只剩下那顶原夫人殿前的古老的拱形小石桥依然安详地俯瞰着清澈的河水,看起来也已久无人走。原来往南不远的地方已另造了一架钢筋混凝土的平桥,除人行外且可行车。而在夫人殿旧址上已经竖起一块烈士纪念碑,上面镌着1928年农民暴动和1949年解放斗争中的烈士和在两次战斗中牺牲的本乡农民的名字,漠华的名字也见镌在那上面。再往南远处望去,那间灰色的骑跨在大道之上的古两脚长亭倒也还在,长亭外便是新建的坦溪水库了,而我们站立的地方只看到那水库的一角。家乡确实是大大变样了,听说今天的家乡不仅已有了照明的电灯,而且也已经喝上清洁甘美的自来水了呢!

正当我们回到校本部,年轻人也都回来了。稍微休息后,我们就继续登程,乘车离村沿原路回到吴宅村头,过了桥,再折往西南,绕着山腰翻过樊岭,到了桃溪区区政府所在地陶村,顺道游览了桃溪东岸上山坞里的延福寺,这是浙江省重点保护的文物单位。然后驱车南行到达离陶村15公里的原宣平县城,现为柳城区区政府所在地的柳城镇,在这里看望了与漠华同龄出嫁给沈姓的我们的堂姐潘翠菊,和嫁给同镇林姓的她的妹妹潘翠柳。翠柳比我小几岁,这次举行漠华纪念会本来也请她们参加的,可巧翠菊姐前几天不小心在家里跌了一跤,额角碰坏了,她们没有来。是日晚六时许,我们才转回武义县城。

12月25日,同是大好天气。我们再同沧县的同志们一道,在武义县文联副主席胡彬同志伴送下告别了故乡党政领导同志和其他同志们以及故乡人民,乘汽车离开了武义。我们先将沧州的同志们送往金华由她(他)们自己从金华改乘火车回沧州,胡彬同志和我们则直往离金华东北约50公里的冯雪峰同志的故乡义乌县访问。

车到义乌县境佛堂镇,金允烈同志已在道口等候我们了。由他带领我们转回佛堂镇东南的赤岸镇,在赤岸镇又见到了早已在那儿迎接我们的中共义乌县委宣传部部长盛煜光同志、县文联主席周良沛同志和义乌县政协主席周寿伦同志。周寿伦同志正是义乌县冯雪峰研究会的会长。再由周会长带领我们改坐小车从陌间小道进入离镇三、四里的一个小山村叫神坛的地方,参观了雪峰的故居。据说1941年皖南事变后,雪峰就是在他的旧居(楼上的一间小屋里)被国民党抓去关进上饶集中营的。在参观雪峰故居的时候,我不禁想起雪峰的为人。

关于冯雪峰同志，由于漠华的关系，我在二十年代中就早已认识他了的。他和漠华是在杭州第一师范读书时的同学，又是诗友，雪峰也是"五四"时期"湖畔诗人"之一，这是大家都知道的。我们的二哥潘详也在杭一师读书，只是比他们早几班，所以雪峰也认识二哥潘详，且一直随我们亲切地称呼潘详为"详兄"。记得上海刚解放的1949年5月，雪峰当时在上海做党的地下工作，我从延安随军南下进入上海，即在上海见到了久别十多年的冯雪峰同志。一天，他在我背心左胸部看到我受伤的伤痕，问我是怎么回事。我告以1942年在冀东抗日根据地反扫荡时受的伤，他随即撩起了他自己的汗衫，出示他左胸下部的很大一片发了黑的深深的伤疤，那就是他在上饶集中营与敌人斗争时重病后留下的纪念。我们都相视哑然，彼此心中却都明白：我们都是残酷的阶级斗争中的幸存者，为了已牺牲的同志，大家应该加倍努力工作！而他就是一直兢兢业业为党的事业特别是党的文学事业工作着，晚年且承受着无数的诽谤和攻击，最后鞠躬尽瘁地病逝于北京寓所。当然，现在是早已彻底平反了。

瞻仰过雪峰的故居后，回到赤岸镇，大家一道到义乌县城吃午饭。饭后，他们让我独自在一间屋子里午休了一小时，随便翻阅了几份他们给我的去年在义乌县召开的雪峰研究会的资料。午休后会见了义乌县的领导同志，中共义乌县委正副书记，他们是在忙于工作的会议当中特意抽出时间来接见我们的，我实在很过意不去。

下午三时，登车离义乌，疾驶杭州。晚八时过后到达杭州玉泉浙江大学招待所。这里，先我回到杭州的周颂棣同志已经替我们订好房间了,颂棣的儿子周文骞同志就是在浙江大学工作的。

第二天,26日,胡彬同志与司机同志即驾原车回武义。分手时我一再向他们道谢,请他们回武义后再代我们向故乡的党政领导和故乡人民道谢致意。我们在杭州休息了两天,我就在待招所里睡了两天觉,什么地方也没有去。回到上海,已是月终,也是1984年的年终了。

此行共计整整11天。虽然只是短短的11天。但它在我晚年的生活中却是极为充实的11天,在这11天中,不时再现在我意识中的是我四哥漠华一生的缩影。而您知道,漠华的一生给我的影响及其在我心中所占的位置是何等的重要。他使我不得不回顾检索自己一生的足迹,等于一步步再从头走一遍似地感到吃力,尤其感到既有幸又惭愧!

所以我为什么在您面前这样不厌其烦地把它记下来,想您是能够谅解我今天的如此心情的。至于在这字里行间那些现在是恐怕只有您和我自己才看得出和看得清的其他种种,我就不说了,也用不着多说了!要说的是回到上海后适逢新年的开始,又总有些事情等着我去做,一些会议和座谈会之类的活动要参加。接着是迎接一年一度的欢乐的春节,春节过后不料竟也小病了一场。此报告因而写写停停,至今才算写完,匆匆发出,请您原谅。

返沪途中曾听胡彬同志说起,这次纪念活动名义上虽然是由他们三个单位即县委宣传部、党史办和县文联主办的,实际是县委亲自直接抓的,县委常委且特为此开了三次常委会,可

317

见其郑重(重视),这是我们本也看得出而感觉得到的。我们还计划再编印一册《潘漠华烈士纪念集》,他说,内容分五部分:一、潘漠华烈士传略;二、潘漠华烈士为党工作的史料;三、潘漠华烈士在新文学特别是在左翼文化运动方面的贡献;四、同志们为潘漠华烈士写的回忆文章;五、这次纪念会的文件。此事,也已得到县委的同意,责成县委宣传部为主负责编集印行,作为内部资料分赠各有关单位和个人,供其参考或作纪念。

关于回忆文字,恐要借用韩老劲风同志20年前所征集的某些部分,这一点,我已建议他们请以中共武义县委的名义去函韩老,向他打个招呼,想来韩老也一定乐于支持和协助的吧,您说呢? 又关于您给纪念会汇来的500元钱,胡彬同志告诉我,县委决定收下,还准备会后再派专人带着此次纪念活动的有关文件和《漠华集》赴京向您特作一次专程慰问,问我有什么意见,我代您谢谢了。虽然,您见到此信前,或早已见到他们也未可知,天津的郭武强同志也有信来,说他会后回到天津,又与中共天津市委党史办的黄小同同志去北京看望过您,并向您简要地谈了纪念会的情况,还说听了您的谈话,收获很大。然则我的报告虽然延误了些时日,但也籍此聊以自慰了。

最后要奉告的是尊棋的病况,经过医务工作人员的及时抢救和悉心治疗,可幸已经康复,于春节前2月15日由其夫人护卫下返回北京了,我们且约定今春晚些时候我将再去北京走一趟,到时我一定去看望您和您们全家,望您多多保重,多多保重。此外,北京楼适夷同志年初来信,他对漠华被捕的时间提出了异议,原信待见面时我会请您过目的,也请您回忆一下,漠华被捕的时间究竟是那一年?(注)漠华在天津被捕继而牺牲在狱中的前后，我正在山东监狱里，我是 1932 年初夏在曲阜二师被捕，1936 年被解到南京，1937 年"七七"事变后才从南京出狱的，而您自 1931 年后则始终在漠华身边，您知道的一定比我清楚。端此

敬礼！并颂春绥！

应　人
1984 年 12 月—1985 年 4 月

（注：编者对本文其中较长段落进行了分段，以方便读者阅读）


附一：

## 陈竹君同志给应人同志的信

应人（小潘）同志：

你好！信及小丁信和浙江武义县委宣传部请柬、文函，均收到。

关于漠华牺牲五十周年纪念，我一定没有忘记，1983 年还曾和文焕同志商议，明年是否将过去搜集到的有关纪念漠华的纪念文章，我们自费为之出版一个小册子，作为漠华烈士牺牲五十周年纪念礼物。他很同意这样做，不幸今年二月他病逝了。后来见到 1983 年 9 月 23 日《人民日报》副刊登载你写的《不该忘却的探索者》（《漠华集》出版前言），我们认为这是对漠华烈士最好的纪念，对自费出版纪念小册子的打算就放松了，只盼望能早日见到《漠华集》的出版，我也曾到新华书店问过多次。

关于纪念漠华同志的工作，着手于 1962 年，客观上由于十

年内乱,但我们主观上也存在有不符实际要求的做法,因之一拖就过去了20年,无任何纪念活动和表示,是很不应该的,我感到内疚。过去只依赖天津文学研究所,将手中搜集到的有关漠华生前革命活动材料全部交给了天津文学研究所韩劲风同志,就是1964年范老(范文澜同志)纪念漠华牺牲三十周年纪念文章的签名稿,也交给了韩。范老此文是在住北京医院时在病床上断断续续写成的,文章简练、生动,以历史唯物主义观点对漠华作了很高的评价,是不可多得的珍贵的纪念文章,也未能及时适时地刊出,是莫大的憾事。这些原始资料不知现在存在否? 能将这篇文字登载在浙江省内报纸上才好。这样,我设法使《人民日报》帮助转载。

粉碎"四人帮"后,韩劲风同志整理的那份材料(可能以后都交给你了)曾交我看过,我看后感到长而繁琐,从纪念烈士角度看未抓住重点,特别是未能反映出漠华成为地下党职业革命家的活动情况。他的计划是要搜集大革命后漠华的作品,这项工作收效是很小的,这与当时白色恐怖环境和漠华身负地下党的工作重任无法将作品和其他文字公开署名有关。

对于漠华同志牺牲纪念问题,现在看来我与韩劲风同志的出发点可能有些不同。他是从研究现代文学出发,从漠华青年时代的诗文和他历史的整个发展,全面进行搜集整理材料为主,我则以征集烈士生前成为革命职业家后地下党的活动材料为主。正如范老纪念文上所说的,以教育后一代,这样做,事情就简单多了。1963年我协助韩劲风搜集材料过程中,曾两次见到冯雪峰同志。他曾提出对过去已出版的诗文毋须进行再整理,我们的意见是一致的。这样范老的那篇纪念文可能在1964

年漠华牺牲三十周年的时候就载入报刊进行纪念了。

现在中共武义县委宣传部对漠华牺牲五十周年组织纪念活动,我感到万分欣慰和高兴,也了却一桩心愿。对筹备这一活动的单位和同志表示深切的感谢。这次武义县委宣传部、党史办、文联联合组织的纪念活动,我应该参加,也愿意参加,是我多年的愿望,但是我身患多种疾病(残留的肺瘤、关节炎、胆结石、支气管扩张等等),特别是支气管扩张,有气管炎咳嗽严重时,就引起大咳血,20多年曾多次因咳血住医院、疗养院;1982年还曾因感冒咳嗽大咳血不止,连续进行24小时输液才止住。冬季对我是最不利的季节,为了减少给县委宣传部和同志们增添可能发生的麻烦,决定请你代表我参加你四哥的纪念会活动,并替我向中共武义县委和县委宣传部以及组织纪念活动的单位和同志致以衷心的谢意。为了表示我对纪念活动的一点心意,已给武义县委宣传部去信,并随信寄去人民币500元,作为纪念会活动中照相留念和印制纪念册等资助。《漠华集》和漠华纪念活动情况,希望能寄我、告我。

草此,致
敬礼!

陈竹君
1984 年 12 月 10 日

附二：

## 潘漠华烈士赞

汪静之

你说人间像一片沙漠，
立志要在沙漠里开花。
你决心要把沙漠美化，
取一个名字叫"漠华"。
你发现只有共产主义，
能把人世的沙漠变乐园。
为了实现你的志愿，
你要把全生命贡献。
敌人把你关进牢监，
你忠心耿耿，那怕受熬煎！
你愿将鲜血做肥料，
培植沙漠造乐园。
你宁愿被灌辣椒水千壶，
不愿饮敌人的甘露一滴。
你受尽千般痛苦的折磨，
不减一分浩然正气！

# 纪念潘漠华革命烈士

## 叶一苇

### （一）

大地沉沉夜,英年湖畔吟①。豪端尽是泪,燃起火红心。

### （二）

放歌驱黑雾,挥笔唤晨光②。长乘罡风去,横眉鞭夕阳③。

### （三）

左联飞健翼,文垒作先驱。嘹亮吹霜角,阵容坚北隅④。

### （四）

道路尽风波,津门遭不测⑤。丹心贯白虹,血染千秋碧。

### （五）

殷殷烈士血,开出满山红。烂漫东风里,乡情忆漠华。

### 北岭公园漠华亭联语

湖畔诗吟,作化晨光飞塔顶;

岭颠松啸,疑为雨点洒亭间⑥。

注:

①1921年潘漠华在杭州与柔石、冯雪峰、汪静之等组建"湖畔诗社"。

②潘漠华曾参加新文学团体"晨光社",进行新文学创作。

③1926年潘漠华参加北伐军宣传工作。

④1930年3月潘漠华参加"中国左翼作家联盟"成立大会;是年,北方"左联"成立,任主要负责人。

⑤1934年潘漠华在天津不幸壮烈牺牲。

⑥《晨光》《雨点集》均是潘漠华诗作,此处取双关义。

## 作者简介

叶一苇(1918年4月—2013年2月),浙江省武义县人。著名书法篆刻家、篆刻理论家。曾经担任西泠印社理事、浙江省书法家协会顾问、浙江省文史研究馆馆员、浙江省之江诗社顾问、杭州市政协诗社副社长、武义县书法家协会名誉主席。2001年被浙江省人民政府授予"有突出贡献的老文艺家"金质奖章。

# 青松白雪

## ——记左联烈士潘漠华

### 沈 湜

在人民文学出版社 1958 年 10 月出版的《应修人·潘漠华选集》的前言中,有这样一句开卷语:"在'五四'以后,中国产生了完全崭新的文化生力军,应修人和潘漠华,就是这崭新的文化生力军中的两个年青诗人。"

潘漠华烈士是我省参加"左翼作家联盟"的发起人之一,他短促而光辉的一生,是和我国革命文学运动的萌芽和发展分不开的。他既是诗人,又是小说家和翻译家,是个富有才华的革命文学家。他早期的新诗创作,作为"五四"以后新文学总的成就中的最初的成绩来看,也有着一定的价值,并在当时发生过相当的影响。我们可以从这些诗篇中,看出作者努力的痕迹:他怎样从旧的束缚中解脱出来,怎样学习新的语言,怎样寻找新的表现方法和追求新的生活。年轻的诗人虽然还在自己早期的作品中带有朦胧的色彩,但在诗歌的形式、格律方面,却充满着清新活泼的气息;他突破了旧礼教的束缚,大胆写出了当时青年人的恋情以及由此引起的苦闷和追求,在反封建方面,有着积极向上的意义。

漠华留给我们的短篇创作虽然为数不多,但它们真实地反映了辛亥革命后破了产的农民和手工业者的痛苦生活,是非常深刻生动的。这里有失业的木匠、逃荒的拐手(被地主打断一只手的残废者)和挣扎在饥饿与死亡线上的山民,他们构成了一幅农村崩溃中的鲜明的图景。《选集》前言中写道:漠华的短篇小说《人间》中被生活逼迫得颓唐、衰枯的火吒司,是和鲁迅《故乡》中的闰土同样令读者不会忘记的,这是属于"五四"以后短篇小说中杰出的作品。

作为一个翻译家,漠华曾从英译本转译了俄国作家阿尔志巴绥夫的长篇小说《沙宁》,这是一部为当时俄国小资产阶级知识分子辩护的作品。他们对俄国的工农革命采取了怀疑和敌视的态度,但作为一个历史的客观过程,自有其存在的价值。漠华在译序上说过:阿尔志巴绥夫的"沙宁"这个典型,就是对小资产阶级知识分子反动的个人主义的辩护。到1905年,无产阶级显出主力的革命出现了,这使小资产阶级知识分子反动的倾向愈益显露……沙宁是这般以享乐主义和虚无主义构建他的个人主义的;在新的无产阶级革命的当时的阶段上,那在以前的革命阶段上作为主力的小资产阶级知识分子,经过一个政治上的烦闷时期,向自我的资产阶级性投降,找到了个人主义的反动的出路——这样生产了"沙宁"这个典型。这是多么精辟的论断。世界各国的小资产阶级知识分子,当面临着工农革命的抉择关头,都会产生出这样的典型,中国也不例外,这便是本书的价值所在。漠华在翻译《沙宁》的前后,正是他在思想上渐趋成熟、勇敢地加入中国共产党、成为一个真正的革命战士的时期。此后,他一直为革命事业不屈不挠地工作着、战斗着,直到罪恶的黑手扼杀了他那光辉的生命!

潘漠华,学名潘训,乳名恺尧,漠华是他开始新诗创作时用的笔名,大约在1920年。此外,他还曾用过潘四、若迦、田言、季明和慕华等笔名。

1902年,漠华出生于浙江省宣平县上坦村(现为武义县坦洪乡)。祖父是个秀才,父亲是个廪生。他有五个兄弟一个姐姐,他排行第四,现除五弟潘恺霖尚健之外,其余都去世了。在他少年时,家境已很穷困,18岁丧父,家庭生活更加困难。因此,在他16岁毕业于宣平县立师范讲习所后,曾一度走上自立的道路,当过本县上陶鲤登小学的教师。1920年18岁,他考取了浙江省立第一师范。1921年,19岁的年轻诗人,和赵平福(柔石烈士)、冯雪峰、汪静之、魏金枝、周辅成等同学,在老师叶圣陶和朱自清的指导下,成立了我省第一个新文学团体——"晨光社"。漠华曾代表"晨光社"给当时《小说月报》主编沈雁冰(茅盾)先生写了一封信,报告"晨光社"的筹备经过、结合的旨趣、成立的日期(1921年10月10日)和今后的活动。随信附给沈雁冰先生一份"晨光社简章"和一份社员名单。这封信和"晨光社简章"一同刊登在1922年12月《小说月报》第十三卷第十二号上。漠华开始在当时著名的《诗》月刊上发表新诗。

1922年,他和冯雪峰、汪静之以及上海的应修人(烈士),组织"湖畔诗社",出版诗集《湖畔》和《春的歌集》,推动了当时的新诗创作和发展。1924年漠华22岁,考入北京大学,翌年,加入中国共产党,并在北平参加《支那二月》的编辑工作。1926年秋,离开北平,到武汉参加国民革命军北伐,由总政治部派往北伐先遣军唐生智部三十六军第二师做政治宣传工作。1927年,汪精卫出卖革命,漠华和战友孔另境等同志被迫离开军队。漠华回到杭州,参加了浙江省委的工作。

"四·一二"蒋介石公开叛变,漠华不幸被捕,幸由老师马叙伦、许宝驹营救出狱。党派他回宣平故乡从事农民运动,曾参与当地农民三次武装暴动的领导。起义失败,漠华受到国民党反动派悬赏通缉,1929年初潜回杭州,不久又到上海。1930年3月2日,在上海出席了中国左翼作家联盟成立大会,并代表中国自由运动大同盟在会上讲过话。据丁景唐回忆,由于当时政治安全上的关系(因受通缉),未在发起人名单上写上他的名字。会后奉召北上,到北平以教书为掩护做党的地下工作,酝酿北方左联与教联等组织的建立,参加申讨"第三种人"斗争。1931年,在北平与杨刚、刘尊棋、冯毅之、张秀岩、李俊民、张秀中、谷大川等同志发起成立中国左翼作家联盟北平分盟。1932年2月,又参加组织北平文化总同盟工作。11月13日,鲁迅先生从上海抵北平,漠华和北方文总同志、进步学生以及文教界人士数百人前往前门车站迎接。14日,在北大二院听鲁迅演讲。同年,应中国大学之聘,任该校讲师,讲授《社会发展史》。12月,由于互济会负责人张慕陶叛变,漠华再度被捕,多亏同志间机智团结,骗过敌人,漠华未曾暴露身份,很快获释,随即转移至天津。

1933年初,漠华奉派前往张家口,参加察北抗日同盟军,在该军机关报《老百姓报》初任编辑、继任总编。10月,抗日同盟军在蒋介石和日寇勾结围攻下解散。漠华随该军前敌总指挥、共产党员吉鸿昌同志的部队突围,潜返北平,旋转唐山。11月初,复回天津,担任天津市委常委兼宣传部部长。1933年,漠华31岁。烈士又一次被捕,判刑5年。1934年12月底,他联合狱中同志发动第三次绝食。在抗议反动派的虐待和非人迫害的斗争中,被万恶的敌人用滚水活活烫死,英勇殉难。

就这样,一棵经过风雨洗礼的挺拔的大树,在反革命的血腥中倒下了!

左联烈士潘漠华的道路,是我国早期革命知识分子的一条特定的道路,许多同路人,有的踟蹰观望,有的落伍退缩,有的堕落,更有的走上了反动。但是,他却经受着时代风云的涤荡,经受着严酷斗争的考验,象一株红梅,冰霜愈重,愈加放射出鲜艳的光华。

漠华是一个天赋很高的诗人,有着火一样的热情,嫉恶人间的不平,同情人民的疾苦,这些可贵的性格,在他踏上革命的万里征途之后,迅速地得到升华,形成了青松般坚贞、白雪般纯净的品质。许多同志在怀念他的诗文中,都称誉他为无产阶级的一位坚强不屈的战士。他不是一个军人,但在北伐战争中,他很快就学会了战斗艺术,表现出非凡的指挥才能。1927年在河南漯河地区的一次遭遇战中,三十六军第二师政治部的一部分工作人员和战斗部队失去了联系,遇到了吴佩孚北洋军一个团的包围,情势危急万分。他立即挺身而出,和团政治委员(当时称为团政治指导员)蔡志学同志一起,把政治部几百个非战斗人员组成了战斗队,从容不迫地应付战斗,终于突破包围圈,甩开了敌人。在追赶大部队的行军途中,路过一处铁路桥,那时,敌人正向我方打炮,很多人争先恐后地想要冲过桥去,他当机立断地跑上桥旁一个小土阜,命令号兵吹起停止前进的军号,他自己则冒着被炮火击中的危险,告诉大家,铁路桥是敌人炮击射击的唯一目标,千万不可以从桥上过去。他一面派人到桥下试探河水深浅,寻找涉水过河的地方,一面命令大家隐蔽。果然,炮弹随即就落到了桥上。

他办事认真、谨慎,善于学习,对待革命工作极端负责,倾注了全部的精力和智慧;但在个人生活上,一贯艰苦朴素、淡泊自甘,从不计较享受。1932年在北平,他准备去见一位要人,夫人陈竹君同志为他做了一件哔叽长衫。他说:"见这些人,穿得坏了门房不让进。"等见过了,他又把长衫卖掉,拿钱帮助同志。他夫人为他织了一件毛衣,刚穿几天,他又当掉了,夫人不高兴,他说:"广大劳动人民、工人,生产了那么多东西,都不能自己享受,你个人的劳动就这么爱惜?"他经常身上揣着当票,口袋里不名一文。工作一紧张他就忘了吃饭,有时买几个烧饼,一边啃一边工作,写文章,找人谈话,或者开会。同志们都佩服他,又有点怕他。他批评起人来是很尖锐的,常说:"如果有了劳动人民的感情,你刺激他,他会省悟。"有一回,一个同志要到外地去工作,他把家里仅有的两元钱全部买了吃的,为那位同志饯行,不久,在报上看见那位同志在保定牺牲了,他难过了很久。

1932年,他在北平的那段时间,地下党经常秘密组织游行示威。每次游行,漠华总是走在队伍的前列。那年"五卅"纪念日,他举着一把网球拍走在最前头,队伍行进到王府井大街南口,日本鬼子兵在日租界的操场上架枪瞄准,向游行队伍作出射击的姿势。漠华毫不畏惧,右手挥动网球拍,左手高举拳头,带头大声疾呼:"打倒日本帝国主义!拥护抗日联军,拥护苏维埃!帝国主义从中国滚出去!"雄壮的口号声象大海怒涛,汹涌在东长安街上。同志们为他担心,因为在那种场合,他很可能被鬼子兵当成靶子打,但他说:"统一行动,总得有个带头的,我不带头,就得让另一个同志去带头,不是一样会成为敌人的枪靶子吗!"

最后一次被捕,漠华和王冶秋同志关在一起。那天,两个战友一同提去过堂,漠华先进去,王冶秋同志绑在门外一棵树上。他只听得里面惊堂木拍得震天响,有个人大喊着扒衣服,接着鞭子就象暴雨一样落到漠华的身上,但他一声不哼。打过一顿鞭子,得不到口供,敌人就使用灌辣椒水的毒刑,一连灌了三壶,等到刽子手把漠华拖出来的时候,他已经失去知觉。王冶秋同志回忆说:"我看见那只恶狗(一个叫陆大爷的看守),拖着老潘的两只脚从法庭里拉出来,老潘象溺死的浮尸一样,肚子大得可怕,鼻子、嘴角都冒出血样的水来。"漠华以惊人的毅力、用无比的沉默来蔑视敌人的骄横。敌人得不到口供,仍把他判了五年徒刑。敌人十分恨他,把他关在一间又黑暗又潮湿的单人牢房里,不让他和难友们接触。他的夫人去探监,他说他的嗅觉器官被敌人的辣椒水破坏失灵了,现在连说话的机会都没有,几年后出去将要用哑巴的手势来表达自己的语言了。他庆幸头脑没有失灵,仍然充满乐观精神,要求给他送书报,他要把五年的时间,弥补在紧张繁忙的革命工作中失去的学习时间,准备出狱后更好地为党工作。他虽然处境艰难,还是千方百计把狱中的情况传出去告诉党,某某叛变了,某某被捕了,引起党对叛徒的警惕和对被捕同志的营救。他幽默地描绘狱中的饭菜是:两个一口馍,一碗"大海泛孤舟"——形容馍小,一个只够一口,一碗菜都是清汤,上面飘着一二片菜叶。他从不考虑个人的安危,正由于此,当他看到狱中的同志们受着残酷的迫害,吃不饱饭,得不到治疗,受不尽的严刑拷打,他不顾自己是个判了刑的人,只要挨过五年就可以出狱,毅然参加了狱中同志的绝食斗争,终惨遭野蛮的杀害。

漠华牺牲后,他的夫人花钱买通狱卒,从坟里开棺看,烈士横眉怒目,全身青紫!

"横眉冷对千夫指!"烈士到死,都保持着一个革命战士坚贞不屈的高贵品质,把满腔的愤怒倾注到万恶的敌人身上!

烈士永垂不朽!

## 作者简介

沈湜(1926—1996),原名沈子慧,曾用"戈风""严峻""卫吉""岳贤"等笔名。浙江省武义县柳城人。

1979年受聘于原浙江师院(今浙江师范大学)中文系;1983年调任《江南》编辑;1984年8月起在台州文联工作,编辑《括苍》《东部》《诗与小说》《文艺联报》等。浙江省作协会员,作品有长篇小说《风雨同舟》三部曲及《蛇丐》《传教士的秘密》等,儿童小说《尧尧和火吒师傅》等。

# 潘漠华：驰骋大爱向死而生

鄢子和

潘漠华家乡武义坦洪乡上坦村，是第四批公布的浙江省历史文化名村，一条发源处婺交界龙头眼睛的坦溪穿村而过，流向宣平溪和瓯江。

漠华从小有灵性、禀赋和志向，他像一条勇敢机智游弋在坦溪的军鱼，军鱼会洄游大山深处的源头，大莱龙头眼睛山顶一带有片野生杜鹃非常红艳，如同电影《闪闪的红星》中送红军的映山红。

漠华无论读家塾、村小和县立师范，都是学习成绩最好的学生，但他考入杭城的浙一师范和知名的北大，家道破落父亲病故，其学费和生活费一直是爷爷锦芳公和从叔亲戚朋友们资助的。

漠华从小爱读为穷人谋自由幸福的书籍，蓄养侠肝义胆，对封建礼教和欺压穷人不公平的社会刻骨仇恨。在杭州西湖边一边读书一边与同仁创办"晨光社""湖畔诗社"，即使闲逸潜游西湖，身心还是日夜倾听着钱江潮的拍浪和东海的怒吼。"五四"新文化运动后部分国民思想已经觉醒，漠华不仅自己率先觉醒，还要召唤发动四万万人民一起觉醒。

在作者的印象中，老家的一条小溪汇入武义江，从小在大溪(即武义江)抓过很多鱼,但最惊心动魄是追逐抓取光鲜健美的军鱼,它勇猛驰骋逆游而上,遇见蓄水拦坝,就像撑杆飞跃跳向空中。有次一条四五斤重的军鱼脑子急转弯跳上溪滩卵石岸,十几岁的我全身扑了上去,还是被它溜走,它几个翻滚就跳回溪中,又如王者威武自得地游走。这是我整个童年抓鱼史最深刻的记忆。

漠华自参加革命,身处白色恐怖和国民党统治的铁网,从1927年起到1934年英勇就义,一次次被捕一次次脱身,总让我想起小时见识过的军鱼的画面。漠华身处革命洪流,在横冲直撞开辟自己的道路的同时,还要率领一大批进步青年和革命同道前进。在20世纪上半叶,在漠华茁壮成长为革命者的二三十年代,近300年历史的清王朝遗留下的所有矛盾和问题,需要上下求索,需有新思想新主张的仁人志士们齐心合力去解决。可孙中山领导的辛亥革命推翻了两千多年的封建帝制,又被袁世凯等一批反动军阀搞复辟窃取了革命成果,只有国共合作北伐抗战。北伐过程野心家层出不穷,蒋介石和汪精卫相继发动政变叛变革命,残酷清洗镇压风起云涌的共产党。怀抱共产主义理想的共产党人只有独立自主任重道远迈上漫漫革命征程。"问苍茫大地,谁主沉浮",1921年创建的中国共产党,选择了团结全国人民,开辟为穷人打江山的革命道路。

认定马列思想共产主义救中国的潘漠华,在革命征程中脱胎换骨地改变自己,从切身经历中认知封建专制和腐朽政府是中国人民衰落、贫穷和痛苦的根源,只有走科学民主的社会主义道路才能救中国和自己。曾经开有南货店、药铺、染房的中产地主家庭,败光家底解除唯一的雇工施火吃,漠华认知牛头山脚下赤贫山民火吒师傅和邻村木工阿贵是自己的贴心同道和阶级兄弟,他从小心心念念的姐弟恋是封建伦理认定的罪孽,即使不违反伦理也必须接受包办婚姻。勤劳善良的人民过不上好日子,读书人刻苦求学找不到好工作,整个底层没有自由独立和光明出路,除了参加革命推翻旧世界创造新秩序,别无他路。

漠华参加革命是没有工资的,即使有时有点活动经费也朝不保夕,更关键是一旦暴露身份就要遭被捕镇压,参加地下状态的中共组织,是提着脑袋干革命。但这阻拦不了漠华铁了心从书生成为战士,从湖畔诗人成为"北方左联"主要发起人和领导者。在组建中共天津市委担任宣传部长的同时,还要东奔西走谋取中学和大学教职、撰写大量短文评论糊口,同时每到一地便发动培养进步青年建立党组织,随时随地充实"北方左联"队伍及外围组织,同时兼任三四份工作,还随时要饿肚子喝开水过日子,而他偶尔手头有点钱或有件衣服,只要同志或组织有需求就典当奉献出去。

漠华对革命没有幻想,认定中国革命一定要经历长期艰巨的过程并付出很大牺牲的代价,但他无怨无悔一往无前。漠华的伴侣川妹子陈竹君回忆:"漠华个人生活很困难,却对同志很仗义。他经常冬天一身夏衣、夏天一身冬衣,身上经常有当票,没有钱一天吃几个烧饼,有了钱又大吃一顿。一次,有个同志要到外地去,我们把唯一的两块钱全部买了吃的。他说:'这个朋友要走,咱们一块儿玩玩。'后来在报上看到,那位同志在保定牺牲了。"

漠华不但有丰富的地下秘密工作斗争艺术,而且还具有强大的对待酷刑的精神意志,平时会有意无意影响同志们。陈竹君在《漠华同志牺牲三十周年祭》中写道:"烈士常常教给同志们如何进行地下秘密工作的一些斗争艺术,如何应付被捕后敌人的残忍刑讯和狡猾的手段。他介绍自己的亲身体会,被捕后敌人对革命者施以各种惨无人道的拷打毒刑,他认为刑具中最使人痛苦难忍的是电刑,这比皮肉之苦尤甚。敌人的目的是要折磨革命者的意志,因之要有不怕苦和不怕死的大无畏的精神来对付貌似强大而凶恶的敌人。"该文还写道:"我到看守所看望时,烈士被囚在一间阴暗潮湿的监房里,室内有的东西——一个尿桶、一张床板、一床被子。他全身抽动(抽风)。他抑制住痛苦,说对敌人不要有丝毫的幻想,幻想能释放出去。他告诉外边的同志说,他没有给党造成什么损失,或有不利于党的事……"

1980年,漠华的堂姐潘翠菊撰写《长命锁的回忆——纪念潘漠华烈士殉难四十五周年》,发表在当年《东海》杂志第3期。1984年,为纪念潘漠华牺牲50周年,她又写过回忆文章《参加革命,不盼长命》,文中说:"读丁景唐同志《鲁迅博物馆收藏的潘漠华烈士的手迹》一文,文中说漠华烈士留下的手迹很少,除早期的新诗有原稿外,后期的遗稿尚未发现……而在浙江宣平,即现在的武义县柳城镇,我家曾存有他给我的亲笔信四封,长方形信封,十行纸,用毛笔写;给沈载熙亲笔信六封,两封用西式信封,其余同;给二哥恺详的三封,也是中式长方形信封;共有亲笔书信十三封。此外,尚有小说《冷泉岩》底稿一篇,三十二开用白板纸,两面写三张半;未完成的手稿《深山雪》一篇,用十行纸写了二十张,是记述那次回乡赈灾和施火吃重逢的一段回忆;还有一部译稿,是关于某国一个古老的童话故事,书名记不清楚了,译稿也用十行纸装订成册的,有七八十张。这些手稿,连同漠华自小佩挂的一块银制长命锁和一对包金银手钏,一起交给我保存。在银制长命锁的正面下端,有漠华亲手镌刻上去的八个字:参加革命,不盼长命。在一对包金银手钏上,则有漠华亲手镌刻的另外八个字:包办婚姻,信物不信。自从漠华殉难以后,我把这些珍贵的遗物,一直小心保藏着,寄托着对他的无限哀思。不幸文化大革命一来,我家遭到八次抄家……"

湖畔诗友汪静之为潘漠华牺牲50周年作诗《漠华赞》:

你说人间像一片沙漠,

你立志要在沙漠里开花。

决心要把沙漠美化,取个名定叫"漠华"

……

你愿将鲜血做肥料,

培植沙漠造乐园。

你宁愿被灌辣椒水千壶,

不愿饮敌人的甘露一滴

……

## 作者简介

鄢子和,笔名老庙。20世纪80年代习诗、杂文、小说等。地方媒体人,武义县作协主席。

# 碧草红云的悲苦

郭 梅 董玉洁

对于武义,大多数人对它的最初印象或许只是温泉,那般烟雾妖娆,那般温柔逶迤,只引得人们蜂拥而至,享受短暂的温热和舒适。殊不知在这沉醉的温柔乡,曾经生活过一个刚毅多才的诗人——潘漠华。

去到武义,便可以在县城湖畔公园看到青草丛中立着的潘漠华雕像。我们在雕像前走过,踏着浅浅青草,伫立凝视,这个笔下面容薄透、刀下坚毅威武的男人,完美地诠释了诗人和革命者的角色。身边不时有游客走过,对于不熟悉"湖畔诗社"的游人而言,这么一尊只有名字和出生年月的雕像着实让他们生疑——不着一色,不设一阶,不筑一亭,他是谁?还有多少人真正懂得潘漠华?

潘漠华(1902—1934),浙江宣平(今属武义)人。原名训,又名恺尧。1920年开始文学创作。小学毕业考入县立师范讲习所,在小学任教后复入浙江省立第一师范,与柔石、魏金枝、冯雪峰等参加朱自清、叶圣陶指导的青年文学团体晨光社。后又与冯雪峰、应修人、汪静之结成湖畔诗社,先后出版《湖畔》《春的歌集》。1924年考入北京大学文科,1926年在校加入中国共产党。同年,南下武汉,参加北伐军。1927年7月离开军队,先后在杭州、宣平、开封、沧州、北平等地从事党的秘密工作。1930年,到上海参加中国左翼作家联盟成立大会,继而到北平筹建北方左翼作家联盟,当选执行委员,连任三届负责人。1932年任中共天津市委宣传部部长,次年12月被捕,1934年12月在狱中绝食斗争胜利后,被灌以滚烫的开水致死。主要作品编入《应修人、潘漠华选集》。

为纪念潘漠华,武义县委宣传部于1992年开始整理收集潘漠华历史资料,并于1999年下半年与坦洪乡党委一起开始筹建"潘漠华纪念馆"。纪念馆于2000年11月8日正式开馆。

这个纪念馆地处武义县坦洪乡上坦村。从县城出发,车子从廊桥经过。廊桥又名熟溪桥,十墩九孔,长140米,宽4.8米。此桥始建于南宋开禧三年(公元1207),距今已有800多年,经国内桥梁专家考察发现,在全国仅存的300多座古廊桥中,熟溪桥历史最久,因此也被看成是我国古廊桥之祖。唐代诗人孟浩然当年曾在此写下《宿武阳川》一诗——

> 川暗夕阳尽,孤舟泊岸初。
>
> 岭猿相叫啸,潭影自空虚。
>
> 就枕灭明烛,叩舷闻夜渔。
>
> 鸡鸣问何处,风物是秦余。

我们想在诗歌中寻找当年廊桥的倩影,并无奈感慨人为的破坏和自然的冲击对昔时胜景的蹂躏,现在的一切都已物是人非了。记得余秋雨先生去伊拉克参观巴比伦遗迹时说过一段话:"我并不是反对一切古迹复原,譬如某些名人故居,以及声名很大而文物价值却不高的亭台楼阁,复原修建是可以的,而对那些打上了强烈的历史沧桑感的遗迹,万不可铲平了遗址重新建造,甚至连'整旧如新'也不可以。人们要叩拜的是经历艰辛、满脸皱纹的老祖母,'整旧如新'等于为老祖母植皮化妆,而铲平了重建则等于找了个略似祖母年轻时代的农村女孩,当作老祖母在供奉。"如今的廊桥让人心中不胜颓唐,还好想到潘漠华故居在寂静的村落中安之若素,心中略有舒慰。

　　车子开出去不久,就从大路拐进了一条通往山里的小道,眼前出现了连绵不断的山脉,原以为北方的山才是阔大辽远的,没料到南方的山也一点不逊色,英气逼人。开车的小儿自称驾驶技术精熟,在这样的山路上行驶也有几分忐忑。盘山公路只容得下两辆车相向而行,一侧是山壁,另一侧是深渊,我们睁大眼睛盯着路标,嘴里不住地叫道:"小心,慢点!"在这种精神的煎熬下,路变得很远很远了。突然想到潘漠华的那首《离家》,这首诗曾经出现在中央电视台《2008新年新诗会》上,朗诵者用饱含深情的语言读出了诗人对家的依恋,对生活现实的无奈——

　　　　我底衫袖破了
　　　　我母亲坐着替我补缀
　　　　伊针针引着纱线
　　　　却将伊底悲苦也缝了进去

　　　　我底头发太散乱了
　　　　姊姊说这样出外去不太好看
　　　　也要惹人家底讨厌
　　　　伊拿了头梳来替我梳理
　　　　后来却也将伊底悲苦梳了进去

我们离家上了旅路

走到夕阳傍山红的时候

哥哥说我走得太迟迟了

将要走不尽预定的行程

他伸手牵着我走

但他的悲苦

又从他微微颤跳的手掌心传给了我


现在，就是碧草红云的现在呵

离家已有六百多里路

母亲底悲苦，从衣缝里出来

姊姊的悲苦，从头发里出来

哥哥底悲苦，从手掌心里出来

他们结成一个缜密的悲苦的网

将我整个网着在那儿了

当年的他是不是就是从这条山道上走出去的？他的这首《离家》是不是就在这条山道上一边走一边酝酿出来的？想到此，感觉眼前的山也成了家的一部分。纳兰性德回忆故园，是切肤的痛，"山一程，水一程，身向榆关那畔行，夜深千帐灯。风一更，雪一更，聒碎乡心梦不成，故园无此声。"潘漠华的故乡是悲苦的哀伤，不论是离家远行还是合家团聚，这种哀伤都不能消散，一个步履清浅、面容薄透的年轻人，仿佛迈向了那脆弱的命轮，语音渐逝，留下浅浅的忆和淡淡的怨。

终于接近了目的地。公路两边出现了零落的房屋和商店。眼光直视处，看到新建的廊桥上有"上坦"两字，没有想象中那么落魄,不知道是不是因为潘漠华的原因,整个村庄得到了很好的发展。站上廊桥,可以看到已经有些年代的垂柳在这个季节最是招摇。乡人顺着廊桥的侧沿走到河边洗涤,三五小儿在河边追逐打闹,没有俗世的喧嚣和烦扰,这里仅仅是一处安详的居所。桥的东岸有片空地,边上有商店、篮球场,周围的房屋有石砌的、有砖垒的,还有木头搭建的,各自错落地立在那里,场地中间有块大石头,上面刻着"漠华广场"。

我向身边的老者打听"潘漠华纪念馆"的所在,他很认真地告诉我怎么走,还带我进了一条小巷,然后向我比划着方向。从上坦村的布局来看,以前这里应该是一个小集镇,老房子很密集地聚集在一起,街道很窄,都是一块块青砖铺成的小路,临街都是商铺。踏着长满青苔的小青砖,走在没有一个游人的巷子里,两旁不时会出现一些深宅大院。可以想象以前这里的人家生活得还算富足。在巷子里绕了一圈,快到尽头时,眼前出现一座有着高高围墙的石库门房屋,灰白色的墙,两边各开两扇小窗,红色铁门的门楣上写有"潘漠华纪念馆"五个金字,不是匾额,而是直接写在石灰门楣上,门楣的头顶挂着一盏小小的灯,不知道华灯初上,这盏小小的灯能不能照亮潘漠华回家的路。

门前的地方比较空旷,正对着大门的是一堵雕塑墙,墙前面停满了游人开来的车,遮住了雕塑墙上的画面。我没有挤过去看,过后还遗憾不知道有没有错过些什么。中午刚过,门上怎么会加一把锁?同行的人有些纳闷。我们特意赶了那么多山路,难道就这样回去了?我有点不甘心。

先前开车的男生离开队伍向回去的小径走去,其余的人带着诧异的眼神看他。不一会,他带着一位老大爷过来了,在这寂静的村落,很远我们就听见老大爷手中钥匙的碰撞声,众人对男生投去敬佩的目光。原来他随便找了离纪念馆最近的农户询问纪念馆的信息,竟然主人家就是管理员,欣喜。

老人没有去开那扇红色铁门,而是走到边门,开锁。随着吱呀的开门声,眼前呈现的不是干净的院落,而是一间堆满了杂物的小屋,放的都是旧时的一些农具和器用。我还在想这难道是潘漠华用过的东西所以堆在这里以供展览时,老人就已经跟我说这间厢房是他借用的,自家屋子不够用,这里又很宽敞,便把一些没用但舍不得扔掉的东西寄放在了纪念馆。

从边门走出去,才能到纪念馆的院落。这是一幢二进的宅院,面积很大,可是在我的概念中,名人的纪念馆一般都是在名人故居的基础上建立起来的。潘漠华诗中不是常常写到家庭的苦难吗? 住在这样的大院里,苦难有这么深吗?

带着这个疑问,我们走进第一个院落。大厅正中,有一座潘漠华的半身塑像,背景是湖畔诗人汪静之为潘漠华写的一段纪念文字:"你说人间是一片沙漠,立志要在沙漠里开花……为了实现你的志愿,你要把全部生命贡献。"两旁是潘漠华的生平事迹介绍,图文并茂。对于汪静之,大家都不陌生,在"湖畔诗人"中,他通过《蕙的风》被世人熟识,在现代新诗史上留下了不灭的印记。

对于潘漠华的了解我们已经做足了功课,便不想在图文中耗费时间,直接转到第二进,这里又是一个院落,结构与第一进差不多。这里展出的是武义南部地区的革命斗争史,还多了一些实物,主要讲述的是潘漠华参加革命的一些经历,比较醒目的是一个旧书橱,边上是一门土炮。这个组合很有意思,又读书,又革命,很能把潘漠华短暂的一生作个总结。

从纪念馆出来,大家等着老人锁门,我突然想起先前的疑问,便问老人这里是不是潘漠华的故居,老人摇摇头,说故居还在前面,一百米的样子,没有特殊的标记,房子已经闲置不用好久了。按照老人的指引,我们又向前走,靠近村里面,已经很少有住户了,走在逼仄的小路上,想到潘漠华曾无数次在这里走进走出,竟比看纪念馆还多生出了一些亲切——我们是踏着烈士的脚步在回望,回望潘漠华的那一段岁月。

这里有你年少时的懵懂爱情,"在你门前来回底走着,今夜是第七夜了,这回是今夜的第九回了,他望不得你出来,他将会走到天明,明夜也仍将会走到天明,他将会永远的每夜走到天明。你痴心可怜的情人!"

这里有你成年离家后对父亲的悼念,"我想念我底死父,他呀,卧在一堆黄土中,青草长得的下底;我的母亲,扼心愁苦在房里吧? 一回想念已故人,一回想念远游的儿子!"

还有,参加革命后的机智勇敢和遭受辣椒水、开水烫死的酷刑……我努力地想把这样的一个潘漠华严丝合缝地放回到这个简陋的旧屋,却觉得小屋太小,放不下那虽短暂但丰盈的一生。从旧屋原路折回,眼睛盯着脚下的青石板,一块块数过去,像是在历数诗人的生命年轮。或许,潘漠华会喜欢那位热爱生活的法国作家蒙田说过的一段关于生命的诤言吧:"我随时准备告别人生,毫不惋惜。这倒不是因生之艰辛或苦恼所致,而是由于生之本质在于死。因此只有乐于生的人才能真正感到死之苦恼。尤其在此刻,我眼看生命的时光无多,我就愈想增加生命的分量。我想靠迅速抓紧时间,去留住稍纵即逝的日子,我想凭时间的有效利用去弥补匆匆流逝的光阴,剩下的生命愈短暂,我愈要使之过得充盈饱满。"

据潘漠华的妻子回忆,他死后一年才被家人接回来。记住历史不是为了怨恨,我们没有必要再去追究那段历史的是非,潘漠华回家了,他的诗作也被越来越多的学人所赏识,这个普通得就像整部江南诗词大典中一个毫不起眼的句点般的浙江小镇,这座庸常的江南民居,因为孕育了这颗不凡的灵魂而有了历史的张力和文化的气韵。这是一颗不灭的灵魂,一颗热情沸腾达于血液达于笔尖达于创造的灵魂。在这里,我们低徊徘徊,我们吟哦长诵,我们静默着,静默着……

## 作者简介

董玉洁,生于1969年2月。现任荆门市新闻出版局副局长。先后被《中国青年报》《羊城晚报》《恋爱婚姻家庭》《可乐》等20多家报刊聘为专栏作家、特约撰稿人。现为《读者》杂志全国百名签约作家之一,系荆门市作家协会理事,钟祥作家协会副主席。

# 一个湖畔诗人的三大跨越

## ——纪念潘漠华烈士100周年诞辰

### 王文政

  中共早期天津市委宣传部部长、著名湖畔诗人潘漠华烈士，名训，又名恺尧。漠华是1920年开始用的笔名。潘漠华1902年出生于浙江省宣平县（现属武义县）上坦村。1934年12月牺牲。从13岁到23岁，他孜孜求学，主动接受新时代的影响，三番考学，从县立师范讲习所到浙江省立第一师范，又到北京大学。19岁时毅然冲出山沟，到杭州融入"五四"运动的潮流当中，尽管这一年其父去世，家境破落。10年间，一边求学，一边写诗，一边探索人生之路，其中多载从教谋生。

  1925年，潘漠华24岁时加入中国共产党，25岁末停学，开始终生为党工作，成为我党早期革命家。他参加过武汉北伐革命军，参加过中共浙江省委初期地下工作，后回家乡指导组建中共宣平县委，组建农村党组织，领导过农民起义，并陆续在多个城市组织过抗日救亡运动，期间一边辗转以教员身份为掩护，一边秘密为党工作。他曾四度被反动派逮捕，可被营救出来后，信仰不改，忠心不变，不为白色恐怖所吓倒，反而越来越坚强，越来越富有革命经验。1933年12月，他复任中共天津市委宣传部长时，第四次被捕。次年底在狱中为抗议反动派虐待而组织狱友开展绝食斗争,被灌以开水而惨死于天津狱中。

他不仅以烈士形象永远活着,还以文学作品"忠实地活着"。1925年之前,他是湖畔诗人,发起成立了"晨光社",加入了"湖畔诗社"并成为骨干,这是中国现代文学史上最早的文学社和诗社之一。1925年之后,他在革命工作之余,是个左翼作家,加入了中国左翼作家联盟,与人发起并领导过北方"左联",写了《雨点集》等小说、散文、随军札记、从教论文等。他勤奋不懈,进取不止。

1920年到1925年,他留下110余首新诗。虽然他的诗量、诗艺与诗名逊于徐志摩,但他比徐氏写新诗的历史不止早一年,他1920年19岁时即开始写新诗,徐氏则在1921年26岁时开始写新诗。他不愧为一个有贡献的新诗先锋。作为湖畔诗人之一,他的爱情诗当时就被他的老师朱自清最为看好。后来,著名现代文学史专家王瑶评论说:"以健康的爱情诗为题材,在当时就含有反封建的意义。"虽然20世纪六七十年代受极"左"路线影响,潘漠华的诗及其文学史地位不被褒扬,甚至受到压制,但他的爱情诗在当时是属于一流的作品。

湖畔吟爱是潘漠华新诗的主基调,显性爱情诗在40首以上,占总诗量的十分之四,如《祈祷》《月夜》《月光》等。在《月光》的末节,他寄情于溪水:

> 我跑到溪边,
> 睁大我底眼眶,
> 尽情落下我底眼泪,
> 给伊们随水流去;
> 明天流经伊底门前时,

　　值伊在那儿浣衣，

　　伊于是可以看见，

　　我底泪可以滴上伊底心了。

　　1922年和1923年是他爱情诗创作的喷发期,量最多,味最浓。《若迦夜歌》23首,可谓是他在1923年的情诗集。诗中较多地反映了他那"有情不得恋"的无奈哀伤。另外,还有20余首抒情诗,从他的生活与情感经历来分析,可算作是含蓄隐性的爱情诗,如《冬夜下》,有情难明诉,句句滴悲血,给人以普遍的共鸣——

　　读完朋友的诗,

　　翻完亘古的画,

　　喝完红葡的酒,

　　葬悲哀在诗的末句,

　　葬悲哀在画的末幅,

　　葬悲哀在酒的末滴。

　　在潘漠华的诗中,"悲悯"已经成为他湖畔行吟的"次基调"了。他有30余首诗的主题是同情弱小者,关怀穷苦人,反映当时社会不平,怜忆亲人病死以及思念故乡,等等,比如《撒却》《游子》《轿夫》《乞者》《卖艺的女人》《飘泊者》等等。1980年上海文艺出版社所编的《中国现代抒情短诗100首》中,潘漠华是被选的1919—1979年间100位诗人之一,编入的诗是《离家》,其中最后一部分吟道:

　　现在,就是碧草红云的现在呵!

　　离家已有六百多里路。

　　母亲底悲苦,从衣缝里出来;

姊姊底悲苦,从头发里出来;

哥哥底悲苦,从手掌心里出来;

他们结成一个缜密的悲苦的网;

将我整个网着在那儿了!

他的诗不但"悲他悯(怜悯)人",而且"自悲自悯(忧愁)"。那个年代的文化人,大都不是穷出身,但潘却富有强烈的同情心和悲悯情,这不能不说是他接受中国共产党救国救民言行的思想基础,甘当中国共产党马前卒的情感前提。也可以说,他的革命情绪早就已经渗透在他的悲悯诗作中了。他的悲悯诗虽然没有如杜甫"三吏""三别"等的现实主义艺术成就,但他的悲悯的诗情发展与人生延伸的意义却远胜于杜甫。

掩上《漠华集》而思,只有33岁人生的潘漠华,实现了人生三大跨越:一是从山村孩子变成高级知识分子,二是从乡间小学教师变成中华革命英烈,三是从湖畔诗人变成左翼作家。

(原载《潘漠华年谱》)

349

# 潘漠华的文学思想与精神

万中一

## 一

    潘漠华在上海找到党组织后继续开展党的工作。另外,他花费了许多时间,整理译稿《沙宁》。《沙宁》是俄国作家阿尔志跋绥夫的长篇小说,出版于1907年。潘漠华在读北大时,与应修人共同编辑出版了《支那二月》之后,开始翻译这部书。他曾这样说过:"我翻译《沙宁》一书,不过想把俄国阿尔志跋绥夫所代表的19世纪那种个性解放的思潮介绍到中国来,想借此冲击封建社会极其顽固的伦理思想。"显然,这对当时中国思想学术界既活跃又混杂的局面来说,是一种有力的冲击。

    其实,潘漠华对《沙宁》的翻译,也可以反映出他成为共产党员之前的一些彷徨苦闷的思想。他在翻译这部作品将要完成的时候,曾经对周颂棣说过:他很后悔花了很大的气力翻译了这样一部小资产阶级、个人主义的颓废主义的作品。潘漠华后来由于大革命形势的突变,南下参加北伐战争,又因国共两党分裂,回到杭州寻找工作,遭到逮捕,出狱后回故乡发展党组织,处境艰险。这种种历练使他能更深刻地认识社会问题的实质,直到他翻译整理完《沙宁》。潘漠华认为:十九世纪初的俄国,虽已进行产业革命,但农业经济制度大部分未曾蜕变,封建势力还统治着整个俄国。随着新时代的逐渐成熟,小资产阶级知识分子已尽了历史的责任,因此以个人主义为基调,成了"八十年代的垂头丧气人"。而随之产生的大群的"普罗阶级",如巨人似地来到地面,有新的革命阶段上显着异样的力量,这不能不使"八十年代的垂头丧气人"震惊。

1930年初,他接到光华书局的通知,说《沙宁》已出版。这时正逢"中国左翼作家联盟"即将成立,这是他不能不参加的。可是集美中学又需要他,校长尽力挽留他,潘漠华还是决意辞行,赶回了上海。

潘漠华之所以果断地回上海参加中国左翼作家联盟(即"左联"),是因为得到了好友冯雪峰筹建"左联"的消息。冯雪峰于1928年12月在上海,通过同学柔石的介绍,结识了仰慕已久的鲁迅。次年2月他搬家住进景云里11号甲,这是茅盾的家,茅盾去日本后,三楼空了出来,让给了冯雪峰住,这就与鲁迅的家斜对门了。几乎每天吃过晚饭后,冯雪峰就到晒台上去看一看,鲁迅家里有没有客人,如果没有他就到鲁迅家去座谈,常常谈到半夜两、三点钟,他们谈工作、谈政治、谈文艺、谈时事。由于关系密切,冯雪峰被指定为党和鲁迅之间的联系人。所以冯雪峰与鲁迅谈到建立"左联"的事,鲁迅欣然同意,觉得非常好,还说"左翼"这两个字用得好,旗帜更鲜明一点。在鲁迅的支持和配合下,冯雪峰积极筹建"左联",人员的确定上,他当然不会少了早年"湖畔四诗人"之一的潘漠华。

经过筹备,"左联"在1930年2月于上海成立。当时参加发起和入盟的作家有:鲁迅、郭沫若、茅盾、钱杏邨、冯乃超、田汉、郁达夫、冯雪峰、潘漠华、柔石等50余人。潘漠华代表中国自由大同盟在会上致祝词。成立大会上，选定沈端先（夏衍）、鲁迅、田汉等7人为常务委员，成立常务委员会，建立有关机构，决定行动总纲领和主要的工作方针，通过了战斗性的理论纲领，其中有：

> 社会变革期中的艺术，不是极端凝结为保守的要素，变成拥护顽固统治之工具，便向进步的方向勇敢迈进。作为解放斗争的武器，也只有和历史的进行取得同样的步伐的艺术，才能够焕发它的明耀的光芒。

> 诗人如果是预言者，艺术家如果是人类的导师，他们不能不站在历史的前线……负起解放斗争的使命。

> ……

> 我们艺术不能不呈献给"胜利不然就死"的血腥斗争。

> ……

鲁迅在成立大会上，作了《对左翼作家联盟的意见》的讲话。他认为"'左翼'作家很容易成为'右翼'作家，因为不和实际的社会斗争接触，单关在玻璃窗内做文章，研究问题，无论怎么激烈，碰到现实，便即刻撞碎了。"他还认为"诗人或文学家高于一切人，他底工作比一切工作高贵，也是不正确的观点"。

"左联"在后来的文学史上，占有很重要的地位。而这次成立大会上的理论和行动纲领、工作方针及鲁迅的讲话，对潘漠华以后的写作和身体力行地投入实际革命运动，也起到精神上的鼓舞作用。

## 二

1930年下半年,潘漠华到北京,进入翊教女子中学执教不久,得知杜衡、戴望舒等人来到了北京,他很高兴,认为北京的文坛应该有些变化,该组织起来显示出力量,发挥作用。

秋冬之交的一天,潘漠华与台静农一起来到北平西城孙席珍的寓所。几个人谈起北方文坛的冷落,认为需要鼓动一下,把气氛搞得热烈些。而当时的北方文坛局面总是各自为战,太分散,几个人都希望联合起来,有个组织,以便共同战斗。商讨之后,孙席珍就问组织什么团体好,潘漠华爽快地说:"中国左联已经在上海成立了,我们来个北方左联,你看如何?"又说:"这事李守章也很赞同,愿意做个发起人。李霁野也同意参加的。"孙席珍说:"那就再好不过了。"

潘漠华为了更广泛地听取意见,好几次组织召开小型筹备会,杨纤如、段雪笙、谢冰莹等人以及一些中小学教师和大学生参加。一次会议上,大家讨论的问题除了成立大会时间、命名之外,还围绕着"在北平的知名作家不多,既然名之为左翼作家联盟,总得由作家来组成"等等问题,一时难以议决。不少人以为潘漠华、谢冰莹可以称为作家,其他人都有点自卑地认为自己不是作家身份。潘漠华当面说:那些知名而不进步的作家,将被我们抛弃在时代后面,新兴文学的时代将由我们来开创。这豪壮有力的话语,让四座惊服。

9月18日下午,北方左联在北平大学法学院一院大礼堂成立。这天,虽然还是冬天寒冷的气候,但大家会聚一堂,热烈欢乐的场面让人感到很温暖。成立大会上,通过了章程和工作纲领,推选出孙席珍、潘漠华、台静农、刘尊棋、杨刚等人为常委。潘漠华分管总务。

北方左联的成立,给北京、天津等文学界产生较大影响,盟员从30多人陆续增加,分布范围不断扩大。当时北京东城小组在沙滩北京大学附近;西城小组在沟沿,邻近中国大学;南城设计小组、北京师范大学在新华门外,距离西城较近,就划附西城小组,海甸小组设在燕京校内。各校正式盟员虽然不多,但都设有读书会,由盟员组织领导,这些外围组织的人数就更多了。此外,辅仁大学、中法大学、民国大学、大同中学、汇文中学和贝满女子中学等,也先后有过读书会组织。读书会重在政治宣传,介绍阅读一些苏联等外国文艺理论作品,相继传递一些印刷品、油印资料,活动比较活跃,也比较经常。

身为总负责的潘漠华十分繁忙,许多重要的内部事务都由他和孙席珍商量或通气后决定,而这些活动又全是他教课之余进行的。

因为工作与组织的需要,北方左联于1931年春天召开了代表大会,地点在北平中华门楼上,参加主持的人有潘漠华、杨刚、刘尊棋、冯毅之(解放后山东省文联负责人)、张秀岩等人。会上讨论了北方左联盟章,选举执行委员会,通过几项工作任务,建立联盟下属支部:共有北大、清华、燕京、香山慈幼院、平大艺术学院、女子文理学院、中国大学及其附中、宏达学院、二十八中、财政部印刷厂、西城街道等。决定继续扩大盟员人数,出版联盟机关报、筹办大型文学杂志、开展工农通讯等。

这时总部设在上海的中国左联,不断遭受文化"围剿",斗争也一天都没停止过。1931年2月7日,柔石、殷夫、胡也频、冯铿、李伟森等左翼作家被枪杀于上海龙华,大量进步文艺作品被查禁。中国左联当即发行《前哨》,登出抗议书、告世界书,引起国际革命作家联盟和各国著名文化人士的严正抗议。为了集中统一领导,中国左联又成立了"中国左翼文化总同盟",加强了与国际无产阶级革命作家的联系,成为国际革命作家联盟在中国的支部。左联作家以无畏的英雄气概,为无产阶级文学谱写了新史章。

## 作者简介

万中一,浙江省武义县柳城人。中国散文学会会员、金华市作协会员。发表小说、散文百余万字,多次获全国、省、市征文奖,出版有散文集《山水之间》、文学传记《潘漠华传》等。

# 潘漠华:"爱着人间,穿过痛苦去爱着人间"

鄢子和

　　提起武义籍革命烈士和湖畔诗人潘漠华,倍感亲切。1981年,我入浙北水乡湖笔产地湖州念书时,18岁的少年对武义地方文史认知还是一张白纸,而在师专图书馆借书时,意外借到湖畔诗人创作出版的《湖畔》《春的歌集》重印本,书中介绍被朱自清评论诗风"最是稳练缜密"的潘漠华是武义宣平人,内心一阵狂喜,想不到家乡还出了与"五四"新文化运动一起启航奔跑进入现代文学史的新诗人,阅读自然分外上心。1984年,我分配武义二中教书,潘漠华父亲与华塘乡贤陈鹤书等人参与捐资创建的宣平县立师范讲习所校舍还在,坐北朝南的3个古朴厚重圆拱门,透出延安窑洞的深邃和神秘,两棵参天桂花树西侧是师生食堂,厨房里汩汩涌动一穴俗称"龙眼泉"的古井,那井水冬暖夏凉甘爽无比,潘漠华就读县立师范讲习所时一定喝了不少,我便在潘漠华抒写过的风物山川里萌发文学创作的冲动。

　　断断续续阅读认知潘漠华40年了,对同一个人同一件事同一本书同一件作品,解读认知也有个不断剥笋、渗透和醒悟的过程。譬如潘君的情诗《若迦夜歌》和小说《人间》《冷泉岩》等,刚开始读时,哪能想到其背景故事是那么痛苦深重,其中积淀喷涌的熔岩浆是作者终生难忘之爱并走向革命的动因。潘漠华的所有诗歌、小说、散文、杂文的主题都是"爱着人间,穿过痛苦去爱着人间"。因为封建礼教阻隔他的美好向往,腐败制度制造社会不公和底层痛苦,他必须舍弃小我追求大爱,怀揣共产主义理想信念去改造强大民族、创造强大国家,争取四万万同胞的自由幸福。

潘漠华堂外甥沈湜的儿童小说《尧尧和火吒师傅》中写道,漠华4岁那年中秋节后不久,失足坠井,多亏染布雇工施火吒救起,捡回一命。"那天一早,尧尧到后门口找小姐姐,路过老桂树下大方井,不慎滑了下去,小姐姐慈妹及时发现井水荡漾,盖满水面的浮萍和落花中间,泛着一根小辫的红头绳,小姐姐猛然醒悟,大声呼救,幸赖染工火吒司闻声赶来,跳入大方井救出。"尧尧是漠华的小名,意外坠井只剩一根扎小辫的红头绳没淹没,所以被社会最底层的施火吒救起。漠华坠井是为找隔条巷弄的小姐姐,这小姐姐其实是堂姐,漠华几乎每天一开眼就想到她,彼此从小心心念念情投意合,从家塾、村小、县立高小,一路读到杭州省立第一师范和女子师范,都朝夕相伴无话不谈。他们在老家上坦坦溪前后山一起放牛、砍柴、捡苦槠、做游戏,一起争读家族哥哥们带回的新书刊,《黑奴吁天录》《水浒》《世界英杰传》、梁启超主编的《新学丛报》等,都是他们最喜欢的读物。

漠华读小学时就为姐姐样的女性鸣不平,为反感封建礼教举锄头狠砸贞节牌坊,考入县立师范某日暑假,在溪滩见两头牛牴相斗差点踩死一个7岁女孩,漠华机智勇敢引开斗牛救下女孩。漠华从小就是小姐姐眼中的小英雄,而小姐姐一双如古井清澈明亮的大眼睛吸引滋润着漠华的童年、少年和整个为信念和革命燃烧的人生。井中翘出水面的红头绳让小姐姐呼救，这"红色"如同导火线和旗帜点燃漠华一生，为红色燃烧和献身成为革命志士、湖畔诗人，成为潘漠华的坐标与宿命。

漠华从小组织天赋超强，活动能力卓越，是个自成一体的多面手。1920年，从浙南小山村一跨入西子湖畔的省城大舞台，就如坦溪军鱼跃入大海龙腾虎跃。他从小家居的九间头是个大家族，祖、父辈都是廪生秀才，但因社会动荡和父亲好赌颓废，中产家庭赖以生存的几个店铺被输得精光。漠华考入省城师范，靠母亲支撑和爷爷亲戚们资助，漠华在杭州读书不到半年，47岁的父亲就困顿病故。

1921年3月，漠华与二哥潘详等6人游览西湖后，讨论筹备成立宣平旅杭同乡会，出会刊，每年清明祭扫乡贤辛亥革命烈士詹蒙墓。1921年10月10日，漠华与同学冯雪峰、汪静之、柔石、魏金枝等20多人一起成立"晨光社"，他是发起人，因吸收了《新浙江报》副刊编辑入社，充分发挥省报副刊阵地的作用，影响深远。1922年4月4日，漠华与诗友应修人、汪静之、冯雪峰畅游西湖，商定成立"湖畔诗社"，使之迅速成为"晨光社"的核心社团，同年5月9日，出版中国"新诗坛第五本新诗集"《湖畔》；1923年12月31日，湖畔诗社四人又出版第二本诗集《春的歌集》。两本湖畔诗集收入潘漠华诗歌68首，占他一生创作新诗的一半以上。1922年寒假，潘漠华回乡充当宣平县政府赈灾救济调查志愿者，深入牛头山麓各山村走访核查10多天，在冰天雪地里见到小时救命恩人施火吒及其挨冻受饿的全家，泪水凿碎冰棱，内心盟誓终生要为穷苦人翻身奋斗。

1922年1月15日,漠华新诗《小诗六首》《杂诗》二章刊载于中国现代文学史第一本诗歌刊物《诗》月刊创刊号,署名潘四,以致新诗研究者后来说:"《诗》一卷一号上,有的诗人,如潘四、陈南士、健鹏、程憬等,仿佛流星一般,在诗坛上稍纵即逝,已不为人知。"1922年12月16日,漠华代表"晨光社"致函《小说月报》主编沈雁冰(茅盾),介绍说明本社活动情况,并附简章和社员名单,被刊登于《小说月报》第13卷第12号。"晨光社"和"湖畔诗社"有名师朱自清、叶圣陶、刘延陵直接指导,潘漠华的诗歌、小说、散文等创作发表一路绿灯。

"湖畔诗社"是中国现代文学史上创办的第二个新文学团体,紧随"文学研究会"脚步,"我们歌笑在湖畔,我们歌哭在湖畔",成为"五四"新文化运动先驱开启的亮丽风景。《湖畔》出版,当时在美国的闻一多认为,潘漠华诗如《隐痛》《归家》均属佳作,在致梁实秋信中说:"虽《草儿》《冬夜》即《女神》中亦不可得此也。"胡风曾感慨:"《湖畔》诗集教给了我被'五四'运动唤醒了'自我'的年轻人感觉,救出了我被周围生活围困住了的心情,使我真正接近了文学也接近了人生。"周作人撰写《介绍小诗集<湖畔>》发表在北京《晨报》副刊:"他们的诗是青年人的诗,许多事物映在他们的眼里,往往结成新鲜的印象,我们过了三十岁的人所承受不到的新的感觉,在诗里流露出来,这是我时常注目的一点。"鲁迅、郭沫若、叶圣陶、郁达夫等前辈纷纷称赞和鼓励。朱自清在《文学旬刊》发表评论称"漠华君最是稳练缜密",还在1936年出版的《中国新文学大系·诗集》导言中说:"真正专心致志做情诗的,是'湖畔'的四个年轻人。他们那时候差不多可以说生活在诗里。潘漠华氏最是凄苦,不胜掩抑之致;冯雪峰氏明快多了,笑中可也有泪;汪静之氏一味天真的稚气;应修人氏却嫌味儿淡些。"1949年以后,冯雪峰在出版《应修人潘漠华选集》序言中说,漠华这些作品,大多是他成为共产党员之前写的,都可以作为了解当时这样的青年的思想感情的资料看,同时作为"五四"以后新文学成就中的点滴的成绩也将是不可磨灭的。如漠华的短篇小说《人间》和《冷泉岩》等,也显然是读者不会忘记的属于"五四"以后短篇小说杰作中的作品。据胡乔木回忆,早期毛泽东喜欢读湖畔诗人作品,且印象深刻。

## 离　家

我的衫袖破了
我母亲坐着替我补缀
伊针针引着纱线
却将伊底悲苦也缝了进去

我底头发太散乱了
姊姊说这样出外去不太好看
也要惹人家底讨厌
伊拿了头梳来替我梳理
后来却也将伊底悲苦梳了进去

我们离家上了旅路
走到夕阳傍山红的时候
哥哥说我走得太迟迟了
将要走不尽预定的行程

他伸手牵着我走

但他的悲苦

又从他微微颤跳的手掌心传给了我


现在就是碧草红云的现在啊

离家已有六百多里路

母亲的悲苦从衣缝里出来

姊姊的悲苦,从头发里出来

哥哥底悲苦,从手掌心里出来

他们结成一个缜密的悲苦的网

将我整个儿网着在那儿了

　　何为朴实、真挚、巧妙? 这首稳练缜密的诗堪称典范。写人间悲苦,不离亲人举手投足之间的真、爱与自然。

## 再　生

我想在我的心野,

再擒拢荒草与枯枝,

寥廓苍茫的天宇下,

重新烧起几堆野火。

我想在将天明时我的生命,

再吹起我嘹亮的画角,

重招拢满天的星,

重画出满天的云彩。

我想停唱我底挽歌,

想在我底挽歌内,

361

完全消失去我自己，

也完全再生我自己。

优秀的诗人都是天才的预言家。精短构思布局中呈现圣洁纯粹的心野，为理想和大爱献祭，为人间聚拢星辰大海消融自己。20挂零的书生已感知自己的使命是战士，不管被捕四次还是五次（多出一次是革命伴侣陈竹君回忆有误），他终将为理想和信念、为砸碎旧世界和创造新世界献祭自己。

作为纯粹诗人和文人的潘漠华，也就挥毫纵情抒写了五六年时间。1925年底在北大入党以后，就在北伐、办报、创建宣平地下党组织、加盟并向上海成立的中国左联致敬、发起成立"北方左联"并担任三届党团书记、参与创建中共天津市委并担任常委、宣传部长中付之行动，在白色恐怖和追求真理的战火硝烟中抒写血肉身心灌筑的诗行。1934年12月，年轻的潘漠华在组织难友同道举行绝食斗争中，面对的是敌人红红滚烫的辣椒水，红红辣椒和红头绳焊接起一曲视死如归的英雄赞歌。

以现在的眼光看，潘漠华写于20世纪20年代初的新诗或许显得稚气直白，甚至与分行的散文差别也不大。如果这样看，那就是脱离了历史的眼光，那是文言文向白话文茧蛹化蝶时代，文字表达的革命与思想洗礼同步进行。胡适能够在1916年写出题为《两只蝴蝶》的近代中国第一首白话诗，那是文字表达和阅读审美的历史性事件，能创作出中国"新诗坛第五本新诗集"《湖畔》的潘漠华们自然也非常了不起。漠华《小诗》之一只有短短4行："脚下的小草啊，/你请恕我吧！/你被我蹂躏只一时，/我被人蹂躏是永远啊！"这小诗写小草可与河南著名作家李佩甫长篇《羊的门》开篇纵横捭阖写小草媲美。由于漠华家世不幸,心灵遭创,开笔写诗多以眼泪看人生,诗人不忍践踏脚下小草,宁可自己终日被压抑压迫寻找突破口引爆自己。第一次看到漠华相片与郁达夫非常相似,面相表情压抑而执着,一看就是赤诚坚定拼命三郎角色。漠华子规啼鸣的新诗质朴情真,也有如大自然一样真实动人的意象画面,手法缜密,草的象征寓意不言自喻,深刻同情甚至愿意献祭赎罪的"我"也已融入小草中。巴金曾说"文学的最高技巧是无技巧"。写作不是有字、词、句各种材料和情绪堆砌就行的,譬如写一株小草,光鲜的生命连带着清新湿润的泥土和晨光中的露珠,鲜活生命带出的是大自然一角甚至整个画面。创造作品好比造房子,有地基、石料、砖瓦木材就行了吗? 如果胡乱叠墙架屋,墙脚不触及地底岩石、框架不科学布局、砖瓦左右上下之间不榫卯合缝和谐粘连,那一有风吹草动随时会漏雨坍塌,造房就要造出大自然敞怀接受的作品,写东西也是这样。赤子打开胸怀向大自然呈现自己,那是处子胴体裸奔、摈弃矫情虚饰的身心献祭,潘漠华写的新诗大部分都是这样的作品。

1924年7月,漠华学完浙江省立第一师范主副课,本身还要教学实习一年才能毕业,但他读完宣平县立师范讲习所,已在老家和邻村上陶小学教过两年书,就拒绝实习了,以结业身份当年8月考入北大一院(文学院)预科,学费全靠祖父锦芳公、叔祖春江公、云江公以及师长马叙伦、许宝驹等资助。1926年秋,潘漠华升入北大一院外国文学系读4年本科,可他在1927年2月突然也毅然终止大好学业,卸下书生斯文,以战士姿态参加北伐。为什么没耐心呆浙江实习一年拿到毕业证书? 为什么考入理想大学理想专业又突然放弃学业? 他为的是更快脚踏实地追求共产主义理想信念,不愿意重复实践浪费时间;他钟爱20多年的姐姐嫁人了,他的理想爱情遭遇封建伦理障碍而破灭,这个打击非常致命,影响他此后的人生轨迹;为孝敬寡母,他行尸走肉接受了包办婚姻。为此,他必须远离家乡远离浙江,忘记理想幻灭心情颓废的一切。

潘漠华是意志坚定的行动派,他到北京不久就加入共产党。1925年,漠华曾参加北平的括苍学社活动,与周颂棣等北大同学多次参加抗议集会和示威游行,在行动中冲在前面,有学生领袖风范。1925年10月27日,友人江天蔚参加中国大学游行示威活动时,看见无畏无惧的潘漠华带头爬上段祺瑞住宅铁门上,试图突破门禁;不久又见到潘漠华在北京魏家胡同13号章士钊住宅处,镇定地东奔西跑指挥着同学们的行动。潘漠华参加革命置个人生死于不顾,参加北伐过程又非常爱惜同志们的生命。李奇中回忆:"潘训(漠华学名)同志虽不是一个职业军人,但他很有胆量,机智镇静,这方面的表现有时胜过军人。记得在河南漯河附近大战,我们政治部一部分工作人员,也同敌人发生战斗。有一位团政治教导员蔡志学和潘训在一起,他们把同志们组成战斗队,应付战斗,从容不迫,很机智地克服困难,保证了大家的安全。又一次沿铁路行军,路过一处铁道桥,这时敌人正向我方打炮,潘训同志及时提醒大家不要走桥上,从桥下走为宜。他说,铁桥是敌人炮击的目标,危险性大。果然,行军队伍还未走到桥边时,桥上就落下了炮弹。这一点,证明潘训同志不仅有一定的军事知识,而且还有预见性。"在行军工作间隙,潘漠华用各种化名写各种文章,寄投茅盾主编的《民国日报》和鲁迅主持的报刊发表。有时间,漠华还沉迷表兄妹相爱殉情、宣传颓废自由主义外国小说阅读,并着手翻译。

1927年7月和8月初,漠华离开北伐,在浙江省政府利用公职参与中共浙江省委地下工作。他和马东林介绍宣平同乡曾志达加入中国共产党,省委指派曾志达回宣平建立党组织,漠华给予指导,并向省委提名党员潘振武负责宣平地下党的通讯联络。1927年11月15日,漠华被捕出狱回到宣平上坦,暂避居东面隔山20多华里的少妃村山弄冷泉岩,会见曾志达等,指导基层党组织建设和开展各种革命斗争。1928年冬春之际,国民党地方当局曾派人怂恿潘漠华出任国民党宣平县长,潘漠华拒绝了。他经兰溪、杭州逃转上海,一边寻找中共党组织,一面整理散文小说旧作策划出版,同时继续整理俄国阿尔志跋绥夫所著《沙宁》等译稿。

1929年1月,中共宣平党组织曾志达、吴谦、陈俊、潘渭、吴余芳等近10人,因大革命失败逃到上海避难,漠华给予多方周旋关照,并卖出译稿《沙宁》预支800块大洋,全部资助宣平党组织同志。漠华鼓励困境中的同志们,要大家树立长期斗争的思想,敢于吃苦,敢于牺牲,做一颗造房子垫地基的小石子。1929年秋,漠华离沪赴厦门教书,化名潘模和。1930年2月,漠华加入中国自由运动大同盟。1930年3月2日,中国左联在上海成立,潘漠华参加大会并代表中国自由运动大同盟到会祝贺,武义白溪"三徐"之一的徐汉光在1933年也加入中国左翼作家联盟。1929年9月,漠华在开封第一初级中学任教;1930年9月,漠华到北平翊教女中任国文、修辞学教师,结识革命伴侣陈竹君;1931年春,漠华出任北平大学女子文理学院讲师;

1931年"九·一八"事变后,漠华从北平移师河北沧州,担任省立沧州二中教师;1932年2月,漠华奉命从沧州回转北平。潘漠华每到一地便以工作为掩护,积极宣传进步思想,发展党员,拓展"北方左联"外围组织。"北方左联"1930年12月成立于北平,孙席珍、潘漠华、台静农、刘尊棋、杨刚等人为常委,潘漠华为主要发起人并出任多届党团书记。根据形势发展,中共党组织重心从北京移向天津,1932年底,漠华调往天津组建中共天津党组织,出任市委宣传部长。1933年3、4月间,漠华受上级派遣参加察哈尔抗日同盟军机关报《民众日报》编辑工作,后改为《老百姓报》,漠华任总编辑。1933年11月初,漠华潜回天津,担任中共天津市委常委、宣传部长。1933年12月,因姚蓬子叛变,潘漠华在天津河北大旅舍第四次也是最后一次被捕。1934年12月24日,漠华坚贞不屈参加第三次狱中绝食,被国民党恶狱暴徒用滚烫的辣椒水灌烫致死。12月31日,遗体被陈竹君、宋锐庭收尸立碑安葬。

潘漠华短暂辉煌的一生,意志的坚定、工作效率的卓越、革命征程的多姿多彩和跌宕起伏,非常人能及;他虽没参加红军长征,说他是革命征程马前卒式的播种机、铺路石式的宣传队,是一点也不为过的。潘漠华革命征程的每一环节都走得非常扎实,基础深厚,他勇于交心奉献,跟革命同志和劳动人民打成一片,诗人与战士在他身上是浑然一体的。说到文学成就,他用大量化名写的大量投枪匕首式随感杂文难以整理,而他仅以诗歌、散文、小说等留存就是不朽的范本,短命诗人熠熠生辉的作品永远让人传诵。犹如英国的济慈、法国的兰波、俄国的普希金、匈牙利的裴多菲,早逝的天才,作品骑上了日月星辰。读

读他的短诗《晨光》,我们会开启不平凡的每一天:

晨光从云托着的太阳里射出,

透过迷茫的大气,

照映在每一个底身上手上,

跳着在每一个胸膛里底热血;

紫薇也点头了,

乌桕也欠伸着摇伊底红衣了,

玉兰也揉着伊底眼睛了,

蔷薇也高兴得舞起来了,

呵一切——一切都从梦里醒来了!

于是诗人微笑了!

从久愁着的枯湿的脸上,

涌出欣悦的有希望的笑的花了!

# 浪漫而悲壮的不朽人生

## ——纪念湖畔诗人潘漠华烈士诞辰120周年

邹伟平

今年是革命烈士、诗人潘漠华诞生120周年。潘漠华的一生是短暂的,也是丰富和多彩的、浪漫和悲壮的。他是英雄,他是诗人,同时他又是一位有血有肉极富感情色彩的美男子。

潘漠华是我的家乡宣平人,我的外婆家离潘漠华的故居上坦村只有十几里地,所以我很早就对我的乡人和前辈潘漠华产生了浓厚的兴趣和无限的敬佩。后来,我被分配到县文联工作,而且也步入了文学创作的"羊肠小道",每每遇到困难的时候,我就会想起我的前辈来,我的困难也就远远地随风而去。我被前辈潘漠华那高大而伟岸的形象鼓舞着、激励着,它让我在艰难而曲折的人生旅途中,自始至终能够保持一种昂扬向上、积极乐观的态度。

一开始,潘漠华在我的印象中纯粹是一位坚强的革命者的形象,他四次被捕,但是一直都坚贞不屈,表现了一位共产党人宁死不屈、视死如归的铮铮铁骨。我经常会和朋友提到潘漠华,我说我们能够像他那样坚贞不屈吗?能够像他那样视死如归吗?回答自然是否定的。一个人要真正做到为理想而忍辱负重、坚贞不屈、视死如归,那是一件非常不容易的事情,不是任何人都能够做到这一点的。我的一位朋友就曾经很坦然地说："我肯定吃不消那么多的酷刑,我肯定是要做叛徒的,呵呵。"

那么,潘漠华为什么能做到呢？我常常疑惑,总是百思不得其解。所以,我在非常崇敬的同时又很是惘然,我越是惘然也就越是崇敬。

出于对前辈的崇敬,我开始了对潘漠华资料的收集和整理,随着资料收集的增多,随着时间的推移,我对潘漠华的认识渐渐地多了起来,并且慢慢地予以深化和提升。我发现,潘漠华对我的影响还不仅仅是他那英勇顽强的革命经历,还有他那丰富多彩的文学创作。他的诗歌创作在我国现代文学史上有其所不可低估的十分珍贵的独特地位。

我发现,潘漠华除了他的铮铮铁骨外,还是一位多愁善感的书生和文人,还是一位很有女人缘的美男子,一生曾经和三位女性有着非常深厚和曲折复杂的情感经历。所以,我常想,我们缅怀前辈,也就不能够简单地仅仅停留在回顾他的革命事迹那么单一和平面,要进一步从各个角度比较全面深入透彻地了解他、认识他、理解他。我想真心诚意地和我的前辈去对话,尽可能地还原出我的前辈真实而生动的原来面貌和历史形象。这就是我写此文的出发点和动因所在。

首先,我的前辈确实是一位了不起的革命烈士,是一位铮铮铁骨的真心英雄,是一位值得我们崇敬的英勇斗士。

## 一、英雄潘漠华

潘漠华烈士是武义县坦洪乡上坦村人,生于1902年。青少

369

年时期,潘漠华就勤奋好学,追求真理,积极投身新文化运动。在"五卅"运动革命高潮期间,他参加了中国共产党,积极从事党的地下工作。1927年初,他参加了北伐军。蒋介石、汪精卫相继背叛革命以后,潘漠华被迫离开军队,回到杭州,参加中共浙江省委的地下工作。后来受党组织派遣回到家乡,组建中共宣平县委,领导农民运动。

1928年,潘漠华离开家乡,先后在厦门、上海、开封、沧州、北平等地,以教学为掩护,从事党的秘密工作。"九·一八"事变前后,在北平组织抗日救亡运动。以后又受党的派遣,到张家口参加抗日同盟军的活动,任该军机关报《老百姓报》的编辑。

1932年,潘漠华任中共天津市委宣传部长,1934年2月第四次被捕入狱。在狱中,他英勇不屈,联合同志进行绝食斗争,受尽酷刑折磨,于12月24日英勇牺牲,为中国革命事业献出了壮丽的青春。

这一段文字是潘漠华的胞弟应人在武义县纪念潘漠华牺牲50周年纪念大会上的讲话,他简短扼要地概括了潘漠华烈士短暂悲壮的革命一生。

关于潘漠华烈士的入党时间有几种说法。过去冯雪峰同志在《潘漠华小传》中以为潘漠华是1927年初在杭州入党,根据李奇中同志的回忆,漠华烈士在1926年冬参加北伐战争时已经是党员了,而潘漠华研究学者韩劲风则在《潘漠华年谱》中认定为是1925年入党的。武义县委党史办却认为潘漠华的入党时间是1926年。我想,这对研究潘漠华烈士的生平事迹和他的文学作品,无疑是一个重要的细节,但是至今没有一个权威的、统一的说法。问题的关键是已经没有最原始的档案资料可以佐证了,而且现在也已经没有最直接、最权威的目击证人了。也许这会是潘漠华烈士留给我们的一个永远的秘密了吧。但不管怎么说,这并不影响我们对烈士的整体评价和深切缅怀。

如此说来,从潘漠华的入党到他的英勇就义,前后也不过8年左右时间。可以说,这是短暂的8年,也是漫长的8年,是血雨腥风的8年,也是充满人生激情的8年。那么,我们的潘漠华烈士在这8年里又是如何生活的呢?他为党的事业做了哪些工作呢?他前后四次被捕的情况又是如何的呢?

1924年8月,潘漠华考入北京大学一院(文学院)预科,后升入一院外国文学系学习。在北京大学这所具有光荣革命传统的高等学府里,他大量阅读、研究马列主义理论著作,接受了共产思想并且亲身参加了学生运动。当1925年上海"五卅"惨案发生后,他与同学们一起参加了罢课和集会游行。1926年北京"三·一八"惨案发生后,他愤然握笔,在《京报》副刊等多种报刊上发表评论,斥责帝国主义的侵略和段祺瑞政府的卖国行径。他把革命斗争与文学创作结合起来,站在了斗争的前列。

1927年初,当大革命的浪潮由南向北推进时,潘漠华毅然离开北大,经党组织安排,南下武汉,投身北伐先遣军第三十六军,任该军第二师政治部宣传干事、组织科长等职,随军沿京汉路北上,一直挺进到郑州。途中,身处军旅,任务繁重,仍不忘创作针砭时弊的小品文和每天的《行军日记》。部队在漯河附近的一次战斗中,他组织政工人员一面展开宣传鼓动,一面编成战斗队投入战斗,以艰苦踏实的工作精神,给军中官兵留下了深刻印象。

有一天,政工队伍沿铁路线行军,正要通过铁道桥时,他及时提醒大家：过桥目标大，还是涉水过河好。果然，队伍刚到河边，铁道桥就遭敌军炮击。他的建议使部队避免了一次伤亡，保证了队伍的顺利行进。1927年"四·一二"反革命政变后，潘漠华所在部队停止了北进，回师武汉。期间，他参与主持迎接由上海转移到武汉的浙江籍革命同志的欢迎会，并亲赴汉口邀当时的《民国日报》总编辑沈雁冰到会讲话，声讨蒋介石背叛革命的罪行。"七·一五"汪精卫也公开叛变革命，宁汉合流，形势日益紧迫，潘漠华愤然离开北伐军，从武汉经上海潜回杭州。当时的杭州，党的组织遭受严重破坏，领导人一批批被捕关押，不少人倒在血泊之中。潘漠华在革命受到重大挫折的紧急关头，回到腥风血雨中的杭州，迅速接上组织关系，参加了刚刚成立的中共浙江省委领导的秘密工作。他的家乡宣平，当时尚未建立党组织，潘漠华和马东林一起介绍了刚从杭州宗文中学毕业的曾志达入党。他向省委建议，指派曾志达回宣平建党，并推荐中共党员潘振武回乡负责宣平地下党的通信联络工作。曾志达遂携带省委指示信，与潘振武一起在宣平积极开展建党活动。10月，中共宣平独立支部建立。

1927年10月，浙江省委机关遭破坏，潘漠华在杭州被捕，被关押在杭州公安局的柴木巷拘留所。他的亲属和同学闻讯，紧急救助。由于他在浙一师的老师许宝驹出面保释，遂得以获救。出狱后，他回到宣平上坦，继而又因宣平党内同志被捕而暂时避居少妃附近的冷泉岩（山洞）。冷泉岩僻谷幽静，以养病名义居留在此的潘漠华，又在这里紧张地开展秘密活动。他与县委曾志达等同志联系，研究在基层的建党工作。还以县委名义，召开了活动分子会议，商讨在农村广泛建立农民协会，开展

"二五"减租斗争;在县城组织工会、开办读书会、平民夜校等活动,从中培养积极分子,发展党员。不久,潘漠华回到上坦,在上坦、上陶一带发展党员,建立党支部。经短短几个月的活动,就介绍了10多名农民入党,建立了上坦、上陶党支部。后来,这一带成为当地党组织发展最快、农民协会建立最早的地区之一。

1928年春夏之交,潘漠华离开宣平,转辗于上海、厦门等地,以教学为掩护,继续从事地下革命工作。尽管他行踪飘泊、工作艰辛,但他与中共宣平县委领导人始终保持联系,关注着家乡的革命斗争。同年冬天,宣平农村以减租减息和反霸斗争为中心的农民运动蓬勃发展,党组织发动了当地农民武装暴动。1929年初,农民暴动遭国民党省防军大肆镇压,全县被捕者达100多人,县委、区委领导人被悬赏通缉,曾志达、吴谦等10余人被迫避往上海,找到潘漠华并得到他真挚的帮助。潘漠华通过关系,在法租界租了一间房子隐蔽地安顿了他们;又日以继夜地把自己翻译整理准备出版的俄国作家绥拉菲莫维奇的长篇小说《沙宁》译稿,连同版权一起卖给光华书局,将所预支的800银元稿费和版权费,悉数交给曾志达等人作为生活费,鼓励他们在危急关头坚定信念、增强勇气。潘漠华还乘当时的中共中央巡视员、前浙江省委书记卓兰芳也在上海之机,指导曾志达等人撰写了《浙江宣平党务报告》,并陪同他们向卓兰芳当面汇报了宣平党组织和农民运动情况。以后,这些同志大多返回宣平,重新点燃了家乡的革命烈火,在斗争中一些人相继献出了宝贵的生命。

由于严酷的白色恐怖,敌探密布,危机四伏,潘漠华的活动不断受到威胁。1929年9月,他离开上海,并经常转换工作地点,流离往返在北平、开封、沧州等地,以教书的公开职业为掩护,所到之处都留下了他战斗的足迹。1930年初,他化名田言到开封第一初级中学当教师。他通过学校学生会组织了学生读书会和壁报组;指导师生阅读《共产党宣言》等马列著作和其他进步书籍;帮助进步学生创办了反响很大的《火信》刊物;介绍师生参加"反帝大同盟",发展左翼进步团体和党团组织。当一名进步学生被学校无故开除时,潘漠华发动学生会干部进行罢课斗争。他因而遭国民党当局通缉,幸运的是他刚刚好外出未归,前来搜捕的特务们扑了个空。

1930年初夏,潘漠华被迫离开开封,栖身北平,先后隐蔽在北平翊教女中、香山慈幼院,以教职为掩护,秘密从事"北方左联"的筹建工作。1931年8月在参加"飞行集会"中他第二次被捕,受尽酷刑,但是他仍然坚守党的秘密,使敌人终无证据而获释出狱。1931年"九·一八"事变以后,他化名潘模和,转移到沧州省立二中任教直到年底。

在此期间,潘漠华根据党的指示,在学校组织演讲会,办起了宣传抗日的"一·四"墙报和《大众反日报》,并为该报撰写了题为《怒吼吧,中国!》的发刊词,在校内外广为印发。他还发动师生开展罢课、游行示威、张贴标语、下乡宣传等多种形式的抗日救亡活动,在实际斗争中,培养了一批优秀的革命积极分子。他还介绍了杨钦、刘树功(刘建勋)等6名青年学生加入了中国共产党,李伟等同学加入了中国共产主义青年团;建立了学校党团支部以及"左联""反帝大同盟""抗日救国会"等党的外围组织。他的活动得到爱国人士和进步群众的拥护,也引起了学校当局和国民党政府的密切注意。中共李伟少将就是这一时期发展和培养出来的革命积极分子,因为李伟当时年龄比较小,因此成为了共青团员。李伟少将曾经在他的回忆录中专门用三个章节饱含深情地叙述了在潘漠华引领下参加革命活动的生动事迹,称潘漠华是他走上革命道路的引路人。

任教仅半年时间,潘漠华就被校长解聘,再次返回北平从事北方左联的活动。1932年5月,"国际联盟调查团"在中国东北调查期间,潘漠华和左联其他执委在北京多次举行集会讲演,揭露"国际联盟"袒护日本侵略、诬蔑中国人民抗日救亡运动的真面目。据侯外庐回忆:记得这一年的"五卅"纪念游行示威,队伍拉得很长,潘漠华右手拿着一把网球拍,走在队伍最前面。当队伍行进到王府井大街的南口时,日本帝国主义的士兵在日本使馆的操场上散开卧倒,拉动枪栓作射击状,企图威吓游行群众。潘漠华右手挥动网球拍,左手高举着并大声疾呼:"打倒日本帝国主义!""拥护抗日军!""拥护苏维埃!""帝国主义从中国滚出去!"……在潘漠华等同志的带动和鼓舞下,成千上万的游行群众,跟随着他的声音一起呼喊起来,愤怒高亢的口号声像大海的怒涛翻腾在东长安街上,吓得日本兵趴在地上连头也不敢抬。

1932年12月,由于革命互济会张慕陶叛变,地下党的安全受到威胁,潘漠华调往天津市委,就任中共天津市委宣传部长。他既要从事天津地下党的工作,又要开展北方左联的革命活动,还要在中国大学任讲师,讲授《社会发展史》。他在平津之间忙碌地奔波,不知疲倦地拼命工作。1932年12月的一天,潘漠华前往中国大学经济系主任马哲民家商谈工作,与侯外庐、许德珩、马哲民等一起被捕。为了隐匿自己的真实身份,他在看守所故意喊叫:"你们混蛋,我是来找系主任商量功课的,怎么把我也逮进来了!"马哲民听懂了他的话,互相对上了口供。到了警察厅拘留所,趁"放风"时,潘漠华悄悄地鼓励教授们:"你们不要怕,有人会营救的,我不能不赶快出去,追下去危险……"由于他没有暴露真实身份,他的第三次被捕,居然也奇迹般地化险为夷。

1933年4月,为了实现党和文化界广大群众的要求,北方左联通过北方文总,与革命互济会、反帝大同盟等组织,共同发起了为李大钊举行公葬的活动。潘漠华与近两千人的送葬队伍一起,护送李大钊烈士的灵柩向万安公墓前进。沿途,他一面与国民党蒋孝先宪兵部队的暴徒抵抗,一面呼口号、散发传单,进行演讲,控诉国民党反动派的罪行。

1933年初,日本侵略者侵占热河并继续向华北进攻。5月,在中国共产党的影响和协助下,冯玉祥在张家口成立了察哈尔民众抗日同盟军,进行武装抗日和收复失地的战争。潘漠华奉命奔赴张家口,参加抗日同盟军,担任该军机关报——《老百姓报》的编辑工作,紧密配合了抗日宣传。在8月1日召开的华北民众御侮救亡大会上,潘漠华还作为北方文总的代表参加了大会,并帮助起草了大会宣言等文件。9月,抗日同盟军在国民党反动派与日本侵略军联合围攻下失败。10月,潘漠华随吉鸿昌部突围,潜返北平,后转移天津,继续从事党的地下工作。

1933年年底,由于左联内部混入敌探,潘漠华在天津的河北大旅社第四次被捕。在落入敌手的一刹那,他迅速撤掉了安全信号,保护了党组织和同志们。在被捕后的一个多月时间里,白天,他被敌人押回旅社去作"钓饵",以诱捕其他中共党员;晚上,他被关押在国民党天津市党部特务队,遭受严刑逼供。但是他经受了考验,严守了党的机密,在敌人的严刑拷打面前保持着大无畏的革命精神和一个共产党员的高尚情操。一无所获的敌人将他转押至天津法院看守所。他被关入一间阴暗潮湿的单身牢房,酷刑折磨得他身患重病,全身蜷缩着不住地痉挛,他忍受着极度的痛苦。后来,敌人以"共产党嫌疑犯"的罪名,判处他5年徒刑,将他囚于河北省第一监狱。

潘漠华被送进了监狱,他的人身失去了自由,但是他仍然牵挂着党和同志们,千方百计从狱中传出信件,把"××叛变""××被捕"的消息报告给党组织。为了抗议监狱当局对政治犯的虐待和迫害,他抱病和难友们一起,以血肉之躯作为唯一的武器,先后发动了三次绝食斗争,与敌人展开了生与死的搏斗。1934年12月24日,当狱中第三次绝食斗争取得胜利之际,潘漠华竟遭敌人灌入滚烫的开水而壮烈牺牲,时年32岁。

"你发现只有共产主义,能把人世的沙漠变乐园。为了实现你的志愿,你要把全部生命贡献。"汪静之在《潘漠华烈士赞》中这样写到。

潘漠华烈士的一生是革命的一生,他为中国革命事业作出了不朽的贡献,潘漠华烈士永垂不朽。

### 二、诗人潘漠华

作为诗人,潘漠华的名字是和"湖畔诗社"紧紧地联系在一起的,不客气地说,假如没有湖畔诗社,那么潘漠华就不会有如此高的文学声誉,这是毋庸置疑的历史事实。

湖畔诗人汪静之曾经在1982年的《文学报》上撰文回忆说：

1922年，应修人烈士、潘漠华烈士、冯雪峰同志和我，在西子湖畔成立的"湖畔诗社"，是中国最早的两个新诗社之一。"湖畔诗社"是修人首先建议的，如没有修人，决不会有"湖畔诗社"。

在这之前，漠华烈士、魏金枝同志、赵平福（柔石）烈士、雪峰和我及其他二十几个中学生，于1921年10月10日成立的"晨光社"可以说是"湖畔诗社"的预备阶段。"湖畔诗社"成立后，就成为"晨光社"的核心。而"晨光社"是漠华首先建议的，如没有漠华，决不会有"晨光社"。

湖畔诗人出版了一册修人、漠华、雪峰和我四人的诗合集。第二年还出版了一册修人、漠华、雪峰三人诗合集《春的歌集》。出版了我的两册诗集《蕙的风》和《寂寞的国》。1924年秋，金枝和谢旦如同志加入了"湖畔诗社"，旦如出版了诗集《苜蓿花》。金枝的诗集《过客》因为印刷费难筹，未能出版。抗战时期雪峰出版了两册诗集《真实之歌》和《乡风与市风》。解放后出版了《应修人潘漠华选集》，出版了《雪峰的诗》，出版了《蕙的风》（包括《寂寞的国》在内，是经过删汰的）出版了我解放后的诗集《诗二十一首》。

湖畔诗人的诗曾受到"五四"新文坛三大名家鲁迅先生、胡适先生、周作人先生的赞赏。60年来评论过湖畔诗人诗作的，以时间先后为序计有：朱自清、刘延陵、宗白华、朱湘、沈从文、赵景深、冯文炳、王瑶、杜元明、艾青、刘岚山、谢冕、陆谷苇、陆耀东等。特别引以为荣的还有毛泽东同志。

"五卅"运动后，修人、金枝、漠华、雪峰、柔石都先后加入中国共产党，参加了革命工作。

后来，雪峰成为鲁迅先生的学生和最亲密的战士。

修人任江苏省委宣传部长时，因拒捕坠楼而牺牲。漠华任天津市委宣传部长时被捕，在狱中因进行绝食斗争，被反动派用辣椒水灌入身体而牺牲。两位烈士对党无限忠诚，死得十分壮烈。

雪峰曾参加二万五千里长征，抗战时被关在上饶集中营，受到百般折磨，始终坚贞不屈。旦如曾掩护瞿秋白烈士和杨之华同志，又曾秘密保存方志敏烈士《可爱的中国》的原稿，直至解放。

我曾在1921年11月23日写了"天亮之前"（见《蕙的风》）欢迎中国共产党的诞生。

鲁迅先生既培植教导湖畔诗人，并支援爱护湖畔诗人。1922年8月我的诗集《蕙的风》出版后，受到顽固派的攻击，鲁迅曾给以反击。全靠他的保护，否则《蕙的风》，会被诽谤的唾沫淹死。

"湖畔诗社"在"五卅"运动后停止活动，但从未宣布解散。而且在白色恐怖之下，朋友的关系继续不断。雪峰在《应修人潘漠华选集》序里说："因为'五卅'运动的震动，各人的思想情绪都起了变化……从此以后，我们各人之间的友谊是仍然不变的，但已经

不是以青年文学爱好者的那种关系为基础了，这就是
所谓'湖畔诗社'的始末。"

可以说，汪静之先生对湖畔诗社的叙述是比较符合当时的
实际状况的。没有任何拔高和美誉的地方。

《中国现当代诗歌发展概述》一文中提到：1922年，应修
人、潘漠华、汪静之、冯雪峰四人组成了"湖畔诗社"。他们创作
的爱情诗表现了青年人追求纯真爱情、敢于冲击封建礼教束缚
的复杂心理，广受青年人的喜爱。如汪静之的《蕙的风》以"情
感自然流露，天真而清新"蜚声诗坛。"湖畔诗社"的诗歌情感真
挚、形式活泼、文笔优美、诗味浓郁、风格清新自然，体现了写实
诗派的风格特点

曾如汪静之先生说的，鲁迅、叶圣陶、朱自清等文学大家都
曾经给予很高的评价，并对诗社的发展起到了保护和鼓励的作
用。这是十分中肯的见解，事实也确实如此，朱自清就曾经为
他们写过一长篇大论，题目叫《不朽的诗心——读〈湖畔诗
集〉》，文章刊登在1922年的《文学旬刊》第39期上，朱自清说：

《湖畔》是潘漠华、冯雪峰、应修人、汪静之四君底
诗选集，由他们的湖畔诗社出版。作者中有三个和我相
识，其余一位，我也知道。所以他们的生活和性格，我都
有些明白。所以我读他们的作品能感到很深的趣味。

现在将我读了《湖畔》以后所感到的写些出来，或
可供已读者底印证，引未读者底注意。但我所能说的
只是些直觉、私见，不能算做正式的批评，这也得声明
在先。

大体说来，《湖畔》里的作品都带着些清新和缠绵

的风格;少年的气分充满在这些作品里。这因作者都
是二十上下的少年,都还剩着些烂漫的童心;他们住
在世界里,正如住着晨光来时的薄雾里,他们究竟不
曾和现实相肉搏,所以还不至十分颓唐,还能保留着
多少清新的意态。就令有悲哀底景闪过他们的眼前,
他们坦率的心情也能将他融和,使他再没有回肠荡气
底力量;所以他们便只有感伤而无愤激了——就诗而
论,便只见委婉缠绵的叹息,而无激昂慷慨的歌声
了。但这正是他们之所以为他们,《湖畔》之所以为
《湖畔》。有了"成人之心"的朋友们或许不能完全了
解他们的生活,但在人生的旅路上走乏了的,却可以
从他们的作品里得着很有力的安慰;仿佛幽忧的人们
看到活泼的小孩而得着无上的喜悦一般。

朱自清认为,就题材而论,《湖畔》里的诗大部是咏自然;其
余便是漠华、雪峰二君底表现"人间的悲与爱"的作品。咏自然
的大都宛转秀逸,颇耐人寻味,这和专事描摹的诗歌不同。而
且他还举了其中的几首短的为例作为分析。

修人君底《豆花》

豆花,

洁白的豆花,

睡在茶树底嫩枝上,

　　——萎了!

去问问,歧路上的姐妹们

决心舍弃了田间不成?

静之君底《小诗二首》

风吹皱了的水,

没来由地波呀,波呀。

雪峰君底《清明日》

清明日,我沈沈地到街上去跑:

插在门上的柳枝下,

仿佛看见簪豆花的小妹妹底影子。

咏人间的悲哀的,大概是凄婉之音,所谓"幽咽的哭的"便是了。这种诗漠华君最多,且举他的《撒却》底第一节:

凉风抹过水面,

划船的老人低着头儿想了。

流着泪儿,

尽力棹着桨儿,

水花四溅起,

他撒却他底悲哀了!

咏人间的爱的以对于被损害者和弱小者的同情为主,读了可引起人们的"胞与之怀",如雪峰君底《小朋友》:

在杭州最寂静的那条街上,

我有个不相识的小朋友。

一天我走过那里,

他立在他底门口,

看着我,一笑。

我问他,"你是哪个?"

他说"我就是我呵。"

我又问他,"你姓甚?"

他说,"我忘却了。"

我想再问他，

他却回头走了。

后来，我常常去寻他，

却再也寻不到了。

但他总逃不掉是我底

不相识的小朋友啊！

朱自清认为，和上一种题材相联的，是对于母性的爱慕；他以为漠华这种诗很多，雪峰、修人也各有一首。且举漠华君底《游子》一首以作代表：

破落的茅舍里，

母亲坐在柴堆上缝衣——

哥哥摔荡摔荡的手，

弟弟沿着桌圈儿跑的脚，

父亲看顾着的微笑：

都缕缕抽出快乐的丝来了，

穿在母亲缝衣底针上。

浮浪无定的游子，

在门前草地上息息力，

徐徐起身抹着眼泪走过去：

父亲干枯的眼睛，

母亲没奈何的空安慰，

兄弟姐妹底对哭，

那人儿底湿遍泪的青衫袖：

一切，一切在迷漠的记忆里，

葬着的悲哀的影，

383

都在他深沉而冰冷的心坎里

滚成明莹的圆珠

穿在那缝衣妇人底线上。

朱自清认为："就艺术而论,我觉得漠华君最是稳练缜密;静之君也还平正;雪峰君以自然、流利胜,但有时不免粗疏与松散,如《厨司们》《城外纪游》两首便是。修人君以轻倩、真朴胜,但有时不免纤巧与浮浅,如《柳》《心爱的人》两首便是。"

在这里,朱自清对湖畔诗人的诗歌作了比较全面、中肯、切合实际的评价,而且还有些鼓励和提拔的意味。他认为,"就艺术而论,我觉得漠华君最是稳练缜密",但是,他并不知道潘漠华内心的苦闷和挣扎的真正的原委所在,所以也就只有这一般意义上的艺术评价而已。在这一点上,进行过十分深入的分析和剖解的贺圣谟教授却有着他自己独到的见解:

潘漠华的诗以其悲情独树一帜,由于这些诗体现了他这一人生信条,而其悲情的来源,除了那场我们今天很难评论的爱情悲剧外,是同他易感的心从小感受了太多的生活压迫紧紧联系着的;这种压迫感主要来自对家庭、亲人遭受苦难的体察和无力改变亲人们不幸遭遇的负疚。

潘漠华的家庭,可以说是中国社会近现代转型中由小康陷入困顿的典型。他祖上曾是闻名乡里的儒医,家业兴旺时开有南货店、染坊、酒坊、药铺。父亲是廪生(清代经岁科两试一等前列,享受"廪膳银"的秀才),但本世纪初科举制度的废除截断了他的科举仕进之途。父亲不善理财,难于守成,潘漠华出生后家道已渐中落,经常需要举债,家庭的社会地位急剧下降。

他小学毕业不得不进县立师范讲习所,15岁即当小学教师,开始养家糊口;18岁考进浙江省立第一师范学校前,他已很懂得世途之艰辛了。进"一师"不到半年,父亲病死,家庭又迭遭变故,生活无情地在他心头抽出条条鞭痕。

物质、精神的双重担子压在这个尚未成年的善感的诗人肩头,难怪他发出了这样沉痛的呼号:

> 脚下的小草呵,
>
> 你请恕我吧!
>
> 你被我踩躏只一时,
>
> 我被人踩躏是永久呵!

(《小诗六首·一》)

这是从切身经历中感受到人间不平却还没有能力从社会革命论的高度认识这不平、体验到受压的痛苦还没有找到正确的道路去解除这痛苦彷徨之心灵的呐喊。

可以说,在整个湖畔时期,潘漠华的思想感情始终处于没有什么进展的彷徨苦闷之中,始终沉浮于爱情亲情这两个生活的漩涡间,虽苦苦挣扎,仍不断呛水,仅得免于灭顶。

湖畔诗人差不多都以宣泄为治疗心灵创伤的良药(如应修人就劝慰过潘漠华:"你写出《隐痛》,人家已代你痛,你早就不痛了"),用潘漠华的说法,"撒却悲哀"(作于1922年3月8日的《撒却》一诗曾寄朱自清看过,13年后被朱自清选入《中国新文学大系·诗集》)),但悲哀并不能真正被"撒却",它稍去即来,成了他的诗的主旋律。不论悼念父亲(如《春歌》《呵》《晚上》等)、思念母亲和姊姊(如《请你不要搅扰我》《月白的夜》《呈母亲前》《念姊姊》等),他的诗都笼罩在悲凉凄楚的雾中。最有代表性

385

的如《离家》：

我底衫袖破了，

我母亲坐着替我补缀。

伊针针引着纱线，

却将伊底悲苦也缝了进去。

我底头发太散乱了，

姊姊说这样出外去不大好看，

也要惹人家的讨厌；

伊拿了头梳来替我梳理，

后来却也将伊底悲苦梳了进去。

我们离家上了旅路，

走到夕阳傍山红的时候，

哥哥说我走得太迟迟了，

将要走不尽预定的行程；

他伸手牵着我走。

但他底悲苦，

又从他微微颤跳的手掌心传给我了。

现在，就是碧草红云的现在呵！

离家已有六百多里路。

母亲底悲苦，从衣缝里出来；

姊姊底悲苦，从头发里出来；

哥哥底悲苦，从手掌心里出来；

他们结成一个缜密的悲苦的网，

将我整个网着在那儿了！

一个贫家儿出远门就学，母亲为他补缀破衣，姊姊为他梳理乱发,哥哥携手相送,患难中的亲情又凄凉又温馨;到了六百里外的异乡(杭州),一想到自己把债台高筑的家和在苦难中挣扎的亲人抛撇在故乡,不禁悲从中来,整个人仿佛被悲苦的网网住了。诗里的抒情主人公不是刻意"塑造"出来的,他只是敏感地咀嚼着辛酸的往事、自然地流露心曲的诗人自己。感受的现实生活是如此凄惨,他无法装出一副笑脸去面对生活,于是我们看到他的思念亲人的诗几乎都透出一种愤世嫉俗的悲凉。

2008 年,中央电视台举办了一场大型诗歌朗诵会,由曾湉把潘漠华的这首诗歌再一次以艺术的形式予以再现,影响十分广泛,诗人80多年前所发出的悲苦的呐喊,至今还能够引起我们的欣赏和共鸣,这就是湖畔诗人的魅力,这就是潘漠华诗歌的魅力,也是诗人潘漠华非凡的人格魅力吧。

### 三、男人潘漠华

如果,我们对潘漠华的认识,还仅仅停留在诗人的阶段,我认为也还是不够的。我们所认识的潘漠华,他是烈士,他是诗人,但同时他又是一位平凡的、多愁善感的、无奈而充满悲情的中国男青年。

他对于家庭的爱,对于母亲的爱,对于他周围的亲戚和友人的爱,我们在上一节里也作过一些分析,他的诗歌充分地表达了他的这些情感。作为一个男人,潘漠华一生与三位女性有过十分密切的关系,一位是他的堂姐潘翠菊,一位是由父母做主而婚配的结发妻子邹秀女,第三位是他在革命工作中相识、相知、相爱,最后结为亲密战友的陈竹君女士。

潘漠华的妻子邹秀女是家人安排的,是所谓"媒妁之言,父母之命"。从王文政《潘漠华年谱》的记载我们了解到,潘漠华17岁就与邹秀女定了婚,他们结婚的时间是1923年的冬天。那时候潘漠华正在杭州读书,在母亲和二哥的一再催促下,他被动无奈地接受了这门亲事。

虽然,这门亲事并不是潘漠华自己的初衷,但是,出于对家庭的责任感、对社会的舆论关照以及对女性的同情和爱护,尤其是对于母亲的深深的爱,潘漠华还是给予了邹秀女应有的同情和尊重。这从他给妻子的几封信件里还是可以感觉得到的。

婚后,他留给妻子邹秀女的信件并不多,这封信是他于1924年春天在学校里写的,信的开头写道:

秀女:

> 离家那一天的早上,知你要难堪的。我因自己的心情虽是一个男子却也同你一样,所以也说不出什么话来。我们就在无言中别了,有二十几日的盘桓,关系又如此密切,一朝分飞,说不定要一年半后再会,谁能止得住别时不泪,别后不思呢?今夜得详哥信,知你春梅那边已不去,决定在赞虞舅公边随读的信息。下乡去读书的话,我早知是不能实行的,我家无钱供给你学费,总是我的惭愧处。再还有什么话好说呢?现在既就在陶村念书,我愿意以某诗中的两句话赠你:

> "读书的时候用功读书,空闲的时候记念着我。"

从这里我们看到,潘漠华对妻子还是有着很多的牵挂和留恋的。当然,他的心情也是复杂和矛盾的,他自己知道总不能像对待堂姐那样热情四射地去面对自己这位即熟悉而又陌生的新婚妻子。"总是我的惭愧处"一句,表面上说的是他们家无力供她学习的学费之事,事实上还是话里有话,包含了潘漠华对于妻子的许多无法言状的复杂和矛盾的感情在里面,或许还有一些无奈和迁就吧。

其实,邹秀女是一位典型的农村姑娘,她像所有中国传统农村的良家妇女一样,对潘漠华的感情始终是专一和单纯的。她自己知道与潘漠华在文化和各方面的距离都很大,所以还想着多学点知识以便尽可能地缩小和丈夫之间的距离,以便讨得自己爱人的欢心和认可。看得出,这里面饱含着一位典型的江南农村善良、贤惠的良家妇女的一片苦心。

此后,邹秀女曾经有机会到过潘漠华身边,那是1930年的4月,潘漠华曾经带着妻子邹秀女在河南开封一中任教,不久因为特务的搜查,潘漠华只身离开了开封而逃亡到北平。邹秀女也就因此在潘漠华朋友的护送下返回了老家宣平的上坦村。如此说来,潘漠华和妻子之间,除了先前感情上的或缺外,到处奔波的革命工作环境、严峻危险的革命现实斗争,似乎也是两人感情距离拉大的重要原因。

邹秀女和所有旧时代的女人一样,把自己的男人看成为自己的一切所有,显然她是非常明白这一点的,也是非常在意这一点的。所以她试图作出种种努力,比如坚持学习,想通过努力跟上丈夫的脚步,就是为了能够跟随在丈夫的身边而已。

1932年,潘漠华在另一封给妻子的信中说:"你出来的念头,你暂时不用想了。据我预料,近五六年内,天下是不会太平的。"从这里我们可以看出,邹秀女对丈夫是何等的需要和爱慕,但是,无情的现实阻碍了她的美梦,无情的现实击碎了她的美梦。也就是在潘漢华逃离到北平后不久，另一位充满革命朝气的陈竹君女士闯入了潘漢华的视野，几年后，他们在革命的斗争生涯中相互认识对方，彼此吸引了对方，从而结下了深厚的革命友谊。

陈竹君是潘漢华1930年在北平教书的时候认识的，陈竹君曾经撰文回忆说：

> 我认识潘漢华烈士是在1930年下半年，那时候，我正在北平翊教女子中学高中二年级读书。他从开封出走到北平，来翊教女中教国文，后来教修辞学。秋天被捕，这是他在北方第一次被捕，不久出狱。
>
> 我的家是四川开县，母早丧，封建家庭，继母不良，读书受迫害，连小学都没上。自杀吧？不是出路，才辗转到北方来上学。他一到校教课就很突出，运用唯物辩证法来讲课，讲修辞学。他从人类的语言文字的形成开始讲述，很新鲜。劳动创造人类，形成艺术文学……左派学生赞成。出的作文题，也和别的教员不同。记得我写了一篇《我理想中的女性》，强调反帝反封建、女性继承权等等，他批判了一些观点说：世界上人分成两半——劳动的与不劳动的，劳动人民哪有真正的继承权？

在年轻而具有进步思想的陈竹君看来，潘漢华的思想是激进的、富有积极进步、革命色彩的，这很自然地在热血青年的心头产生了共鸣。潘漢华教书很红，给人的印象是潇洒而不修边幅，他经常穿一双破皮鞋在校园里自由穿行。虽然有一部分女生看不惯他的这种做派，但是当时同学中还是具有进步思想的中左派占上风,因此,他得到了多数学生的青睐和拥护。

他在教课中常常会适时地渗透和宣传共产主义思想,常常批评资产阶级电影所宣扬的生活方式,尤其是当时的美国电影。

因为形势严峻,他只教了三、四个月就待不下去了。第二年到西郊香山慈幼院中学教书。在香山也只教了一两个月,因为领导学生罢课等积极激进的活动也待不下去,因此又一次被迫又离开了香山。

陈竹君回忆说:"当时他写的短论、影评不少,有的通过其他同志交平津报副刊发表。如《大公报》有我们的同志,也曾经发表过他的文章。记得有一次我们俩一道去看美国电影《五十年后》,影片宣传将来人在天空中过活,只吃丸药,不用吃饭,也不用生育。他非常愤慨,边看边驳斥这种资产阶级欺骗人民的所谓'艺术'。后来他还专门为此写了一篇影评,寄北平的某个报社发表了。"

"九·一八"事变以后不久,漠华从北平转移到沧州,在沧州二中任教,直至年底。他和广大师生员工一起投入如火如荼的抗日救亡运动中,组织演讲会,出版大型抗日救国墙报,罢课,游行示威,撰写标语传单,上街头宣传、演戏,展开了各种各样的救亡活动,深受进步人士和广大群众的拥护。

陈竹君回忆说:

"国联调查团"在东北调查期间,漠华更加活跃,常常到各种集会上讲演,揭穿所谓"国际联盟"的真面目。记得有一次在师范大学作报告,事前叫我在附近一个地点等他。他讲完了,就在进步群众的掩护下离开,我接到他一道走。那些时候,我在妇联工作。

漠华精力充沛,工作不知疲倦,还抽点滴时间写杂文、短评和翻译。他写东西快,一般不用起稿,一篇文章往往一挥而就,只是在最后修改润饰一下。潘漠华的文章很有个人风格。他看问题比较尖锐,文字又比较简炼,他在给陈竹君的第一封信中就开门见山地说:"我很爱你,又怕害你,我是在波浪中打滚的人,你还有父亲……"一般人的爱情信不是这样写的。如此直率,如此简练而又意味深长。

潘漠华对革命是坚决的、忠心耿耿的,没有一点个人私利的打算。对于个人问题也是一样的坦诚布公,没有丝毫的隐瞒和欺骗。他毫不隐瞒地把自己曾经包办的婚姻情况毫无保留地告诉了陈竹君,他要陈竹君严肃认真思考这些问题,不要意气用事。这反而赢得了热血青年陈竹君的信任和好感,从而更加坚定了陈竹君爱他的决心。就是在这样肝胆相照、赤诚相见的过程中,在充满危险和风浪的革命斗争环境中,他们坚定地走到了一起。

后来,潘漠华在中国大学任教,陈竹君也改进中大经济系做社联和妇联的工作。

也许是这种飘忽不定的地下革命的生涯造就了他,塑造了他那种随意潇洒旷达的生活习性。他经常冬天一身夏衣、夏天一身冬衣,身上经常还会有当票,没有钱一天吃几个烧饼,有了钱又放开肚子大吃一顿。一次有个同志要到外地去,他们把唯一的两块钱全部买了吃的。他说:"这个朋友要走了,谁也不知道下次见面是在什么时候,咱们一定要痛痛快快地一块儿玩玩。"后来,从报上得知消息,那位他们曾经慷慨宴请过的同志在保定光荣地牺牲了。

潘漠华对于穿着也不讲究。有一次专为见某大学负责人，陈竹君为他特意做了一件哔叽长衫，他风趣地说："见这些人，穿坏了门房不让进。"可等见过了，他又立马把长衫当掉了。陈竹君曾经为他织过一件毛衣，穿不了几天他又拿去当了。陈竹君很生气，潘漠华却笑着对她说："广大劳动人民、工人生产了那么多东西，都不能自己享受，你个人的劳动，就那么爱惜吗？"陈竹君看到丈夫这样淳朴单纯的神情，也就只能够破涕为笑、不了了之了。

潘漠华很爱买书，各种各样的书他都要买，就连反动的书他也要买，说是买来可以作反面教材拿来批判。同志们都很佩服他，又有点怕他。有的说他："你是个革命学究，搬条文。"因为讨论问题的时候，他常常引经据典，列宁是这样说的、马克思是这样看的等等。

潘漠华说话直来直去，从不拐弯抹角。当他觉得别人不对的时候，他常常会毫不忌讳地直接指责："你呀，左倾机会主义！""你呀，右倾机会主义！"

陈竹君回忆说：侯外庐同志提到的漠华后期的译稿《奥勃洛莫夫》，后来遗失了。漠华写作只能抓点滴时间干，他认为这也不过是革命行动的一种方式，所以发表时往往随便署上一个什么名字，以为只要文章发表出去就行了，谁也没有去想还会有什么别的用处。

1932年鲁迅先生来北平，漠华和"文总""左联"的同志都到前门车站去接，并且出席了欢迎会。第二年夏天，潘漠华与陈竹君一起到察哈尔去了。他们大概是七月初到张家口的，潘漠华住在报社——大生戆院内，陈竹君搞群众工作。

《民众日报》社后改为《老百姓报》社,后来,迁到宣侠父同志的部队所在地。这点,宣侠父烈士的爱人金铃同志记得很清楚,她说那时宣侠父烈士的部队驻在张北,报纸确曾在张北办了一个时期。

陈竹君回忆说:大约在十月间,我们由张北回到北平。也正是在那时候,我父亲死了,家里来电报叫我回去处理家庭纠纷。漠华对我说:"你回去趁机弄一笔钱来,可以帮助组织。我们在上海见面再一同到苏区去。"我于十月底到四川,从万县回开县,徐向前的部队正在川东、川北一带,当时的形势很紧张。在四川忽然接到吴砚农同志的来信,信中说:"漠华生病了!"我知道他被捕了。1934年4月我赶回天津,才知道了潘漠华被捕的详情。

陈竹君回忆说:

> 我头一次去探监(黄纬路看守所),漠华连忙告诉我说,XXX叛变了,叫我赶快通知组织。他说:"我被捕的时候,很快就把旅馆门上的安全暗号去掉了的,他竟不遵守危险警号什么道理!"这个谜,至今没有解开。
>
> 漠华叫我去工学院找宋锐庭先生。宋任工学院体育系主任。由宋先生转介绍杨十三先生(杨颜伦),那时杨任工学院斋务主任。杨十三先生夫妇很喜欢我,要收我做他俩的干女儿,我就教他们的小儿女读书。

潘漠华被捕后宋锐庭先生去看过几次,并给潘漠华送钱送东西。陈竹君回到天津时,潘漠华已经从特务队押解到看守所了。潘漠华在特务队受尽各种非刑。晚上,非刑逼供,白天又押回旅馆——河北大旅社去作"钓饵"。除了XXX不遵守约号以外，没有人继续被捕，组织未受损失。

陈竹君回忆说："我第二次去看他，他说已判了五年，要我等他五年。说吃了难友们很多东西，叫我买些用的吃的送去。以后我就常常送食品、衣物去，也送些旧书报去。"

法院在河北区，房子很潮湿，潘漠华一人一间监禁。他的健康状况也越来越差了，有时候还会抽风（痉挛）。

见此情景，陈竹君同宋锐庭先生商量，请了一位律师上诉，希望能够胜诉减刑。因为罪名只是"共产党嫌犯"，敌人并没有抓住真凭实据。然而潘漠华自己对此却有着十分清醒的估计，他曾对陈竹君说过："虽然他们没有抓住证据，但我是被人出卖的，这就是证据。反动派是不会放掉我的，你自己好好工作吧！"

即便如此，此时此刻的潘漠华仍然对于未来充满希望和期待，他带信给陈竹君说："五年后，恐怕话都不会说了。吃的砂子饭、白菜汤（大海里面飘小舟，比喻菜很少的意思），还常常吃不饱饭。监狱里每天只有一会儿放风的时间，也只有在这个短暂的放风时间里才能够看得见太阳……"

潘漠华曾经对陈竹君说过："难友中的'老朋友'们都很好，放风的时候遇见了，大家的眼睛眉毛都会说话。"但他从不讲自己受刑的事，他总是把痛苦藏在心里，总是安慰陈竹君说一切都很好，让她不用担心。后来潘漠华又被押解到第三监狱。

漠华牺牲后好几天，陈竹君才知道真情。

潘漠华的牺牲对于陈竹君来说不啻是一个晴天霹雳，她虽然也一直知道潘漠华的工作充满着危险，干革命是随时有牺牲的可能的。但是，一旦事情真的发生在自己身上的时候，谁也不会轻易地相信这是真的。陈竹君悲痛欲绝心如刀绞。诚然，她毕竟是经过一段时间革命工作锻炼的进步青年,她承受着巨大的悲痛,在宋锐庭同志的陪伴下前往监狱吊唁潘漠华,并且花钱买通了狱卒,另外买了口棺木重新安葬了潘漠华,还立了一块四方柱形,一米来高的方牌,牌子上镌刻着:

　　浙江武义漠华潘训君之墓

　　一九三四年十二月三十一日立

　　是啊,当陈竹君女士回忆这一悲痛情景的时候,离潘漠华牺牲已经30年了。30年后,陈女士在叙述时,仿佛还是历历在目,她慷慨陈词,对潘漠华的深厚情感溢于言表。这也让我们十分有幸看到了一个十分真实、生动无比,既具有革命气节、又极富个人浪漫色彩的令人崇敬的烈士形象。

　　潘漠华和陈竹君的关系是建立在相同的革命志向的基础上的,他们在革命斗争中建立了感情,在革命斗争中相互勉励、相互关心、相互支持、相互帮助,他们已经抛弃了小我,把他们的一切都融入到革命斗争的大洪流中去了。也正因为如此,在革命风雨的洗礼中,他们结下了深厚的感情,我们可以毫不客气地拿四个字来形容他们的爱情,那就是:志同道合。

　　在潘漠华的人生历程中,他的堂姐潘翠菊是一个非常特殊复杂而又十分关键的人物。她是和潘漠华一起长大的农村姑娘,她和潘漠华青梅竹马、两小无猜。可以说,她是潘漠华的初恋情人,也是潘漠华的理想情人,当然也可以说是潘漠华的梦中情人。潘漠华对她投入了太多的感情,以致于他起码在若干年内一直无法从这种爱恋、矛盾和彷徨的困境中解脱出来,因此,才有了潘漠华那么多充满悲情的爱情诗歌,才有了那么多表现中国现代年轻人痛苦和彷徨的诗歌。假如没有潘翠菊的存在和出现,那么,潘漠华的诗歌会少了许多感情色彩,会少了许多人文性内涵,当然也就没有这样感人肺腑的艺术感染力了。可以毫不夸张地说,假如没有潘翠菊,也就没有诗人潘漠华,湖畔诗人的光芒也会逊色不少。难怪潘漠华诗歌的研究专家贺圣谟如是说:

> 我们研究潘漠华的诗而从考索他与这位"妹妹"(指的是他的堂姐潘翠菊)的关系入手,完全是因为如果不作这番考索,简直无法读懂他的爱情诗;而爱情诗又是他诗作中的主要部分。如果不了解诗人与恋人堂姐弟间为礼法所不容的爱情这一事实,就难以理解潘漠华的爱情诗何以竟有如此"不胜掩抑之致"的凄苦基调。

现在,让我们来看《祈祷》这首诗中的分量最重的几句——

> "在你门前来回地走着,
>
> 今夜是第七夜了,
>
> 这回是今夜的第九回了,
>
> 他望不得你出来,
>
> 他将会走到天明,
>
> 明夜也仍将会走到天明,
>
> 后夜也仍将会走到天明,
>
> 他将会永远的每夜都走到天明,
>
> 你痴心可怜的情人!"

有人就作过这样的论析:"这种如痴如迷的恋爱,是令人十分感动的。'他'为何不能见到心上人,而只有在'她'门前苦苦徘徊,文中并无交待,我们也是很难推测其中的缘由,我们甚至

397

不能理解'他'站在门外为什么却不能进去相见。但那个时代恋爱的苦闷、婚姻的不自由，在这首诗里却是得到淋漓尽致的表现。作为一种情绪，这大概是一代人的吧。"

显然，这位评论者由于不知道"本事"，"不能理解'他'站在门外为什么却不能进去相见"的缘由，论析只能停留在这一般的意义上。

如果选《隐痛》(1921)一诗，读者可能更说不清楚诗歌中"罪恶的花"意味着什么了：

> 我心底深处，
>
> 开着一朵罪恶的花，
>
> 从来没有给人看见过，
>
> 我日日用忏悔的泪洒伊。
>
> 月光满了田野，
>
> 我四看寂寥无人，
>
> 我捧出那朵花，轻轻地
>
> 给伊浴在月底凄清的光里。

假如把这首诗的抒情主人公看作月下徘徊、自弄清影的文人墨客或者"风亭月榭记绸缪"(黄仲则诗句)的怀恋者，就难免隔靴搔痒了。如果说汪静之"一步一回头地瞟我意中人"表现的是对外在的旧世界秩序的天真的对抗，潘漠华称自己"心底深处开着一朵罪恶的花"，则是迫于封建礼法与习俗的重压，对自身感情的严谴重责。

汪静之"过伊家门外"时虽有点"胆寒"，但他的感情是得到时代潮流的鼓励的，他相信自由恋爱终将获得胜利；而潘漠华一面无法弃绝刻骨铭心的恋情，一面已看到了这场恋爱成功无望的悲剧性,感到的是无可告人的孤立无援。我们可以想象,潘漠华1921年上半年把自己心底的秘密告诉同窗好友汪静之时的无限凄苦,虽有"忏悔"之时,却无决绝之心,明知苦恼如入泥沼,将越陷越深,但若超拔有方,自己又未必真愿飞升而去,进退两难,实在是"此恨绵绵无绝期"了。

是啊,这缱绻悱恻、柔情万种的情感,真的是感动了无数的读者的。而难能可贵的是潘漠华的这份情感一直珍藏在他的心底。他是一位非常坚定和执着的人,他明知无法和自己的心上人结为伉俪,却一生都徘徊在这种缠绵的晦暗的却又是坚定的无法排遣的感情之中,显示了潘漠华极其男人的真性情。

潘翠菊曾经写过一篇回忆文章《参加革命,不盼长命》。该文称她曾保存潘漠华信13封(其中给她本人的4封),用什么纸什么笔写都记得清清楚楚。"此外,尚有小说《冷泉岩》底稿一篇,用三十二开报纸两面写三张半;未完成的手稿《深山雪》一篇,用十行纸写了二十张,是记述那次回乡赈灾和施火吒重逢的一段回忆;还有一部译稿,是关于某国一个古老的童话的故事,书名记不清楚了,译稿也是用十行纸装订成册的,有七八十张。"

潘翠菊回忆说:"这些手稿连同漠华自小佩挂的一块银制长命锁和一对包金的银手钏,一起交我保存。在银制长命锁的正面下端,有漠华亲手镌刻上去的八个字'参加革命,不盼长命'。在一对包金的银手钏上,则有漠华亲手镌刻的另外八个字'包办婚姻,信物不信'。自从漠华殉难以后,我把这些珍贵的遗物,一直小心保藏着,寄托着对他的无限的哀思。不幸在文化大革命中全部被抄没丢失……"

这篇回忆文章表明,潘漠华参加革命后还与潘翠菊保持着密切的来往,还把她当作最信得过的朋友和知己。把自己的结婚信物交给不是妻子的潘翠菊保存,并亲手刻上"包办婚姻,信物不信"八个字,其用意可想而知;潘翠菊对潘漠华托她保存的手稿的数量、内容甚至行款,50多年后仍记得如此清楚,这里边含有的深意更是不言自明了。

是啊,都说有情人终成眷属,而这对于潘漠华来说实在是太残忍了,好在是潘漠华后来走上了革命的道路,好在是他还和志同道合的陈竹君相遇了。要不然,潘漠华的一生该有多么寂寞和孤单,那么,可以推测潘漠华的一生绝对不可能像现在这样丰富和多彩了。

要知道,潘漠华是英雄、是诗人,可他也是一个和我们一样有着丰富情感色彩的有血有肉的五尺男儿啊。

不知道这样写,会不会得罪了你啊,我的前辈,我的同乡人,我十分崇敬的潘漠华君。

2012年7月6日初稿于瘦石斋

2022年5月16日修改于水云居

## 作者简介

邹伟平,武义县人,1958年出生。现为中国报告文学协会会员、浙江省作家协会会员、金华市作家协会副主席、浙师大特聘研究员、中华明招文化研究院秘书长。

2007年以来,已在省市级刊物发表文学作品近百万字,有专著散文集《江南水彩》、俞源古村落研究文集《俞源古村落》和人物传记《汤恩伯传》面世。

附件一：

# 潘漠华年谱

韩劲风 编　潘　讷 校订

### 1902年　壬寅（清光绪二十八年）

12月，出生于浙江省宣平县坦溪村（即上坦村，今属武义县桃溪区）。

学名潘训，原名恺尧，漠华是笔名。曾祖父名文江，清廪生。祖父名锦芳，字一蕈，秀才，也是驰名乡里的儒医；曾开设潘信成南货店兼染坊、酒坊和广生堂药铺。父名廷黼，原名昌猷，字襄臣，廪生。母陈珠莲。兄弟姐妹六人：大哥恺慈（潘词），大姐慈妹，二哥恺祥（潘详），浙江省立第一师范毕业，长期从事教育工作；三哥恺祺（潘詠），在家务农；漠华行四；五弟恺霖（潘讷）。

出生时家道中落。父为人正直，四十余岁逝世，留下不少债务。为还债，母亲将本房田地先后典卖，家境日陷困苦。

### 1906年　丙午（清光绪三十二年）　4岁

是年曾失足堕井，经染布工人施火吒救起，才得不死。

### 1908年　戊申（清光绪三十四年）　6岁

入家塾读书，塾师为邹鼎铭先生。

### 1909年　己酉（清宣统元年）　7岁

是年，转学本村觉民小学。学友多为同村牧童、樵子，后来在党领导的宣平县农民起义中，他们都成了骨干。

**1912年　壬子(民国元年)　10岁**

是年,与潘详、潘詠转学距城2里的冲真观务本学堂。

**1913年　癸丑(民国二年)　11岁**

升入务本学堂高等班。学习勤奋,考试成绩屡为全班冠。

**1915年　乙卯(民国四年)　13岁**

在务本学堂高等班毕业,得成绩优异奖旗。随即考入县立
师范讲习所。

**1917年　丁巳(民国六年)　15岁**

师范讲习所毕业,任职本村觉民小学。

**1918年　戊午(民国七年)　16岁**

二哥潘详,考入杭州浙江省立第一师范。时值"五四"运动
前夕,潘详陆续寄些传播新思潮的报刊回乡,漠华深受其影响。

**1919年　己未(民国八年)　17岁**

是年,被聘为上陶村鲤登小学教员。

**1920年　庚申(民国九年)　18岁**

夏,考入浙江省立第一师范。与汪静之为同班同学。开始
新诗创作。写有《梦》《童年》《病中》《雪光》等多篇。佚。

是年夏历12月25日,父襄臣逝世。

**1921年　辛酉(民国十年)　19岁**

是年,在杭州倡导建立新文学团体"晨光社",社员有汪静
之、张维棋、周辅成、赵平福(平复、柔石)、魏金枝、陈昌标、程仰
之、冯雪峰、陈学乾等。并聘请朱自清、叶圣陶、刘延陵三位老
师为顾问。

是年写作诗《春歌》《杂诗》(六首)《呵》《想念》《小诗六首》
《杂诗》(二首)《雨后的蚯蚓》《晨光》《隐痛》《忘情》等;散文《念

呵》;杂著《宣平旅杭学会的过去》《人生底觉醒》《白居易的新乐府》等。

### 1922年 壬戌（民国十一年） 20岁

"晨光社"在《新浙江报》创办《晨光》文学周刊。

12月,应询复函《小说月报》主编沈雁冰(茅盾),介绍"晨光社"情况;并附寄"晨光社"简章。

是年,由汪静之介绍,开始和在上海的青年诗人应修人通信。三月,修人自上海赴杭。漠华、静之、冯雪峰陪修人游览西湖,交换阅读各自诗作,并写下许多新作。修人建议出版四人诗合集。4月,以"湖畔诗社"名义,出版了他们第一本诗合集《湖畔》,内收漠华诗16首。

夏,浙江大水成灾,宣平亦受害。漠华于寒假回家参加水灾调查救济工作,深入山乡,无意中与染布工施火吒相遇,感触很深,从而构思小说《人间》的创作。

本年创作诗《稻香》《归家》《游子》《草野》《黄昏后》《撒却》《离家》《月夜》《回望》《新坟》《长途的倦客》《孤寂》《祈祷》《回栏下》《月光》《塔下》《轿夫》《乞者》《将别》《另一个宇宙里》《夜梦》《罪徒》《泪》《诗一首》《立在街头吹箫的浪子》《晚上》《飘泊者》《七里泷的歌者》《将别》《黎明在涌金门外》《再生》《夜》《长年的流离》《冬夜下》《夜梆》《掇拾》《小诗两首》《月白的夜》《念姊姊》《怅惘》等;散文、小说《乡心》《我底悲哀》《苦闷者》《漫写》《晚上》等。

### 1923年 癸亥（民国十二年） 21岁

读本科三年级。自修英文及世界语。由于思想上找不到出路,极为苦闷。是年,日本白桦派作家有岛武郎和他的情人波多野秋子一同殉情缢死,消息传来,精神上受到极大的震动,虚无思想沉迷颇深。

冬,接受母亲和二哥意旨,回乡与邹秀女结婚。

岁末,"湖畔诗社"出版修人、漠华、雪峰的诗合集《春的歌集》。内收漠华诗52首。

本年创作诗《西门外基地》《清明的思念》《假使》《琴酒和江边》《夜底悲哀诗》《逃亡的弱者》《请你不要搅扰我》《无题》《夜下想思诗》《车站上》《湖畔的寂寞》《他们》《灵魂的飞越》(一、二)《雨后》《雨夜》《病中得朋友赠杜鹃》《金华府南一个草湖内》《问美丽的姑娘》《呈母亲前》《若迦夜歌》(23首)《逝了》《湖上的夜》《秋末之夜》《毁灭》《秋山》《将归故里》《生命上深刻的一痕》《我的泪灼耀着在》《虚无》等;小说《人间》。

### 1924年　甲子(民国十三年)　22岁

暑假,取道沪津海路北上北京,借用二哥潘详毕业文凭考入北京大学一院(文学院)预科。学费全靠祖父锦芳公、叔祖春江、云江公以及师长马叙伦、许宝驹资助。

本年创作诗《一段难堪的归程》《归后》《卖艺的女人》《一只麋鹿》《在北方雪光里》等;小说、散文《苦狱》《牧生和他的笛》《心野杂记》(6篇)《无题》《除夕通讯》;杂著《北行日记》等。

### 1925年　乙丑(民国十四年)　23岁

继续就读北大。2月,杭一师同学赵平福(柔石)和邬光煜从浙江到北京,与漠华同住通和公寓。

参加编辑《支那二月》。

是年,加入中国共产党,从此成为中国无产阶级先锋队的一员。

本年创作诗《志梦》《遗坟》等；散文、小说《白鸥的哀声》《在我们这巷里》《雨点》等；另有论文《离骚研究》，约 3 万余字。佚。

### 1926 年　丙寅(民国十五年)　24 岁

北大预科修业期满。升入一院外国文学系。

7 月，国民革命军自广东出师北伐。10 月攻入武昌。冬(一说翌年春)，漠华通过组织前往武汉。由许志行介绍，与孔令俊(另境)相识。同往北伐军先遣军唐生智部。漠华任 36 军(军长刘兴)2 师(师长周岩)政治部宣传干事、组织科长等职。此间，曾写有随军日记。佚。

### 1927 年　丁卯(民国十六年)　25 岁

2、3 月间，随部队沿平汉路往北挺进。到达郑州与冯玉祥的国民军会师。

4 月，蒋介石在上海发动"四·一二"反革命政变，指使驻防宜昌的夏斗寅和四川军阀杨森进逼武汉。5 月，唐生智部停止北进，回师保卫武汉，漠华随军暂住孝感。

7 月 15 日，汪精卫把持的武汉国民政府也公开叛变。唐生智、张发奎、黄琪翔等相继动摇。漠华偕敖志华孔令俊后，匆匆离部队返武汉。在武汉间，曾参予主持欢迎由上海到武汉的浙江籍革命同志的欢迎会；并亲赴汉口《民国日报》邀总编辑——前黄埔军校教官沈雁冰(茅盾)到会讲话。

在部队时，继续写有随军日记并《关公挑袍》一文，均佚。

以后，形势日益紧迫，武汉革命同志部分赶往南昌参加"八一"起义。其余亦纷纷离开武汉。漠华、孔令俊等先后潜赴上海转杭州。

回杭后,参加中共浙江省委秘密工作。同时,通过省民政厅厅长马叙伦和省府秘书长许宝驹的关系,挂名省府秘书处办事员,以隐蔽身份。

中共浙江省委计划举行大暴动,尚未组织就绪,省委即遭破坏。漠华被捕,囚禁杭州柴木巷看守所。经五弟潘讷及北大同学周钜鄂(周颂棣)、张元定(张天翼)多方奔走营救,由许宝驹出面保释。获释后,返归故乡宣平,积极发展党员,建立中共宣平县委,酝酿发动农民起义。同时,假名养病,避居深山灵泉岩僻刹月余。小说《冷泉岩》即取材于此。

**1928年　戊辰(民国十七年)　26岁**

春,再度离乡,经杭州转上海。一面寻找党组织,同时收集整理旧作,筹划出版。

家乡农民在县委领导下举行武装暴动,失败。

县委领导人曾志达、俞契琴、吴余芳、潘渭等潜逃上海。

陆续整理译稿《沙宁》(俄国阿尔志跋绥夫作)送光华书局,预支稿酬,悉数作宣平逃亡在沪同志的生活费用。

**1929年　己巳(民国十八年)　27岁**

创作小说《冷泉岩》。

自编短篇小说集《雨点集》并作序,交亚东图书馆。

作《沙宁》译序,交光华书局。

指导流亡在沪中共宣平县委同志起草致上级党报告,汇报宣平农民暴动前后情况。

秋,离沪到厦门集美中学任教。改名潘模和。

**1930年　庚午(民国十九年)　28岁**

是年2月,《沙宁》(翻译俄国作家阿尔志跋绥夫作长篇小说)由上海光华书局出版,译者署名潘训。7月,《雨点集》由上海亚东图书馆出版,署名田言。

3月,自厦门返沪,出席中国左翼作家联盟成立大会,并代表党致祝词。

4月,偕妻邹秀女到河南开封一中任教。领导并帮助同学办有进步刊物《火信》,影响很大。不久,被特务搜捕,只身逃往北平。到北平后,即从事北方"左联""教联"等筹备工作。

是年冬,北方"左联"成立。

### 1931年　辛未(民国二十年)　29岁

在北平继续从事北方"左联""教联"等工作。一面在翊教女中教授国文、修辞学。同时,任中国大学政治经济系讲师。在翊教女中与陈竹君(戴复华)相识,结下深厚战斗情谊。

8月1日,在飞行集会中第二次被捕,受尽酷刑,终因查无证据,不久出狱。任北平西郊香山慈幼院教职。

是年9月,发生"九·一八"事变。北平各大学学生救亡运动风起云涌,遭到国民党反动政府镇压,斗争激烈,地下党组织部分遭破坏。

### 1932年　壬申(民国二十一年)　30岁

年初,转移河北沧县二中教书。在学生中建立党、团组织,和"左联"、反帝大同盟、救国会等党的外围组织。领导广大师生罢课示威,戳穿学校当局推行国民党不抵抗政策的面目,二中抗日救国运动轰轰烈烈展开。

不久,由沧县返回北平,继续投入文化战线上的抗日斗争。任北方文化总同盟宣传工作。为《北方文化》("文总"机关刊物)、《北方文艺》("左联"机关刊物)、《北方教育》("教联"机

关刊物)、《北方青年》(共青团机关刊物),以及进步青年组织鏖
尔读书会的《鏖尔》(《OUR》)和"社联"领导的《二十世纪》等刊
物奔走组稿、发行,并撰写和翻译文稿。

复应中国大学之聘,作该校讲师,开《社会发展史》讲座。

11月,鲁迅先生自上海抵达北平,漠华和"文总"各联盟同
志数百人,前往前门车站迎接。22日,到北大二院听鲁迅先生
演讲。

12月,国民党反动派大肆逮捕进步教授。当逮捕中国大学
经济系主任马哲民教授时,漠华正巧去马家,亦同被捕。这是
他第三次被反动派逮捕。同时被捕的有侯外庐、许德珩、台静
农等。关押在看守所时,相互串通,统一口供,漠华未露政治身
份,不日即被释放。

是年底,由于革命互济会张慕陶叛变,地下党受到威胁,被
调往天津组织机关。

### 1933年　癸酉(民国二十二年)　31岁

夏,奉命前往张家口参加察绥抗日同盟军。在该军机关报
《民众日报》(后改《老百姓报》)工作。

9月,抗日同盟军在国民党反动派与日寇联合围攻下解
散。10月,随该军前敌总指挥吉鸿昌同志部突围,潜返北平,转
唐山。

是年秋后,北平党组织遭到反动派的大破坏,为避免更大
损失,党的重心移到天津。11月初,漠华到天津任中共天津市
委常委兼宣传部部长。

在繁忙的党务工作中,仍积极致力于著译活动;译有俄国
长篇小说《奥勃洛摩夫》《三双丝袜》(均佚)。莫洛托夫报告《苏

联第二个五年计划》(发表于《四十年代》月刊,署名季明)等。

### 1934年　甲戌(民国二十三年)　32岁

2月,于天津河北大旅社第四次遭反动派逮捕。20日,上海《申报》载:"天津中共党党委首要潘漠华,又青年团组织部长张开山等,在特一区同时被捕入狱。"自北平前来与漠华联系工作的姚篷子亦被捕。姚被押送南京,变节自首。

开始,被关押在国民党天津市党部特务队,后转押河北区黄纬路看守所。

受尽酷刑折磨,健康状况急遽恶化,但一直坚贞不屈,始终未承认《申报》所载之政治身份;亦查无任何可以证明其为共产党员之点滴证据,敌人乃强判他五年徒刑,投入监狱。

狱中,团结难友们为抗议反动派的虐待而开展绝食斗争,在第三次绝食斗争即将取得胜利之际,被灌以滚烫的开水,惨烈牺牲。

一位忠诚的共产主义战士,与世永诀。

### 作者简介

韩劲风(1910年4月—1985年12月),四川隆昌人。16岁时就读黄埔军校,19岁时加入中国共产党,20世纪30年代在上海加入左翼作家联盟。抗战时期曾经在《救亡日报》《武汉日报》等进步报纸任编辑。1948年携家眷与李济深等民主人士一同乘海轮回到祖国大陆,参加了开国大典。参加了创办《光明日报》的工作,后在《人民文学》《新港》等报刊工作。

附件二：

# 潘漠华烈士传略

中共武义县委党史研究室

潘漠华（1902—1934），浙江省宣平县上坦村（今属武义县）人，是二十年代杭州"晨光社"和"湖畔诗社"的创始人之一，三十年代北方左联的领导人，曾参加过北伐军和察哈尔抗日同盟军。1932年曾任中共天津市委宣传部部长。是一位我党领导的左翼文化运动的先锋，具有卓越才能的共产主义忠诚战士。

## 新文化运动的勇士

潘莫华，原名恺尧，学名潘训。潘漠华是1922年开始用的笔名。在那新文化运动蓬勃兴起的年代，还曾用过潘四、田言、若迦、季明等笔名。据当时与潘漠华一起投入新文化运动的老同志回忆，漠华采用潘四、田言的笔名，有着特定的含意，"潘四"是指他兄弟之间，排行第四；"田言"是指漠华从小深知农民疾苦，决心通过文学创作，诉说农民的苦衷。

漠华少年时期就喜爱文学，是学校的优才生。读过私塾，13岁毕业于上坦小学，随即考入宣平县立师范讲习所。1920年在杭州第一师范学校读书时，就受到新文化运动的熏陶，开始尝试用白话文创作新诗，《立在街头吹箫的浪子》《小诗6首》《游子》等十多首曾在《诗》刊上发表。1921年10月，在漠华的倡导下,与同学汪静之、柔石、魏金枝等发起,组织了杭州第一个新文学团体"晨光社",聘请朱自清、叶圣陶、刘延陵三位老师为顾问,漠华和静之为干事,并以《新浙江报》的"晨光"副刊为阵地,经常发表体现新文化、新思想的文学作品,抒发青年激情,对推进当时杭州的新文学运动,具有很大的影响。

1922年3月底,青年诗人应修人(后为中共江苏省委宣传部部长,烈士)从上海来杭州春游。潘漠华、汪静之、冯雪峰与应修人四位年轻诗人在湖滨聚会。他们游览西湖,畅谈新诗,交流诗作,遂于4月4日组织了"湖畔诗社",出版他们的白话诗作。当年,出版诗集《湖畔》,收录了漠华的新诗16首,第二年出版的《春的歌集》,又收录了他的新作52首,其中有23首用若迦的笔名,以《若伽夜歌》为题发表。由于他的诗作歌颂光明、揭露黑暗,能够大胆抒发年轻人的恋情与向往,曾经得到鲁迅和朱自清两位先生的赞赏和支持。社会进步读者称赞他的诗作形式活泼、格律清新,充满着生活气息。

1924年8月,漠华借哥哥潘详的毕业文凭,考取北京大学一院(文学院)预科学习。他刻苦勤奋地攻读古代文学和古典诗词,满腔热情地开始探求新文学,为后来以文学作品为武器、从事革命活动奠定了坚实的功底。

在北大,传播马列主义的书刊较多,在革命先烈李大钊的倡导下,革命学生运动风起云涌、如火如荼。漠华总是站在斗争的最前列,把革命斗争与文学创作紧密结合起来,在斗争中创作,以创作推动斗争,成为新文化的一名勇士。

1925年5月30日,上海发生了"五卅"惨案。全国各大城市纷纷响应上海人民的反帝斗争,发动工人罢工、学生罢课、商人罢市,漠华在北京也与同学们积极参加了罢课和集会游行。

1926年3月18日,党领导北京群众举行声势浩大的反对帝国主义、反对军阀的游行示威,遭到段祺瑞执政府的血腥镇压,发生了"三·一八惨案"。漠华对此义愤填膺,用不同的笔名,以锐利的笔锋,在《京报》副刊等多种报刊上发表评论文章,斥责帝国主义的侵略和段祺瑞执政府的卖国罪行。他在4月2日致弟弟潘讷的信中揭露惨案的真相说:"近半年来,执政府与教育界,水火已久,执政府早有以辣手对待学界之决心,大惨剧遂于是日开幕矣! 当群众拥挤在执政府门前时,执政府遂下令开枪,一时弹雨疾下,死伤相仆,因人多不及退,执政府枪下又以刺刀驱戳,于是执政府前遂成血泊!"

马列主义理论的陶冶和革命斗争的实践,培育了潘漠华成为一名坚强的共产主义先锋战士,就在1926年"三·一八"反帝斗争以后,他光荣地参加了中国共产党。

潘漠华留下的短篇小说为数不多,但真实地反映了辛亥革命后破产农民的痛苦生活,笔触是深刻的,有的曾在《小说月报》上发表。1929年,他的9篇小说曾编为《雨点集》出版(署名田言,上海亚东图书馆出版)。1922年夏,宣平遭受水灾,漠华于寒假回家参加水灾调查救济工作,深入山乡,无意中与染布工施火吒相遇,感触很深,从而构思小说《人间》的创作,淋漓尽致地反映了山区人民挣扎在饥饿与死亡线上的悲惨情景,给读者留下了深刻的印象。1957年3月,冯雪峰为《应修人潘漠华选集》一书写的序中,把《人间》《冷泉岩》称作是"五四"以后短篇小说中的杰作。

## 北伐军的政工干部

　　1926年冬,漠华眼看军阀混战、民不聊生的局势,毅然离开北大,到武汉参加北伐军,在北伐先遣军第三十六军第二师政治部担负起宣传工作。他随军沿京汉路一直挺进到郑州,总是废寝忘食地工作,特别是在漯河附近的一次战斗中,他组织政工人员一面宣传鼓动,一面投入战斗,他的机智勇敢,给北伐军广大官兵留下了很深的印象。在行军中,他敏捷、果断、指挥自若。有一天,政工队伍沿铁路行军,当要通过铁道桥时,漠华提醒大家:过桥目标大,还是涉水过河好。果然,队伍正到河边,铁道桥就遭敌军炮击。说明漠华虽然不是军人出身,但有军事知识和才能。他的建议,既保证了部队的顺利行军,又避免了一次伤亡。

　　漠华在北伐军期间,工作踏实艰苦,尽管政工任务繁重,但他还是在行军中挤时间搞创作。在紧张的部队生活和频繁的战争中,他每天作《行军日记》,政治部工作人员行军路过许昌以西的"关公挑袍"时,他欣然挥笔写了一篇小品文,精辟地指出,关公在历史上过大于功,以刀挑袍,只不过表示了他对刘关张小集团的忠义,其实是个不顾大义的人。短小精悍,立论新颖,曾在汉口《民国日报》上发表,在当时,具有拨雾指迷的作用。

　　"四·一二"反革命政变后,经周恩来的安排,二十军党代表赵舒等人离开上海到武汉工作,漠华就联络浙江同乡会召开欢迎会,并请在武汉《民国日报》工作的沈雁冰到会讲话,声讨蒋介石背叛革命的罪行。"七·一五"汪精卫背叛革命,宁汉合流,潘漠华愤然离开武汉经上海到了杭州。

## 宣平地下党的创始人

1927 年 7 月,潘漠华从武汉到了杭州以后,就接上组织关系,参加中共浙江省委的地下工作,与马东林介绍刚从杭州宗文中学毕业的曾志达入党。当时宣平县尚无党组织,漠华又向省委建议,指派曾志达回宣平建党,推荐中共党员潘振武(化名震旦)回乡负责宣平地下党的通信联络工作。曾志达带着省委的指示信回到宣平以后,就与潘振武一起,发展党员。中共宣平独支,就是潘漠华一手培育、建立起来的。

1927 年 10 月,省委机关被破坏,漠华也在杭州被捕。后经潘详、潘讷与周颂棣、张天翼等人的活动,通过原杭一师老师许宝驹的关系,营救出狱。这是漠华第一次被捕。出狱以后,漠华即回宣平县上坦村,开展党的地下工作。但天有不测风云,在国民党反共乌云密布的情况下,担任宣平县党的通信联络工作的潘振武被捕了。漠华得悉以后,就以养病为名,避居到少妃的冷泉岩(山洞),继续与宣平县委的同志秘密研究地下党的活动与农民运动问题。接着,以县委名义召开了活动分子会议,研究如何加强党组织的发展,广泛建立农民协会,开展“二五”减租斗争,以及如何在县城组织工会、开办读书会、平民夜校等活动。会后,漠华也回到上坦,亲自在上坦、上陶一带发展党员,建立党支部。在几个月中,就介绍了 10 多名农民入党,建立了上坦、上陶党支部。后来,这一带成为全县党组织发展最快、农民协会建立最早的地区之一,以减租减息和反霸斗争为中心的农民运动,也席卷全县,蓬勃开展。

　　1928年7月,漠华到上海转赴厦门集美中学任教。1929年1月回上海,在浦江中学以教学为掩护,继续开展地下工作,经常与中共宣平县委领导人联系,十分关注家乡地下党的建设。

　　1929年春,宣平农民暴动失败,县委和区委的领导人被国民党悬赏通辑,在这危急关头,曾志达、吴谦等10余人到上海找到了潘漠华。漠华怀着真挚的革命感情,通过关系,从法租界租了一间房子,给曾志达等人住宿隐蔽,又把自己翻译整理准备出版的俄国作家绥拉菲莫维奇著的长篇小说《沙宁》译稿,连同版权一起卖掉,将所得的800银元稿费和版权费,全部给曾志达等作生活费,鼓励他们要坚定信念、看到光明。

　　在此期间,中共中央巡视员、前浙江省委书记卓兰芳也在上海,潘漠华就叫曾志达等写出《浙江宣平党务报告》,并陪同曾志达向卓兰芳当面汇报了宣平地下党组织和农民暴动失败的情况。由于潘漠华的精心安排,除曾志达留在上海、参加沪西区委工作以外,其他大部分同志返回宣平,领导农民运动,筹建红军,重新点燃了熊熊的革命烈火。

## 革命新苗的培育者

　　由于地下党遭受破坏,漠华辗转到河南开封中学、河北沧州中学任教,以教学为掩护,继续从事地下党的工作。

　　1930年4月,潘漠华化名潘田言到开封中学担任语文老师。他到学校以后,一面教学讲课,一面向学生灌输革命思想,以一个革命活动家的本色,显现在学校师生中间。他讲课循循善诱、娓娓动人、富有哲理;他通过学校学生会,在学生中组织读书会、壁报组,创办《火信》刊物;指导阅读《共产党宣言》等马列著作和其他进步书籍,培养学生的社会活动能力;介绍师生参加"反帝大同盟",发展左翼进步团体和党团组织。1930年上学期,一名进步学生被学校无故开除,潘漠华就组织学生会干部举行罢课斗争,漠华也因此遭到国民党当局的通辑,被迫离开学校。

　　1931年9月,漠华化名潘模和,到沧州中学任教。到学校不久,发生了"九·一八"事变,激起了全国人民的抗日怒潮。漠华根据党的指示,发动师生上街游行示威,下乡宣传抗日,揭露国民党的不抵抗主义,大力开展抗日救国运动。在漠华的发动指导下,从学校到沧州城,风雷激荡,怒不可遏。在学校办起宣传抗日的墙报(即"一·四"墙报)和《大众反日报》,漠华为该报撰写了题为《怒吼吧,中国!》的《发刊词》,在校内刊出,广为印发,深得社会爱国人士的支持和好评。在抗日救国运动的实际斗争中,涌现出了一批优秀分子,漠华介绍了杨钦、刘树功(刘建勋)等6名青年学生入党,亲手建立了学校党团支部以及"左联""反帝大同盟""抗日救国会"等党的外围组织。潘漠华惊人的活动能力,引起了学校当局和国民党政府的严密注意,但在众目睽睽之下又不敢轻举妄动,只得采用解聘的办法,任教半年,漠华就被校长解聘,随后到北京领导北方左联的活动。

## 北方左联的领导人

　　潘漠华是中国左翼作家联盟成员、北方左翼作家联盟(简称北方左联)的组织者和领导者。后来又以北方左联为核心,联合各进步文化团体,成立了北方文化总同盟(简称北方文总),其活动区域包括北京、天津、保定、唐山、太原、济南等现行区域的三省二市。

　　1930年3月2日,潘漠华到上海,参加中国左翼作家联盟成立大会,并代表"中国自由大同盟"在会上致祝词。大会以后,漠华就到北平筹建"北方左联"的活动。

　　北方左联是中共北方局领导的外围文化组织,领导北方的革命文化活动,绝大多数成员是大中学校的学生和青年教师,也有部分教授、记者、医生和工人。

　　北方左联的筹备工作是从1930年4月开始的,潘漠华与段雪笙、郑文波、冯毅之、郑伯奇、杨纤如等,按照党的指示,在北平进步学生、作家、教员中积极开展活动,先后与辅仁大学、燕京大学、女师大等地下党支部联系,联络李霁野、韦丛芜、韦素园、曹靖华、范文澜、孙席珍、台静农、傅克兴(仲涛)等一批作家、教授。5月,成立了由段雪笙、潘漠华、张璋、谢冰莹、刘尊棋、杨刚、孙席珍、台静农、郑文波、杨纤如、冯毅、李守章等10余人组成的北方左联筹备委员会,段雪笙和潘漠华为筹委会负责人。潘漠华还起草了北方左联的《理论纲领》《行动纲领》和《成立宣言》等文件。经过大量深入周密的准备,1930年9月18日下午2时,在北平大学法学院一院大礼堂召开了北方左翼作家联盟成立大会。大会上,中共北平市委代表王文正讲了话;通过了上述三个文件,通过了参加革命互济会工作,反对帝国主义进攻苏联及中国苏维埃区与红军的通电;决定发展组织,打破狭隘方式,欢迎劳苦大众参加。大会还通过决定,组成北方左联执行委员会,负责日常工作。北方左联第一届执行委员会由段雪笙、潘漠华、谢冰莹、张璋、梁冰、刘尊棋、郑吟涛(纹波)、杨刚、张郁棠、杨子戒等10人组成(其中3人为候补委员),

段雪笙、潘漠华为执委会主要负责人。当天晚上,执委会举行第一次会议,研究了工作分工及编辑出版左翼刊物等问题。

北方左联直接受中共北方局(即后来的河北省委)领导。左联内建立党团组织,负责统一左联内部党团员的组织活动和指导左联各项斗争的开展。段雪笙、潘漠华先后担任党团书记。

北方左联的成立,象空谷足音,冲破了国民党统治以来北方文坛的沉寂空气,在党的领导下的政治斗争和文化斗争中,呼喊冲杀,成为党的一支生力军,是党领导北方文化界的中坚。

潘漠华从筹备北方左联开始,直到1933年6月,先后担任了三届主要负责人。

北方左联成立不久,1930年11月7日,即俄国十月革命纪念日,北方左联与一些进步团体一起,首次担负起纪念十月革命活动发起者的任务,他们分别在清华、燕京等大学公开演讲,热情介绍苏联无产阶级与其社会主义建设的成就,愤怒控诉帝国主义及中国反动统治阶级的暴行。讲演"鼓动力量非常之大,听众极为动容,情绪极为高涨,差不多每一句一鼓掌"。会上还公开散发传单,高呼"纪念十月革命节""拥护中国苏维埃和红军""积极准备武装暴动""争取苏维埃在中国的胜利"等口号,国民党当局虽然派出三、四十人的侦缉队,但慑于众怒难犯,也不敢在会场上公开抓人。

1931年1月,胡也频、柔石等五位中国左联盟员在上海被捕,当时还相传鲁迅先生也被捕了。3月1日,北方左联就在北平发起召开各文化团体代表大会,声讨国民党反动政府的屠杀政策,组织了"后援会"。

1932 年 5 月,以英国李顿为团长的"国际联盟调查团"(简称国联调查团)来我东北进行日本侵略事件的所谓实地调查,把"九·一八"事变的原因说成是中国有"赤色危险",主张设立"满洲自治"政府,由国际共管。在这期间,潘漠华与左联的其他执行委员在北京多次举行集会讲演,揭露"国际联盟"祖护日本侵略、攻击中国人民抗日救亡运动的真面目。

1932 年 12 月,党派潘漠华同志担任中共天津市委宣传部部长,他既要从事天津地下党的工作,又要开展北方左联的革命活动,在平津奔波。

1933 年 4 月,漠华与左联盟员一起,参加组织革命先烈李大钊的公葬活动。李大钊于 1927 年 4 月牺牲后,灵柩一直放在宣武门外妙光阁浙寺中,未得安葬。1933 年 4 月,为了实现党和文化界广大群众的要求,北方左联通过北方文总,与革命互济会、反帝大同盟等组织,共同发起了为李大钊举行公葬的活动。4 月 23 日,近两千人的送葬队伍,跟随李大钊烈士的灵柩,由宣武门向西郊的万安公墓前进。漠华与送葬队伍一起,不顾国民党蒋孝先宪兵部队的残暴镇压,一面高呼口号,一面与武装暴徒抵抗,在西单、西四为李大钊烈士举行了隆重的公祭。漠华向群众散发传单,进行演讲宣传,控诉国民党反动派的罪行。

1933 年初,日本侵略者侵占热河后,继续向华北进攻。在中国共产党的领导和支持下,共产党员吉鸿昌与爱国将领冯玉祥、方振武等于 1933 年 5 月在张家口成立了察哈尔民众抗日同盟,进行武装抗日和收复失地的战争。潘漠华带头响应,他与北方左联的王志之、李树芬、黄远征、金湛然、端木蕻良等奔赴张家口,参加抗日同盟军,担任同盟军机关报——《老百姓报》的编辑,与前线抗日同盟军的将士一起,多次同日伪军和国民党反动军队浴血奋战。

1933年8月1日,在张家口召开了华北民众御侮救亡大会,潘漢华和王志之作为北方文总的代表参加了大会,并帮助起草了大会宣言等文件。

北方左联的《理论纲领》说,北方左联要以文学艺术为武器,对资产阶级和一切反动阶级及其文艺理论进行无情的批判和斗争。文学艺术战线的斗争,始终是北方左联革命活动的一项基本内容。他们在严酷的白色恐怖下,反对国民党反动派的反革命文化"围剿",以文学艺术为武器,批判各种反动文艺思潮,宣传马列主义思想,积极创作无产阶级的文艺作品,有力地揭露和打击了敌人,鼓舞、教育了人民,繁荣了无产阶级的革命文学,培养、造就了党的理论文化骨干队伍,推动了无产阶级革命文学运动的发展。

北方左联的文化斗争,从多数是青年学生的特点出发,采取组织学习、出版刊物、集会讲演等形式,学习、宣传马列主义思想和党的主张,批判各种反动的文艺理论和思潮。他们建立"读书会",组织宣传队到农村、工厂宣传和演出,批判胡适派、"新月社"的反动谬论和所谓"第三种人"的反动文艺思潮。"九·一八"以后,则通过举办大量的进步刊物,揭露、控诉日寇入侵和国民党镇压革命的罪行,促进抗日救国斗争的深入开展。其主要刊物有北方左联机关刊物《前哨》、月刊《北方文艺》《文学杂志》《文艺月报》《四万万报》《科学新闻》《北国》《文学导报》等20多种,其中《北方文艺》《文学杂志》《文艺月报》等期刊,潘漢华都是主要的编辑者。

此外,潘漠华还领导北方左联,经常举行宣传革命文艺思想,批判各种反动文艺思潮的演讲会、座谈会。仅1932年,漠华就以北方左联组织或北方文总等团体一起发起,先后在清华大学组织了左联代表会,讨论苏联的文艺政策;在北海五龙亭举行文艺茶话会。11月鲁迅到北平探亲,又发起邀请鲁迅作了五次讲演,成为著名的鲁迅"北平五讲"。

潘漠华对自己要求很严,生活非常俭朴,对同志非常关心,从政治到生活,关怀备至,热情帮助。北方左联的负责人之一王志之,称他为"引路人",他在北方左联担任主要负责人期间,活动范围很广,见识交往的人很多,人们共同的印象是:漠华戴着深度近视眼镜,身着灰色长袍,脚穿一双破皮鞋,对同志和,对敌人恨,坚定乐观,踏实负责,乐于助人。

潘漠华在领导北方左联的工作中,非常重视新生力量的培养,同时注意党的统一战线工作。"北方左联"对入盟的著名教授、作家,采取了保护性措施,一般不让他们以左联的名义公开活动。在组织"教联"时,认真做好团结教授的工作。当时师大、北大等一部分教授参加教联后,在学习革命理论、批判托派谬论中发挥了重要作用。

## 共产主义的忠诚战士

潘漠华为中国人民的革命事业,舍生忘死,曾先后四次被捕入狱,遭受国民党反动派各种酷刑的逼供,他以大无畏的革命精神,蔑视凶恶的敌人,在敌人的酷刑面前,始终是一位坚贞不屈、钢铁般的共产主义战士。

1931年北平"八·一"示威游行时,漠华与若干游行者被捕,潘漠华与王冶秋一起被监禁在"警备司令部"的监狱里。这个监狱是极端黑暗残酷的。敌人妄想从漠华口里得到他们想要得到的"东西",三天两头传讯、拷打,毫无人性的刽子手,凡能用上的刑罚都用上了,但仍一无所得。王冶秋回忆说,有一天,他与潘漠华被拉出去"过堂"(即审问),漠华先被喊进去审问,王冶秋被绑在门外的一棵树上,开始只听到里面敌人审问的咆哮声和拍桌声,惊堂木拍得乒乓响,接着就大声喝嚷:"扒衣服!"随即响起一阵鞭子抽打的声音。刽子手"陆大爷"(看守恶狗)出来拿洋铁壶,向漠华灌辣椒水了,"咕噜咕噜"灌了一阵以后,只听到不断的喷嚏、咳嗽声,过了一刻,便寂然无声了。一连灌了几壶辣椒水,漠华不省人事。几十分钟后,只见恶狗拖着老潘的两只脚从房里拉出来。老潘已被灌得象溺死的浮尸一样,脸孔紫肿,肚子大得可怕,恶狗把他"担"在一条长板凳上"控"水,又把他翻在地下,用擀面杖在肚子上擀,老潘的鼻子、嘴里喷射着血水。潘漠华就这样以惊人的毅力,坚强不屈,经受着酷刑的摧残。

1933年12月,潘漠华在天津领导左联工作,住元纬路大旅社,由于敌人打入左联内部,经过秘密策划,漠华被捕了。关押在国民党天津市党部特务队,晚上审讯,白天放回大旅社,以诱捕我党同志(被捕前漠华已撤去安全暗号)。他受了严刑拷打,敌人仍无所获,就把他转移到天津法院看守所,被判处五年徒刑。后又转移到河北省第一监狱,囚禁在一间阴暗潮湿的单身笼子里。那时他已被折磨得身患重病,但仍很乐观,不时捎信出来,把狱中的消息告知党组织,如某某被捕了,某某叛变了等,使党避免更大的损失。为了抗议监狱当局的虐待,他与狱中的难友一起进行第三次绝食斗争。1934年12月24日,正当斗争取得胜利时,他被迫害牺牲于狱中。

潘漠华烈士的一生是革命的一生、战斗的一生。他的战友陈沂写道:"漠华同志是左翼文学运动的先锋,共产主义的忠诚战士,他一生都为他所信奉的主义奋斗。"这个评价是恰当的,我们将永远纪念他。

"吟哦湖畔意气高,笔扫千军志未消。立马塞上拒仇寇,饮恨津门溅血潮。"正是他一生的写照。

**(注)本文根据下列资料整理:**

1. 应人《潘漠华前言》,潘翠菊、邹秀女等访问记录。

2. 汪静之、冯雪峰、晓冬、曾岚等关于"湖畔诗社"的回忆文章以及访问记录,朱自清《读<湖畔诗集>》。

3. 周颂棣、孔令俊、许志行、李奇中、吴力生等人回忆录。

# 后 记

我是1986年从温州师范大学干部专修班毕业被分配到县文联工作的。就是从那个时候开始,潘漠华走入了我的视野、走进了我的人生。他像一面旗帜,一直影响着我,左右着我,激励着我。

1984年是潘漠华烈士牺牲五十周年,刚刚好也是武义县文联成立的初创时期。武义县文联成立的第一件大事情就是与县委宣传部、县委党史办一起举办纪念潘漠华烈士牺牲五十周年纪念活动。

这一次活动办得相当隆重,规格也非常高,前来参加活动的嘉宾有许多是潘漠华烈士生前的同事、战友和亲人。其中有一起在北平左联时期的核心人员、时任上海市人大副主任的陈沂,有当年组织"湖畔诗社"四人中仅存的老诗人汪静之,有潘漠华的胞弟、时任上海市政府参事的应人,有从北京特地赶来的原北方左联战友、时任中国人民大学教授的杨纤如,还有研究中国左翼文艺运动的学者、时任上海文艺出版社社长兼总编辑的丁景唐。

因为潘漠华当年一起共事的老同志年事已高,一些想要来参加纪念活动的同志都因年老行动不便不能前来,他们只能通过来信来电表示对烈士的悼念。潘漠华在京、津从事地下工作时的亲密战友、后在北京中央机关工作的陈竹君同志实在因为多种疾病缠身来不了武义,除了来信致意,还为这次纪念活动提供了有关烈士的许多宝贵资料,并寄来500元人民币资助编印纪念文集。也正因为这次活动,为我们收集整理和研究潘漠华烈士留下了许多非常珍贵的第一手资料。纪念活动以后,这些回忆和纪念文章被集结编成一本小册子,那就是最早的《潘漠华纪念文集》。

1986年,我被调往县委宣传部工作,大约是在2000年左右,宣传部的领导对于潘漠华的资料非常重视,决定把潘漠华的作品和纪念文章汇集在一起,出一本比较全面的潘漠华资料专集。于是,我就开始收集和整理这些作品和资料。我也就是在这个时候被调到当时的文化旅游局担任副局长,此项具体工作由宣传部其他成员接替完成。这就有了后来《永远的晨光》一书的编辑问世。这本书虽然没有公开出版,但是,它比较全面地汇集了潘漠华烈士的文学作品以及潘漠华烈士的纪念文章,它对于潘漠华烈士的宣传和传播意义重大。

我在完成了《俞源古村落》等专集的出版发行以后,打算着手《潘漠华传》的写作。但是,我发现了一个非常令人困惑的问题。尽管1984年的纪念活动留下了一些非常珍贵的历史资料,因为潘漠华烈士1934年就牺牲了,关于他所留下来的第一手资料还是非常有限,许多历史问题还无法准确清晰地再现,就连他的入党时间至今也还存在着不同时间的三种说法。于是我就暂时放弃了《潘漠华传》的撰写,开始继续做一些潘漠华资料的收集和整理工作。也正是基于这样的出发点,我把潘漠华的资料分成作品和纪念文章两大类,后来就产生了分别整理成两部专集的想法。一部分是潘漠华的作品编汇,我把它命名为《潘漠华文集》,另一部分则是有关潘漠华的纪念和研究文章资料的汇编,命其名为《潘漠华纪念文集》,我设想这两部书是既独立又关联的姐妹篇章。

《潘漠华文集》已经列入武义县文化研究工程项目得以出版发行。因为一些具体原因,《潘漠华纪念文集》则没有成功付梓,这样一耽搁就是好几年。

今年是潘漠华烈士诞辰120周年,县委党史研究室在前两年就已经成功策划并牵头组织实施了介绍武义红色革命人物的《武义红色六杰》一书的编辑和出版。今年,他们又马不停蹄地接着与坦洪乡党委政府一起,策划组织纪念潘漠华烈士诞辰120周年的系列活动。

得知此事以后,我和党史研究室领导商量,建议把《潘漠华纪念文集》出版一事列入其中。春节后,党史研究室负责人说该书已经列入系列活动之中,要我抓紧再把文集的初稿整理完善。得此消息我非常开心,如此,几经耽搁的《潘漠华纪念文集》这一次终于能够顺利得以出版发行了,这不仅仅是我个人的幸事,作为整个地方文化来说,也是一件大事。人们通过阅读《潘漠华文集》《潘漠华纪念文集》以及王文政先生的《潘漠华年谱》,基本上就可以比较全面地了解潘漠华烈士那可歌可泣的英勇事迹和光彩照人的精彩人生了。这三本书也为今后潘漠华研究工作留下了一份比较完整的历史文献资料。

值此文集出版之际,感谢中共武义县委组织部、县委党史研究室和坦洪乡党委政府的大力支持。期间,潘美进、刘斌靖、汤登春、陈元青、何国兴、邓旭莹等同志参与了本书的文字校对工作,县委党史研究室的朱志鸿参与了本书的编辑出版等相关工作,在此一并表示感谢。

　　由于本人编纂水平有限,又因史料年代久远,书中难免存在疏漏,甚至差错,恳请读者批评指正。

邹伟平于武义瘦石斋

2022年9月